新青年的觉醒时刻

先生们的历史课

雷海宗 等著

辽宁人民出版社

目录

先秦时期

雷海宗 / 地理与史前时代	3
雷海宗 / 封建制度与封建社会	6
张荫麟 / 夏商大事及以前之传说	10
雷海宗 / 殷商政治与文化	14
张荫麟 / 周朝的兴起	17
雷海宗 / 成周封建帝国之极盛	23
雷海宗 / 封建帝国之崩溃	25
雷海宗 / 春秋列国之形成	27
雷海宗 / 霸政时期	30
张荫麟 / 楚的兴起	32

先秦时期

作者	篇名	页码
张荫麟	齐的兴起（附宋）	35
张荫麟	晋楚争霸	39
张荫麟	吴越代兴	45
雷海宗	吴越之争	49
张荫麟	秦的变法	51
雷海宗	七雄局面之成立	56
雷海宗	合纵与连横	62
雷海宗	秦之独强	64
张荫麟	六国混一	66

秦汉时期

作者	篇名	页码
雷海宗	秦并六国	75
张荫麟	新帝国的经营	79
张荫麟	帝国的发展与民生	85
张荫麟	秦汉之际	89
雷海宗	汉代政治	105
雷海宗	汉代社会与经济	108
雷海宗	汉代武功	112
雷海宗	汉代内政	117
张荫麟	武帝的新经济政策	122
张荫麟	武帝开拓事业的四时期	125
张荫麟	东汉的建立及其开国规模	132
雷海宗	大汉帝国之末运	136

三国两晋南北朝时期

雷海宗／曹操与三国 145

雷海宗／西晋与中原之沦丧 147

雷海宗／南北朝 149

隋唐时期

雷海宗／隋唐政治与社会 155

陈寅恪／李唐先祖来源 158

雷海宗／大唐二元帝国 171

陈寅恪／关中本位政策 174

陈寅恪／藩镇与中央对立 182

宋元时期

作者	篇目	页码
张荫麟	宋朝的开国和开国规模	191
张荫麟	北宋的外患与变法	205
雷海宗	宋之积弱与变法失败	227
雷海宗	宋亡	233
雷海宗	元朝的迅速衰败	236

明清时期

作者	篇目	页码
雷海宗	明之复国与政治文化之停顿	243
吴晗	明太祖之建国与开国规模	248
吴晗	靖难之役与迁都北京（节选）	262
吴晗	明代的锦衣卫和东西厂	279
吴晗	晚明仕宦阶级的生活	289
雷海宗	新势力之兴起与明之乱亡	297
雷海宗	清朝盛世	303
雷海宗	传统政治文化之总崩溃	309

先秦时期

地理与史前时代

/ 雷海宗 /

一、地理

中国大地上的远古人类，最早出现在黄河、长江、辽河流域和西南地区。中国位于亚洲东部，地理环境复杂多样，四境有着天然的地理屏障。西北是高寒的帕米尔高原，西南是世界上最高的喜马拉雅山，东临浩瀚的太平洋，北面有广袤无际的沙漠和草原，于是自成完整的地理区域。这种情况使得我们的远古祖先基本上走了一条独立发展的道路，创造了独特的中国史前文化。

黄河流域最早得到开发，到了春秋时代，长江流域渐渐同化。珠江流域的中国化已是秦并天下以后的事。《周礼》"夏官司马"一章可代表战国时代对于当时地势的知识，也可代表中国古今的一般知识：就是无论内容如何，形式总是非常齐整的。

《周礼》的成书年代疑为战国，大致和《禹贡》的成书时代差不多，后者被当作夏禹所定，前者被当作周公所制。书中"夏官司马"一章将天下分为九州，名称大致和《禹贡》相同，差别在于《周礼》中有幽、并二州，而《禹贡》有徐、梁二州。体例是分别叙述各州所在；列出本州"镇山"和川泽，又专列出一个"浸"，浸是有灌溉之利的水体，还列出本州特产、重要家畜和农作物。再特别指出本州人口中男女人数比例。由于它特别列出有灌溉之利的"浸"，实际反映出当时已知的分布于各地区的主要灌溉区。这些灌溉区所在，和其他文献记载以及后世水利发展的情况相符合。这是战国时对已发展的农田水利的简要总结，同时也反映了"大一统"思想在当时已经成形。

二、史前时代——石器时代

约两万年前，今日中国的西北与蒙古高原一带正处在旧石器时代，不过那时的中国居民是否为后代华夏民族的祖先，还是疑问。后来渐渐进到新石器时代，今日的河南、山东、陕西、甘肃、辽宁、内蒙古各地发现同样的石器遗物——有孔的石斧、石环、石刀等。此外又发现具有中国文化特征的鬲形土器，并且同时发现的人类骨骼与今日华北的人相同。所以新石器时代与后日的中国在血统与文化上大致可说是一体的。

但新石器时代又有自西来的新民族与原始的中国人混合，河南、甘肃、辽宁都发现他们带来的西方式的彩绘土器。这时许多小部落林立，除渔猎外，简单的农业已经开始。

三、史前时代——金石并用期

公元前 2000 年，中国大概仍在新石器时代。此后渐有铜器，文化进入金石并用的阶段。同时土器与骨器也很普遍。文字与历法大都是此时的产物。农业的地位日渐重要，部落间的战争与兼并也日渐严重。到公元前 1700 年左右，夏、商两部最强，当初夏尤强。最后商灭夏（约前 1600 年），汤成为中原多数部落名义上的共主。

四、史前时代——宗教

在原始社会，宗教势力甚大。巫祝阶级与统治阶级地位不相上下。同时因农业与民生关系重要，各种洪水或干旱的神话也在民间流行。黄帝战蚩尤是中国上古神话的典型代表，这场战斗十分激烈，涉及风伯、雨师等天神，而风、雨、旱、雾等气象也成了相互进攻的利器。这则神话不仅涉及古代的祈雨、止雨巫术，还涉及一些具有重要文化意义的发明，内涵较为丰富。大禹治水的传说正是古代先民与洪水斗争的反映。

五、史前时代——文化程度之不齐

交通不便，各地开化的先后不一。开化的人占领平原，自称华夏。华夏民族已进入铜器时代，仍有一部分落伍的人散居山林，只知使用石器。华夏人称他们为蛮夷戎狄。东方曰夷，南方曰蛮，西方曰戎，北方曰狄。直到春秋时代仍有这种情形。至于两种人在血统上的异同，现在无从追考。

夷分布在今山东、安徽、江苏北部一带。莱夷在齐的东面，淮夷分布在淮河中下游。诸夷中以淮夷最为强大。

北戎、山戎分布在今河北和辽宁等地；姜戎、陆浑之戎本在今甘肃一带，后来被迫迁徙到今豫西。尽管戎狄和华夏在文明程度上有差距，但这对彼此交往并无太大妨碍，如周王曾娶狄女为后，晋献公、晋文公也曾娶戎族女子为妻。

群蛮和百濮居于楚之南。春秋时，楚与晋战于鄢陵，蛮人也出兵随楚。濮在江汉之南，或说在今云南一带。

狄分为白狄、赤狄和长狄。白狄在今陕西一带。赤狄分布在今晋东南一带。长狄之名见于《左传》，具体情况不详。

戎和狄主要分布在今黄河流域或更北和西北地区。据古书记载，戎狄多为"披发左衽"。

封建制度与封建社会

（前 1027—前 771）

/ 雷海宗 /

一、封建政治

公元前 1027 年，周灭殷，又用三年时间平定各地的叛乱，接着大封子弟功臣，以姬姓贵族为主。最重要的封国有：卫，武王弟康叔的封国，都朝歌（今河南汲县北）；齐，太公姜尚的封国，都营丘（今山东临淄）；鲁，周公旦的封国，周公旦在周室辅政，他的儿子伯禽就国，都奄（今山东曲阜）；宋，归顺的殷贵族、商纣异母兄弟微子启的封国，都商丘；燕，召公奭的封国，都蓟（今北京）；晋，成王弟唐叔虞的封国，都唐（今山西翼城西）。分封诸侯，加上制定礼乐制度，协调了贵族中的等级关系，社会得以稳定，国家由半封建的殷商部落王朝进化到纯封建的成周邦国王朝。

此时周朝政治的组织较以前复杂，王的地位在理论上极高，在事实上也较殷王重要。殷商是一个宗族国家，以宗族体系为基础，殷王是诸侯之长，相当于联盟的盟主,但这个联盟是松散的和不稳定的,殷王的权力大小也视其实力而定。到了周朝,王权得到了强化,周王的地位及其控制天下的能力显著提高。周王又称"天子",意即天帝之子,在周人看来,他秉承天意君临天下。基于这种认识,周王的地位至高无上,"普天之下,莫非王土;率土之滨,莫非王臣",周王被视为天下的共主。

从外部形势来看,王朝与王畿的制度日趋周密。诸侯大都是姬姓,与王室有着天然的血缘,异姓诸侯则多是周王室的姻亲功臣,他们名义上都受王封,并须经过固定的封建仪式,表示他们为天子的屏藩。天子与诸侯的关系,最少在理论上,有很清楚的规定。

二、贵族生活

西周社会与商朝一样,仍是由贵族、平民、奴隶三大阶级构成的。与商代不同的是,西周各阶级内部有更细的等级划分,等级制度的色彩尤其明显。

西周的贵族包括周王、诸侯和卿大夫等。卿大夫是对从政贵族的统称,卿和大夫有别,执掌军政事务的贵族称为卿,一般的从政者则称为大夫。

西周是宗族统治的鼎盛时期,宗族体系十分发达,整个社会如同一个大家族,通过分封制的形式建立起来,以宗法制作为维系的纽带。天子的权力是上天授予的,诸侯国是由天子分封的,卿大夫的采邑则是由诸侯分封的,天子、诸侯、卿大夫之间有天然的血缘联系和政治婚姻关系,既是亲戚又是君臣,自然就形成了下级贵族臣服上级贵族、全体贵族臣服天子的政治隶属关系,表现出鲜明的等级色彩。

贵族的生活是当时生活的重心。诸侯公卿向天子、卿大夫向诸侯以及家臣向卿大夫表示敬意的朝会礼节,占贵族生活很重要的一部分,团体的意识一部分由此造成。

此外贵族最喜欢战争,这些场景在《诗经》中都有反映。不打仗时,就猎兽或行射礼，两者可说是战戏。

斯文一点的生活是宴会，虽然宴时的情形并不一定很斯文。宴饮的场面，在《诗经》中多有描写，以《小雅·宾之初筵》之一章最为生动，诗的大意是：宾客就席，揖拜有礼；笾豆成行，佳肴丰盛；酒醇且甘，饮而舒心；悬钟设鼓，献酬频频。箭靶张立，弓已满弦；对手赛射，比试高低；中者为胜，败者罚饮。艺术地呈现了宴饮之礼。当时，除咏战争、田猎、射礼、宴会的诗歌外，最普通的就是情诗与时事诗。

三、封建社会——庶民

封建时代，除少数的权力阶级外，大多数都是被统治的庶民。他们几乎都是佃奴或佃农，农业是当时政治社会的基础。庶民中的少数经营商业与工业。庶民的生活不是个人的，甚至也不是家族的，而是集团的。这一点，从《诗经·豳风·七月》中可以窥见：农奴一年到头辛苦劳作，上头又有田官监督、公子剥削；收获了粮食，要聚集起来送到贵族的仓库；农事既毕，还要为贵族统治者猎取野兽，经办酒宴；当这些劳役完成后，他们才能聚在一起享受难得的欢娱。

庶民的婚姻也有集团的性质。《周礼·地官司徒》载："媒氏，掌万民之判。凡男女自成名以上，皆书年月日名焉。令男三十而娶，女二十而嫁。……中春之月，令会男女。……若无故而不用令者，罚之。"由此可见社会生活也受官家的管制。

四、封建社会——士族

权力阶级称"士"或士族。士为官，称"贵"；并且也只有士族能贵，庶民永远是被统治的。士族有姓，表示他们的尊贵；有氏，表示他们的政治地位。战国前，贵族才有姓氏，贵族男子称氏，女子称姓。因为"姓所以别婚姻""氏所以别贵贱"。贵者称氏，贱者则以职业概括之。如庖丁、匠石、优孟，这些职业名后来才成了姓,当时只是通称。

氏同姓不同者,婚姻可通;姓同氏不同者,婚姻不可通。"礼不娶同姓""父母同姓,其出不蕃"。因为"姓"起着"别婚姻"的作用,贵族男子又不称姓,故女子称姓特别重要,为了给待嫁或已嫁的同姓女子加以区别,就形成了对女子的特殊称呼:或是在姓前加排行,如孟姜、伯姬、叔隗;或是以夫家的采邑、谥号为前缀,如晋姬、武姜、文嬴。

士族的生活由"礼"支配,不似庶民的只有"俗"。男女婚姻、生子女等,都有固定的礼法。士族子弟受教育,礼也是很重要的课程,如"七年(岁)男女不同席,不共食""八年(岁)出入门户及即席饮食,必后长者,始教之让""十有三年(十三岁)学乐诵诗,……学射御"(《礼记·内则》)。成年加冠,有冠礼。女子受各种妇礼的教育,成年后并行笄礼。成年的士族有享受一切政治权利的机会。除少数由王侯授封土的之外,很大一部分士人都能谋得官职。至于士人死后的丧礼与祭礼,尤其繁复隆重,他所享受的丧葬规格要与他的身份相适应。士族由生至死都受礼的支配。

夏商大事及以前之传说

/ 张荫麟 /

商朝从成汤创业以后,六百年间,可考的大事,除了六次迁都,除了对鬼方的大战,除了最后直接间接和亡国有关的打击外,便是五度由盛而衰的循环。所谓盛就是君主英武,诸侯归服;所谓衰就是君主昏暗,或王室内乱,而诸侯叛离。前期第一度的盛衰牵涉到汤孙太甲(商朝第四王)和汤的开国功臣伊尹的关系。这有二说:一说太甲无道,"颠覆汤之典型",伊尹把他放逐于桐,过了三年,伊尹见他悔过修德,又迎他复位。一说伊尹于商王仲壬死后,把法当嗣位的太甲放逐于桐,而自即王位;其后七年,太甲自桐潜出,杀伊尹。肇始商朝后期的盘庚是一中兴之主。在他以后,唯他的侄子武丁曾一度中兴。武丁以降,商朝一直衰下去。继位的君主皆生长安逸,"不知稼穑之艰难,惟耽乐之从"(这是周朝开国元勋周公追数前朝衰亡的原因的话)。他们以畋游荒宴代替了国政的烦劳。在商朝末年,一种叔世的颓废和放纵弥漫了整个商人社会。狂饮滥醉的风气普遍于君主、贵族和庶民。这是他们亡国的主因。

在叙述商朝灭亡的经过之前,让我们回溯商朝所继承的历史线索。

商朝所替换的朝代是夏。关于夏朝，我们所知，远更模糊。例如夏朝有没有文字？有没有铜器？其农业发展到什么程度？其政治组织与商的异同如何？这些问题都无法回答。在后人关于夏朝的一切传说和追记中，我们所能抽出比较可信的事实，大要如下。

夏朝历年约莫四百，其君位是父死子继而不是兄终弟及。其国都的迁徙比商朝更为频数。最初的君主禹历都阳城、晋阳、安邑，皆不出今山西的西南角（阳城在翼城西，晋阳在临汾西，安邑在平陆东北）。禹子启始渡河而南，居今新郑、密县间。以后除启孙后相因外患失国远窜外，夏主的迁徙，不出今河南的黄河以南，汝、颍以北。当夏朝为成汤所灭时，都于斟，即今巩县[1]西南。夏朝最大的事件是与外族有穷氏的斗争。有穷氏以鉏（今河南滑县东）为根据地，当启子太康时，攻占了夏都（时在斟），以后统治了夏境至少有六七十年。太康逃居于外，有穷氏以次立其弟仲康及仲康子后相为傀儡。后相继被窜逐追杀。后来后相的遗腹子少康收聚夏朝的残余势力，乘有穷氏的衰弱，把他灭掉，恢复旧物。有穷氏是在夏境的东北，后来灭夏的成汤则来自东南，其先世亦发祥于东北。夏朝的外患盖常在东方。

成汤的先世累代为部族长。他的先十四代祖契与禹同时，以蕃（今河北平山附近）为根据地。契子昭明迁于砥石（今河北砥水流域），继迁于商（今河南商丘），"天邑商"及商朝之得名由此。昭明子相土是一雄才大略的君长，曾大启疆宇，以相（在今安阳西十五里）为东都。可惜他的功业的记录只剩下他的后裔的两句颂诗：

相土烈烈，海外有截。

此时的海外说不定就是辽东或朝鲜。后来商朝亡后，王弟箕子能逃入朝鲜

---

[1] 今为河南省巩义市。——编者注

而历世君临其地，莫不是因为商人原先在那里有些根据？相土以后两三百年间，商人的事迹无考，也许这是他们的中衰时代（传说相土发明以马驾车，又他的后裔王亥——也是成汤的先世——发明以牛驾车）。到了成汤才复把商人带领到历史上，他从商北迁于亳，继灭了北方的若干邻族，然后向夏进攻，夏主桀兵败，被他放逐于南巢（在今安徽巢县[1]东北五里）而死，夏朝于此终结。

我们若从夏朝再往上溯，则见历史的线索迷失于离奇的神话和理想化的传说中不可析辨了。凡此种种，本书自宜从略。但其中有一部分和后来历史的外表，颇有关系，应当附带叙及。

据说禹所继承的君主是舜，国号虞；舜所继承的是尧，国号唐。当尧舜之世，天下为公，而不是一家一姓所得私有的。尧怎样获得帝位，传说没有照顾到。舜本是历山（在今山东）的农夫，有一串故事（这里从略）表明他是一个理想的孝子和理想的贤兄，又有一串故事（例如他在哪里耕种，那里的农人便互相让界；他在哪里打鱼，那里的渔人便互相让屋；他在哪里造陶器，那里的陶工便不造劣器）表明他是一个理想的领袖。帝尧闻得他的圣明，便把他召到朝廷里来，把两个女儿同时嫁给他，试他治家的能力；并拿重要的职位去试他政治的能力。他果然家庭雍睦任事称职。尧老了，便告退，把帝位推让给他。尧的时候有一场普遍于全"中国"的大水灾。禹父鲧，因治水无功，被处死刑，禹继承了他父亲的任务终于把水患平定。禹治水的工作凡历十三年，在这期间，曾三次走过自己的家门，都没有进去，并且有一次听到新产的儿子在呱呱地哭呢。后来舜照尧的旧例，把帝位推让给禹。禹在死前，也照例选定了益做自己的继承者。但禹死后，百姓不拥戴益，而拥戴禹的儿子启，于是启践登了帝位（一说益与启争位，为启所杀）。旧例一破便不再回复了。这便是尧舜"禅让"的故事。

还有一位值得提的传说中的重要人物，那是黄帝。他所占故事中的时代虽

---

[1] 今为安徽省巢湖市。——编者注

在尧舜之先，他的创造却似在尧舜之后。照传说的一种系谱（《史记·五帝本纪》），他是尧的高祖，舜的八世祖，禹的高祖（舜反比禹低三辈，这很奇怪），也是商周两朝王室的远祖，并且成了后来许多向化的外族的祖先。黄帝和他左右的一班人物并且是许多文化成分的创造者，例如他发明舟、车、罗盘、阵法、占星术和许多政治的制度；他的妃嫘祖最初教人养蚕织丝；他的诸臣分别发明文字、算术、历法、甲子和种种乐器。总之，他不独是中国人的共祖，并且是中国文化的源头。他的功用是把中国古代史大大地简单化了。

殷商政治与文化

（前 1300—前 1027）

/ 雷海宗 /

一、商代的王权

商代是一个方国林立的时代，国家的外部形式表现为方国联盟。商代的方国在殷墟甲骨文中称为"某方""多方""邦方"等，方国首领的称谓有"侯""伯""邦伯""任""田"等。这些方国多是由古代的部族独立发展演变而来的，与商王国缺乏内在的联系，因而具有很强的独立性。诸方国与商王国的关系错综复杂，有的始终与商为敌，有的时服时叛，有的则长期与商结为同盟。可见，商朝并不是大一统的国家，而是一个以商王国为主体的松散联盟；商王国与诸方国并非中央王朝与地方政权的关系，而是国与国之间的关系。

商王国为方国联盟的主体，作为商王国的首领，对其他方国而言，商王具有盟主的性质。商王权力的大小，取决于商王国势力的盛衰。盘庚迁殷以前，商王国曾五次迁都，没有一个稳定的政治中心，由于商王国的衰弱，王权也随之不振。盘庚迁殷（前1300）[1]以后，内乱消弭，逐渐形成了以殷都为中心的王畿，王朝的地位才渐渐稳固。正因为有了政治和经济实力雄厚的王畿为后盾，商王国才得以凌驾于诸方国之上，形同中央王国。

此时的商王经常以诸侯之长和盟主的身份对外行使王权，以命令的口吻支使方国首领。殷墟卜辞中有许多商王"呼""令"某侯、某伯的记载，说明商王对某些方国有一定的支配权。西方最强的周在名义上也承认商王为天子。此时似乎没有成周式的封建制度，但部落间已有一种与封建制相近的比较精密的组织。天下一家的观念，此时大概已很普遍；名义上的共主就是这个观念的象征。

商王的对外权力虽然有一定的局限性，但在商王国内部，商王的权力则是至高无上的。王权的至尊，是由社会内部结构所决定的。

从社会内部结构来看，商王国是一个宗族国家，以宗族体系为基础。在宗族政治体制下，商王具有多重身份，他既是王国的首领，又是同姓宗族的大族长，亦是异姓宗族的君主，集王权、族权、政权于一身。在王国内部，商王自称"余一人"，拥有至高无上的权力，无异于专制君主。

商王的王位继承以兄终弟及为主，父死子继为辅。兄终弟及是传统的王位继承法，武乙以前的诸王，兄死由弟继承，直至无弟可传，然后传子。这种继承制度的不确定因素较多，有一定的随意性，容易导致争夺王位的现象。武乙以后的诸王均为父死子继，传子制取代了传统的兄终弟及制，这一制度为后来的周人所沿袭。

二、甲骨文

关于商代，旧的史料所供给我们的知识极少。直到清末甲骨文的发现。

---

[1] 现多认为盘庚迁殷是在公元前1320年左右。——编者注

我国目前考古发现最早的成文资料，始于商朝。商朝的文字资料，有陶文、玉石文、金文和甲骨文几种。其中以甲骨文最为重要，而且数量最为繁多。

甲是龟甲，骨是兽骨，主要是牛骨。

《礼记·表记》说："殷人尊神，率民以事神，先鬼而后礼。"殷人尚鬼，遇事好占卜。占卜后便记录下来。记录有写有刻，于甲骨之上或用朱书，亦有墨书；有的先写后刻，有的不写而直接刻；还有的将文字涂以朱砂或墨；也有的镶嵌松绿石，这就是所谓卜辞。甲骨文绝大多数皆为卜辞，间或也有与占卜有关的一些记事文字。

甲骨文出土在河南安阳殷墟以及附近地区，其中以小屯村出土为最多。

甲骨文对我们了解商朝贡献较大。不过用儒经来解释与用古代神话及人类学理论来解释所得的结果相差很远。若按后说，后世所传关于纣王烹人、荒淫与殷周交替的故事，并非全无根据。

先秦时期

 周朝的兴起
/ 张荫麟 /

现在让我们离开想象,回到事实。

当商朝最末的一百年间,在渭水流域,兴起了一个强国,号为周。周字的古文像田中有种植之形,表示这国族是以农业见长。周王室的始祖后稷(姬姓),乃是一个著名的农师(传说与禹同时),死后被周人奉为农神。后稷的子孙辗转迁徙于泾渭一带;至古公亶父(后来追称太王),原居于豳(今陕西邠县[1]附近),因受不了鬼方侵迫,率众迁居岐山(在今陕西岐山县境)之下。这一带地方盖特别肥沃,所以后来周人歌咏它道:

周原,堇荼如饴。

以一个擅长农业的民族,经过移民的选择,来到肥沃土地,而且饱经忧患,勤奋图存,故不数十年间,便蔚为一个富强之国。到了古公子季历(后来追称王季)

---

[1] 今属陕西省彬州市。——编者注

在位时，竟大败鬼方，俘其酋长二十人。古公在豳，还住地穴，其时周人的文化可想而知。迁岐之后，他们开始有宫室、宗庙和城郭了。季历及其子昌（后来追称文王）皆与商朝联婚，这促进了周人对商文化的接受，也促进了周人的开化。

至少自古公以下，周为商朝的诸侯之一，故卜辞中有"令周侯"的记录。旧载季历及昌皆受商命为"西伯"，即西方诸侯之长，当是可信。但卜辞中屡有"寇周"的记载，可见商与周的关系并不常是和谐的。旧载古公即有"翦商"的企图。盖周自强盛以来，即以东向发展为一贯之国策。古公和季历的雄图的表现，于史无考，但西伯昌的远略尚可窥见一斑。他在逝世前九年，自称接受了天命，改元纪年。此后六年之间，他至少灭掉了四个商朝的诸侯国：

一、密，今甘肃灵台县西；

二、黎，今山西黎城县东北；

三、邘，今河南怀庆[1]西北；

四、崇，今河南嵩县附近。

此外商诸侯不待征伐而归附他的当不少。又旧载西伯昌曾受商王纣命，管领江、汉、汝旁的诸侯，大约他的势力已及于这一带。后来周人说他"三分天下有其二"，若以商朝的势力范围为天下，恐怕竟去事实不远了。灭崇之后，西伯昌作新都于丰邑（在今长安县境），自岐下东迁居之。他东进的意向是够彰明的了。

文王死后第四年的春初，他的嗣子武王发率领了若干诸侯及若干西北西南土族的选锋（中有庸、蜀、羌、髳、微、𬴂、彭、濮等族类，其名字不尽见于以前和以后的历史），大举伐商；他的誓师词至今犹存，即《尚书》里的《牧誓》。凭一场胜仗，武王便把商朝灭掉。战场是牧野，离商王纣的行都朝歌（今河南淇县）不远。朝歌是他的离宫别馆所在，是他娱悦晚景的胜地。这时他至少已有六七十岁了。在享尽了畋游和酒色的快乐之后，他对第一次挫败的反应是回宫自焚而死。商兵溃散，

---

[1] 其地理位置约在今河南省焦作市。——编者注

武王等长驱入殷。商朝所以亡得这样快，照后来周人的解释是文王、武王累世积德行仁，民心归向，而商纣则荒淫残暴，民心离叛；所谓"汤武革命，顺乎天而应乎人"。这固然不能说没有一些事实的影子，但事实决不如此简单。周人记载中无意泄露的关于商、周之际的消息，有两点可注意。一说"纣克东夷而陨其身"。可见商人在牧野之战以前，曾因征服东方的外族，而把国力大大损耗了；武王乃乘其疲敝而取胜的。一说"昔周饥，克殷而年丰"。可见牧野之战，也是周人掠夺粮食、竞争生存之战。武王是知道怎样利用饥饿的力量的。

殷都的陷落和商朝的覆亡，只是周人东向发展的初步成功。商朝旧诸侯的土地并不因此便为周人所有，而且许多旧诸侯并不因此就承认武王为新的宗主。此后武王、成王、康王之世，不断地把兄弟、子侄、姻戚、功臣分封于外，建立新国。这些新国大抵是取旧有的诸侯而代之，也许有的是开辟本来未开辟的土地。每一个这类新国的建立，便是周人的一次向外移殖，便是周人势力范围的一次扩展。

但当初武王攻陷殷都之后，并没有把殷都及殷王畿占据，却把纣子武庚禄父封在这里，统治商遗民，而派自己的两个兄弟管叔和蔡叔去协助并监视他们。这不是武王的仁慈宽大。这一区域是民族意识特别深刻的"殷顽民"的植根地，而且在当时交通不便的情形之下，离周人的"本部"丰岐一带很远，显然是周人所不易统治的。故此武王乐得做一个人情。但这却种下后来一场大变的原因。武王克殷后二年而死，嗣子成王年幼，王叔周公旦以开国功臣的资格摄政。管、蔡二叔心怀不平，散布流言，说"周公将不利于孺子"。并鼓动武庚禄父联结旧诸侯国奄（今山东曲阜一带）和淮水下游的外族淮夷，背叛周室。周公东征三年，才把这场大乱平定。用兵的经过不得而详，其为艰苦卓绝的事业，是可想象的。于是周公以成王命，把殷旧都及畿辅之地封给文王的少子康叔，国号卫；把商丘一带及一部分殷遗民封给纣的庶兄微子启，以存殷祀，国号宋；把奄国旧地封给周公子伯禽，国号鲁；又封功臣太公望（姜姓）的儿子于鲁之北，国号齐（都今山东临淄[1]）；封功臣召公奭（周同姓）的儿子于齐之北，国号燕（都今北平[2]附近）；都是取商朝旧有诸侯国而代之的。周公东征之后，周人的势力才达到他们的"远东"。就周人向外发展的步骤而论，周公的东征比武王的克殷还更重要。这大事业不可没有一些艺术的点缀。旧传《诗经·豳风》里《东山》一篇就是周公东征归后所作，兹录其一章如下：

我徂东山，慆慆不归。我来自东，零雨其濛。鹳鸣于垤，妇叹于室。洒扫穹窒，我征聿至。有敦瓜苦，烝在栗薪，自我不见，于今三年。

假如传说不误，这位多才多艺的军事政治家，还是一个委婉的诗人呢！

先是武王克殷后，曾在丰邑以东不远，另造新都曰镐京（仍在长安县[3]境），迁居之，是为宗周。"远东"戡定后，在周人的新版图里，丰镐未免太偏处于西了。为加强周人在东方的控制力，周公在洛阳的地方建筑一个宏伟的东都，称为成周。成周既成，周公把一大部分"殷顽民"，远迁到那里。从此周人在东方可以高枕无忧了。却不料他们未来的大患乃在西方！周公对被迁到成周的殷人的训词，至今还保存着，即《尚书》里的《多士》。

武王、成王两世，共封立了七十多个新国，其中与周同姓的有五十多国；但这七十余国而外，在当时黄河下游和大江以南，旧有国族之归附新朝或为新朝威力所不届的，大大小小，还不知凡几。在这区域内，周朝新建的和旧有的国，现在可考的有一百三十多。兹于现在可考的周初新建国中，除上面已提到的宋、卫、鲁、齐、燕外，择其可以表示周人势力的分布的十八国列表如下：

---

[1] 今为山东省淄博市临淄区。——编者注

[2] 即北京。——编者注

[3] 今为陕西省西安市长安区。——编者注

国名	姓	始祖与周之关系	国都今地
晋	姬	武王子叔虞	山西太原北
霍	姬	文王子叔处	山西霍县[1]
邢	姬	周公子	河北邢台
芮	姬		陕西大荔县南
贾	姬		陕西蒲城西南
西虢	姬	文王弟虢叔	陕西宝鸡[2]东
滕	姬	文王子叔绣	山东滕县[3]
郕	姬	文王子叔武	山东汶上县北
郜	姬	文王子	山东城武县[4]东南
曹	姬	文王子叔振铎	山东定陶县[5]
东虢	姬	文王弟虢仲	河南汜水县[6]
蔡	姬	文王子叔度	河南上蔡县（约在公元前530年左右迁于今新蔡）
祭	姬	周公子	河南郑州东北
息	姬		河南息县
申	姜		河南南阳北
蒋	姬	周公子	河南固始县西北
随	姬		湖北随县
聃	姬	文王子季载	湖北荆门东南

---

[1] 今为山西省霍州市。——编者注

[2] 今为陕西省宝鸡市。——编者注

[3] 今为山东省滕州市。——编者注

[4] 今为山东省成武县。——编者注

[5] 今为山东省菏泽市定陶区。——编者注

[6] 今为河南省荥阳市汜水镇。——编者注

本节叙述周人的东徙至周朝的创业，本自成一段落。但为以下行文的方便起见，并将成王后康、昭、穆、共、懿、孝、夷、厉八世的若干大事附记于此。这时期的记载甚为缺略，连康、昭、共、懿、孝、夷六王在位的年数亦不可考（成王在位的年数亦然）。因此厉王以前的一切史事皆不能正确地追数为距今若干年。成、康二世为周朝的全盛时代，内则诸侯辑睦，外则四夷畏慑。穆王喜出外巡游，其踪迹所及，不可确考，但有许多神话附着于他。夷王时周室始衰，诸侯多不来朝，且互相攻伐。厉王即位于公元前878年。他因为积久的暴虐，于即位第三十七年，为人民所废逐，居外十四年而死。在这期间，王位虚悬，由两位大臣共掌朝政，史家称之为共和时代。厉王死后，其子继位，是为宣王。

成周封建帝国之极盛

（前1027—前771）

/ 雷海宗 /

一、营建洛邑，封藩建国

殷商末期，西方的周渐强，最后取代了殷的共主地位。

周公为了加强对殷人的控制，本着武王的遗志，营建洛邑。而后成王迁都于此，命名为成周。成王所以营建成周，主要是因为原来的都城丰镐远在黄河以西，不适应灭商以后的新形势。为了进一步巩固中央政权，就必须将政治中心向东迁移。当初武王死后，管蔡联合武庚叛乱，就更说明营建成周洛邑的必要性和迫切性。

洛邑建成之后，周公又迁殷商"顽民"于洛邑附近，令其定居，并且告诫他们说，"今尔惟时宅尔邑，继尔居，尔厥有干有年于兹洛"（《尚书·多士》），又说，"尔乃自时洛邑，尚永力畋（田）尔田，天惟畀矜尔"（《多方》）。这就是要商顽民在洛邑附近安家落户，老实种田，永做周王国的驯服顺民。

周初对于殷民,不用严刑杀戮,而主张多加教育,以期改造他们。例如,封康叔于卫之时周公就曾反复告诫他说"汝惟小子,乃服惟弘王,应保殷民,亦惟助王宅天命,作新民""罚蔽殷彝,用其义刑义杀"(《尚书·康诰》)。但是,对于那些敢于反抗不听命者,不但"不有尔土,予亦致天之罚于尔躬"(《多士》),而且还要像对奄君、淮夷、徐戎等那样加以讨伐。

周公所以采取这种安抚与镇压相结合的政策,主要为了达到把广大的东方安定下来,尽量减少被征服的各族首领起来反抗的目的。

周把东方征服的领土大部封予子弟功臣,纯粹的政治封建制度至此才算成立。在周公、成王、康王三代,新兴的封建王朝势力很大,至少对王畿附近的诸侯有些支配能力。

二、开疆拓土

成康之世,"天下安宁,刑错四十余年不用"(《史记·周本纪》),是周代的兴盛时期,周初以来,随着社会经济的发展和统治范围的扩大,周王室与国内各族的关系有了进一步的交往和冲突。

当时周边民族主要有东方的淮夷;南方的楚人,如庸、户、彭等群蛮部落;北方和西北方的游牧民族,如鬼方和猃狁、犬戎;东北地区有肃慎。先秦文献和铜器铭文中有关周与各族的记载,虽然大部分属于战争的记录,但是隐藏在它后面的各族之间的融合及其共同开发,则是历史的主流。

昭王见国力强盛,有心向南方扩张,在南巡汉水时,溺水身亡。穆王继承了父亲的壮志豪情,即位后东征西讨,东至九江,西抵昆仑,北达流沙,南伐荆楚。穆王是古代历史上最富传奇色彩的帝王之一,关于他的传说,层出不穷,最著名的则是《穆天子传》。

但共王以后,周室的势力渐呈裂痕。共王之子懿王在位时,周室衰弱,面对外族入侵已无力抵抗。

封建帝国之崩溃

（前900—前771）

/ 雷海宗 /

一、西周的衰微

公元前9世纪是宗周的势力渐渐衰弱与列国的实力日渐增长的时期，最后周公与后王所建设的封建帝国整个破裂，周室在实力上只等于列国中的一个小国。

周厉王继位后，想要振作，但他横征暴敛，招致了贵族和平民的不满，与周边的少数民族也有矛盾。他还不断南征荆楚，西北方面又防御游牧部落，西北戎狄，特别是猃狁，不时入侵。曾臣服于周的东南淮夷不堪承受压榨，奋起反抗。周厉王为压制国人的不满，任用卫巫监视口出怨言的人，发现就立即杀死，这些引得国内各项矛盾越来越尖锐。公元前841年，发生了国人暴动事件，人民包围了王宫，袭击厉王，他仓皇而逃，后来死于彘（今山西霍县）。他出逃后，召公、周公管理朝政，号为共和。

宣王承继厉王的遗志，讨伐侵扰周朝的戎、狄和淮夷，又征伐荆蛮，有一点中兴的迹象，但为时短暂。

二、平王东迁

到幽王时，大局已不可收拾。他贪婪腐败，不问政事，重用佞巧之徒，引起国人强烈不满。周幽王为取悦褒姒，数举骊山烽火，失信于诸侯。结果，又废嫡立庶，废除申后及太子宜臼，立褒姒为后及其子伯服为太子，并加害太子宜臼，致使申侯、缯侯和犬戎各部攻宗周。周幽王被犬戎兵杀死于骊山之下，公元前771年，西周灭亡。平王被一部分诸侯保护或挟持东迁，从此历史的重心就由周室移到列国了。

春秋列国之形成

（前770—前670）

/ 雷海宗 /

一、郑之盛强

春秋初期，列国中最早统一的是郑国。一时郑横行中原，甚至有吞并中原的野心。郑武公是周王朝的卿士，操王室权柄。郑武公死后，周平王想立虢公为卿士，因郑庄公不满而作罢。为了取信于郑国，平王还与郑庄公交换太子为人质。平王死后，桓王又想使虢公执政，郑庄公便派士兵抢收周地温和成周的庄稼，周郑交恶。桓王十三年（前707），桓王罢免了郑庄公的卿士之职，郑便与周兵戎相见，战斗中郑军射中周王的肩膀，天子威信扫地。

郑国称霸遭到中原其他诸小国的反对，反对最强烈的就是宋国与卫国。郑庄公凭借"挟天子以令诸侯"的地位，采用了"远交（交齐、鲁）近攻（攻宋、卫）"的政策，努力经营，国际地位蒸蒸日上。到了庄公末年，几乎成为春秋初期的霸主。

二、四强之兴起

齐、晋、秦、楚四方四个大国，内部权力斗争比较复杂，统一也比较迟缓。如齐国的襄公荒淫无道，引起大臣管至父叛乱；晋国发生骊姬之乱，晋献公的儿子死的死、逃的逃，公子重耳流亡国外，国内权臣为拥立国君又展开争斗。正由于此，一群小国才能一时间在中原自由横行。四大国统一之后，这些春秋局面开幕者的小国都成了大国所争的对象，失去了一切行动的自由。

三、社会变化

西周末，春秋初，社会上似乎也起了激烈的变化。平民中有暴富起来的。如《诗经·小雅·大东》是一首描写周代东方诸侯小国怨刺西周王室诛求无止、劳役不息的诗。诗中鲜明地塑造了两个形象：一个是残酷、贪婪、骄奢的西人剥削者形象；一个是被榨取、被奴役、被压迫得透不过气来，对西人满怀仇恨的东人形象，展示了一幅贫富悬殊、苦乐不均的生活图画。

也有人因政治社会的骚动而自行迁徙，寻求乐土，不再受士族的绝对统治。《诗经·魏风·硕鼠》中咏道："硕鼠硕鼠，无食我黍。三岁贯汝，莫我肯顾。逝将去汝，适彼乐土。"面对贵族的严酷剥削，农奴表示要离开他，迁往别处。

列国统一，士族也多少要受国君的限制。但政权仍由士族包揽，并且士族日益斯文，把"礼"抬高到无以复加的程度。这一点在《礼记》中有大量记载，如："道德仁义，非礼不成。教训正俗，非礼不备。分争辩讼，非礼不决。……祷祠祭祀，供给鬼神，非礼不诚不庄。"《诗经·鄘风·相鼠》咏道："相鼠有皮，人而无仪。人而无仪，不死何为？相鼠有齿，人而无止。人而无止，不死何俟？"总之，社会生活的每一环节都由礼来规范，不能僭越。

至于平民，有一部分自行解放的人经营工商业，水陆的交通因而也发达起来。崤山以西多木、竹、谷、玉石，崤山以东多鱼、盐、漆、丝，江南多楠木、金属、犀角、珠玑，北方多马、牛、羊。当时齐国物产丰富，国家富裕，因而"冠带衣履天下，海岱之间敛袂而往朝焉"。由于各地物产的不同，需要互通有无，商人就应运而生。

霸政时期

（前685—前612）

/ 雷海宗 /

一、齐桓公与管仲

大国统一之后，一方面靠自己的实力，一方面借天子的名义去控制中原一群小国。最早的霸主是齐桓公（前685—前643在位），他任用管仲改革，选贤任能，加强武备，发展生产。号召"尊王攘夷"，助燕败北戎，援救邢、卫，阻止狄族进攻中原，国力强盛。联合中原各国攻楚之盟国蔡，与楚在召陵（今河南郾城东北）会盟。又安定周朝王室内乱，多次会盟诸侯，成为春秋五霸之首。齐国经过一番彻底的整顿，临时成为天下最强的国。

二、宋襄公图霸

齐桓公的霸业，一大半要归功于管仲。管仲死后，桓公衰老，旧的统治渐不能维持。桓公不久也死去，齐国起了争位的内乱，霸主的地位永久丧失。被中原视为蛮夷的楚国乘机向北发展,遂有富于浪漫思想的宋襄公出来,要维持中原大局。宋襄公以仁义见称,继位之后,以贤臣子鱼、公孙固为辅,宋国由此大治。国际上紧跟齐桓公步伐,积极维护宋国霸权。桓公死后,宋襄公欲霸诸侯,却受到楚人阻挠。后一意孤行,发兵攻郑,与楚决战于泓水,宋师败绩。襄公不幸中箭,不久辞世。

三、晋文襄霸业

齐衰,楚国临时横行中原。晋文公重耳,初为公子,谦而好学,善交贤能智士。后受迫害离开晋国,游历诸侯。漂泊十九年后终复国,杀怀公而立。文公对内,拔擢贤能,以狐偃为相,先轸为帅,赵衰、胥臣辅其政;晋民各执其业,吏各司其职,晋国由此大治。对外,联秦合齐,保宋制郑,尊王攘楚。作三军六卿,勤王事于洛邑,败楚师于城濮,盟诸侯于践土,开创晋国长达百年的霸业。因其文治武功,与齐桓公并称"齐桓晋文",为后世儒家、法家等学派称道。

文公死后,襄公仍能继续维持中原盟主的地位。襄公死后,局势大变。一国独盛的霸政时期过去,晋楚角逐的争盟时期来临。

楚的兴起

/ 张荫麟 /

江水[1]在四川、湖北间被一道长峡约束住；出峡，向东南奔放，泻成汪洋万顷的洞庭湖，然后折向东北；至武昌[2]，汉水来汇。江水和汉水界划着一大片的沃原，这是荆楚民族的根据地。周人虽然在汉水下游的沿岸（大部分在东北岸）零星地建立了一些小国，但他们是绝不能凌迫楚国，而适足以供它蚕食的。在楚的西边，巴（在今巫山至重庆一带）、庸（在今湖北竹山县东）等族都弱小得只能做楚的附庸；在南边，洞庭湖以外是无穷尽的荒林，只等候楚人去开辟；在东边，迄春秋末叶吴国勃兴以前，楚人亦无劲敌。周初以来，楚国只有侵略别国别族的分儿，没有惧怕别国别族侵略的分儿。这种安全是黄河流域的诸夏国家所没有的。军事上的安全而外，因为江汉流域的土壤肥美，水旱稀少，是时的人口密度又比较低，楚人更有一种北方所仰羡不及的经济的安全。

---

[1] 即长江。——编者注

[2] 今为湖北省武汉市武昌区。——编者注

这两种安全使得楚人的生活充满了优游闲适的空气,和北人的严肃紧张的态度成为对照。这种差异从他们的神话可以看出。楚国王族的始祖不是胼手胝足的农神,而是飞扬缥缈的火神;楚人想象中的河神不是治水平土的工程师,而是含睇宜笑的美女。楚人神话里,没有人面虎爪、遍身白毛、手执斧钺的蓐收(上帝的刑神),而有披着荷衣、系着蕙带、张着孔雀盖和翡翠的司命(主持命运的神)。适宜于楚国的神祇不是牛羊犬豕的膻腥,而是蕙肴兰藉和桂酒椒浆的芳烈;不是苍髯皓首的祝史,而是采衣姣服的巫女。再从文学上看,后来战国时楚人所作的《楚辞》也以委婉的音节、缠绵的情绪、缤纷的词藻而别于朴素、质直、单调的《诗》三百篇。

楚国的语言和诸夏相差很远。例如楚人叫哺乳作谷,叫虎作於菟。直至战国时北方人还说楚人为"南蛮舌之人"。但至迟在西周时楚人已使用诸夏的文字。现存有一个周宣王时代的楚钟(《夜雨楚公钟》),其铭刻的字体文体均与宗周金文一致。这时楚国的文化盖已与周人相距不远了。后来的《楚辞》也大体上是用诸夏的文言写的。传说周成王时,楚君熊绎曾受周封。是时楚都于丹阳,在今湖北秭归之东。至昭王时,楚已与周为敌。周昭王曾屡次伐楚,有一次在汉水之滨全军覆没。后来他南巡不返,传说是给楚人害死的,周人也无可奈何。周夷王时,熊渠崛起,东向拓地至于鄂,即今武昌县[1]境。渠子红继位,即都于鄂,以后六传至熊咢不改。上文提到的楚钟即熊咢的遗器,发现于武昌与嘉鱼[2]之间。熊咢与宣王同时而稍后。

当宣王之世,周楚曾起兵争,而楚锋大挫。故是时的周人遗诗有"蠢尔蛮荆,大邦为雠。方叔元老,克壮其猷"之语。咢四传为武王,其间楚国内变频仍,似无暇于外竞。武王即位于周平王三十一年,从他以后,楚国的历史转入一新

---

[1] 今为湖北省武汉市江夏区。——编者注

[2] 今属湖北省咸宁市。——编者注

阶段，亦从他以后楚国的历史才有比较详细的记录。他三次侵随；合巴师围鄾、伐郧、伐绞、伐罗，无役不胜。又灭掉权国。他的嗣子文王始都于郢（即今湖北江陵）。在文王以前，楚已把汉水沿岸的诸姬姓国家剪灭殆尽。文王更把屏藩中原的三大重镇，申国、邓国和息国灭掉（息、邓[1]皆河南今县，申即南阳），奠定了楚国经略中原的基础。中原的中枢是郑国。自从武王末年，郑人对楚已惴惴不安。文王的侵略的兵锋终于刺入郑国，但他没有得志于郑而死。他死后的二十年间楚国再接再厉地四次伐郑。但这时齐国已兴起做它北进的第一个敌手了。

---

[1] 息国在今河南省信阳市息县附近，邓国有两种说法，一种是在今河南省邓州市附近，一种是在湖北省襄阳市邓城。——编者注

齐的兴起（附宋）

/ 张荫麟 /

　　齐国原初的境土占今山东省的北部，南边以泰山山脉与鲁为界，东边除去胶东半岛。这半岛在商代已为半开化的莱夷的领域。太公初来，定都营丘（后名临淄，今仍之）的时候，莱夷就给他一个迎头痛击。此后莱夷和齐国的斗争不时续起，直到前567年齐人灭莱为止。灭莱是齐国史中一大事。不独此后齐国去了一方的边患，不独此后它的境土增加了原有的一半以上，而且此后它才成为真正的海国。以前它的海疆只有莱州湾的一半而已。

　　但远在灭莱之前，当春秋的开始，齐已强大。前706年，郑太子忽带兵助齐抵御北戎有功，齐侯要把女儿文姜嫁给他，他便以"齐大非吾偶"的理由谢绝。原来文姜和她的大哥即后日的齐襄公有些暧昧的关系，她终于嫁了鲁桓公。有一次桓公跟她回娘家，居然看破并且说破了襄公与她之间的隐情。襄公恼羞成怒，便命一个力士把桓公杀了。讲究周礼的鲁人，在齐国的积威之下，只能哀求襄公把罪名加给那奉命的凶手，拿来杀了，聊以遮羞。这时齐国的强横可以想见。此事发生后四年（前690）襄公灭纪（在今山东寿光县[1]南，为周初所封与齐同姓国）。这是齐国兼并小国之始。襄公后来被公子无知所弑，无知僭位后，又被弑，齐国大乱。襄公有二弟：长的名纠，由管仲和召忽辅佐着；次的名小白，由鲍叔牙辅佐着。襄公即位，鲍叔看他的行为太不像样，知道国内迟早要闹乱子，便领着小白投奔莒国。乱起，管仲也领着公子纠逃往鲁国，纠的母亲原是鲁女。无知死后，鲁君便派兵护送公子纠回国，要扶立他。齐、鲁之间，本来没有好感，齐人对于鲁君的盛意十分怀疑，派兵挡驾。同时齐的巨室国、高二氏暗中差人去迎接小白。鲁君也虑及小白捷足先归，早就命管仲带兵截住莒、齐间的道路。小白后到，管仲瞄准他的心窝，一箭射去，正中目标，眼见他应弦仆倒。小白的死讯传到鲁国后，护送公子纠的军队在庆祝声中，越行越慢，及到齐境，则齐国已经有了新君，就是小白！原来管仲仅射中他的带钩，他灵机一动，装死躺下，安然归国。

　　小白即桓公，他胜利后，立即要求鲁人把公子纠杀了。召忽闻得公子纠死，便以身殉。管仲却依然活着。他同鲍叔本是知友，鲍叔向桓公力荐他。桓公听鲍叔的话，把国政付托给他，称他为"仲父"。此后桓公的事业全是管仲的谋划。桓公怎样灭谭、灭遂、灭项；怎样号召诸侯，开了十多次的冠裳盛会；怎样在尊王的题目下，操纵王室的内政，阻止惠王废置太子，而终于扶太子正位，这些现在都从略。他的救邢、救卫，以阻挡狄人的南侵，给诸夏造一大功德。现在单讲他霸业中的一大项目：南制荆楚。在前659年即楚文王死后十八年，当齐国正忙着援救邢卫的时候，楚人第三次攻郑。接着两年中，他们又两次攻郑，非迫到它和楚"亲善"不休。郑人此时却依靠着齐国。桓公自然不肯示弱。前657年，他联络妥了在楚国东北边，而可以牵制齐兵的江、黄二国。次年便率领齐、鲁、宋、陈、卫、郑、曹、许的八国联军，首先讨伐附楚的蔡国。蔡

---

[1] 今为山东省寿光市。——编者注

人望风溃散。这浩荡的大军,乘胜侵入楚境。楚人竟不敢应战,差人向齐军说和。桓公等见楚方无隙可乘,亦将就答应,在召陵（楚境,在今河南郾城县[1]东）的地方和楚国立了一个盟约而退。盟约的内容不可考,大约是楚国从郑缩手,承认齐对郑的霸权,但其后不久,周王因为易储的问题,怨恨桓公,怂恿郑国背齐附楚,许以王室和晋国的援助,郑人从之。于是附齐的诸侯伐郑,楚伐许以援郑,因诸侯救许而退。但许君经蔡侯的劝诱和恐吓,终于在蔡侯的引领之下,面缚衔璧,并使大夫穿丧服,士抬棺材,跟随在后,以降于楚。次年齐以大军伐郑,郑人杀其君以求和于齐。其后桓公之终世,郑隶属齐的势力范围。在这期间楚不能得志于北方,转而东向,灭弦（都今湖北蕲水[2]西北）,灭黄（都今河南潢川西）。齐人无如之何;继又讨伐附齐的徐戎,败之,齐与诸侯救徐,无功而退。

召陵之盟是桓公霸业的极峰。其后十二三年,管仲和桓公先后去世。管仲的功业在士大夫间留下很深的印象,他死了百余年后,孔子还赞叹道:"微管仲,吾其被发左衽（做戎狄）矣!"到了战国时代,管仲竟成了政治改革的传说的箭垛;许多政治的理论和一切富国强兵的善策、奇策、谬策,都堆在他名下,这些理论和方策的总结构成现存《管子》一书的主要部分。

桓公死后,五公子争位,齐国和诸夏同时失了重心。于是宋襄公摆着霸主的架子出场。他首先会合些诸侯,带兵入齐,给它立君定乱。这一着是成功了。接着,他拘执了滕君,威服了曹国,又逼令郑人把鄫君杀了祭社,希望借此服属与鄫不睦的东夷。接着他要求楚王分给他以领导诸侯霸权,楚王是口头答应了。他便兴高采烈地大会诸侯。就在这会中,楚王的伏兵一起,他从坛坫上的盟主变作阶下之囚徒。接着他的囚车追陪楚君临到宋境。幸而宋国有备,楚王姑且把他放归。从此他可以放下霸主的架子了,可是不然。自从桓公死后,郑

---

[1] 今为河南省漯河市郾城区。——编者注

[2] 1933年改名浠水县,今属湖北省黄冈市。——编者注

即附楚，郑君并且亲朝于楚。于是襄公伐郑。他的大军和楚的救兵在泓水上相遇。是时楚人涉渡未毕，宋方的大司马劝襄公正好迎击，他说不行。一会儿，楚人都登陆，却还没整队，大司马又劝他进击。他说，还是不行。等到楚人把阵摆好，他的良心才容许他下进攻令。结果，宋军大败；他伤了腿，后来因此致死。死前他还大发议论道："君子临阵，不在伤上加伤，不捉头发斑白的老者；古人用兵，不靠险阻。寡人虽是亡国之余，怎能向未成列的敌人鸣鼓进攻呢？"桓公死后十年间，卫灭邢；邾灭须句；秦灭芮、梁；楚灭夔。

晋楚争霸
/张荫麟/

桓公的霸业是靠本来强盛的齐国做基础的。当他称霸的时代,晋国和秦国先后又在缔构强国的规模,晋国在准备一个接替桓公的霸主降临,秦国在给未来比霸业更宏大的事业铺路。话分两头,先讲晋国。

晋始封时都于唐(今太原县[1]北),在汾水的上游;其后至迟过了三个半世纪,已迁都绛(今翼城县),在汾水的下游。晋人开拓的路径是很明显的。不过迁绛后许久他们还未曾占有汾水流域的全部,当汾水的中游还梗着一个与晋同姓的霍国,当汾水将近入河的地方还碍着一个也与晋同姓的耿国,前745年晋君把绛都西南百多里外的曲沃,分给他的兄弟,建立了一个强宗。此后晋国实际分裂为二。曲沃越来越盛,晋国越来越衰,它们间的仇隙也越来越大。这对抗的局面终结于前679年曲沃武公灭晋并且拿所得的宝器向周王买取正式的册封。老耄的武公,受封后两年,便一瞑不视,遗下新拼合的大国给他的儿子献公去粘缀、

---

[1] 今为山西省太原市晋源区。——编者注

镶补。

　　献公即位于齐桓公十年（前676），死于桓公三十五年。他二十六年的统治给晋国换一副面目。他重新修筑了绛都的城郭；把武公的一军扩充为二军。他灭霍、灭耿、灭魏、灭虞、灭虢，使晋国的境土不独包括了整个的汾水流域，并且远跖到大河以南。但献公最重要的事业还不止此。却说武公灭晋后，自然把他的公族尽力芟锄，免遗后患。我们可以想象晋国这番复合之后，它的氏室必定灭了许多，但在曲沃一方，自从始封以来，公子公孙们新立的氏室为数也不少。献公即位不久，便设法收拾他们。他第一步挑拨其中较穷的，使与"富子"为仇，然后利用前者去打倒后者。第二步，他让残余的宗子同住一邑，好意地给他们营宫室，筑城郭；最后更好意地派大兵去保卫他们，结果，他们的性命都不保。于是晋国的公族只剩下献公的一些儿子。及献公死，诸子争立。胜利者鉴于前车，也顾不得什么父子之情，把所有长成而没有继位资格的公子都遣派到各外国居住，此后的一长期中，公子居外，沿为定例。在这种制度之下，遇着君死而太子未定，或君死而太子幼弱的当儿，君权自然失落在异姓的卿大夫手里。失落容易，收复却难。这种制度的成立便是日后"六卿专晋""三家分晋"的预兆。话说回来，献公夷灭群宗后，晋国的力量一时集中在公室；加以他凭借"险而多马"的晋土，整军经武，兼弱攻昧，已积贮了向外争霸的潜能。可惜他晚年沉迷女色，不大振作，又废嫡立庶，酿成身后一场大乱，继他的儿孙又都是下等材料。晋国的霸业还要留待他和狄女所生的公子重耳，就是那在外漂流十九年，周历八国，备尝艰难险阻，到六十多岁才得位的晋文公。

　　文公即位时，宋襄公已经死了两年。宋人又与楚国"提携"起来，其他郑、鲁、卫、曹、许等国，更不用说了。当初文公漂流过宋时，仁慈的襄公曾送过他二十乘马。文公即位后，对宋国未免有情。宋人又眼见他归国两年间，内结民心，消弭反侧；外联强秦，给王室戡定叛乱，觉得他大可倚靠，便背楚从晋。楚率陈、蔡、郑、许的兵来讨，宋人向晋求救。文公和一班患难相从的文武老臣筹商了以后，便把晋国旧有的二军更扩充为三军，练兵选将，预备"报施救患，取威定霸"。他先向附楚的曹、卫进攻，占据了他们的都城；把他们的田分给宋国；一面叫宋人赂取齐、秦的救援。虽是著名"刚而无礼"的楚帅子玉，也知道文公是不好惹的，先派人向晋军说和，情愿退出宋境，只要晋军同时也退出曹、卫。文公却一面私许恢复曹、卫，让他们宣告与楚国绝交；一面把楚国的来使拘留。这一来把子玉的怒点着了。于是前632年，即齐桓公死后十一年，楚、陈、蔡的联军与晋、宋、齐、秦的联军大战于城濮（卫地）。就在这一战中，楚人北指的兵锋初次被挫，文公成就了凌驾齐桓的威名，晋国肇始它和楚国八十多年乍断乍续的争斗。

这八十多年的国际政治史表面虽很混乱，却有它井然的条理，是一种格局的循环。起先晋楚两强，来一场大战；甲胜，则若干以前附乙的小国自动或被动地转而附甲；乙不肯甘休，和它们算账；从了乙，甲又不肯甘休，又和它们算账，这种账算来算去，越算越不清，终于两强作直接的总算账，又来一场大战。这可以叫作"晋、楚争霸的公式"。晋、楚争取小国的归附就是争取军事的和经济的势力范围。因为被控制的小国对于所归附的霸国大抵有两种义务：一是当它需要时，出定额的兵车助它征伐。此事史无明文，但我们从以下二事可以类推：（1）齐国对鲁国某次所提出的盟约道："齐师出境而不以甲车三百乘从我者，有如此盟！"（2）其后吴国称霸，鲁对它供应军赋车六百乘，邾三百乘。二是以纳贡或纳币的形式对霸国作经济上的供应（贡是定期的进献，币是朝会庆吊的赘礼）。此事史亦无明文，但我们从以下三事可以推知：（1）楚人灭黄的借口是它"不归楚贡"。（2）前548年晋执政赵文子令减轻诸侯的币，而加重待诸侯的礼；他就预料兵祸可以从此稍息。（3）前530年郑往晋吊丧，带去作赘礼的币用一百辆车输运，一千人押送。后来使人不得觐见的机会，那一千人的旅费就把带去的币用光！当周室全盛时，诸侯对于天王所尽的义务也不过如上说的两事。可见霸主即是有实无名的小天王，而同时正式的天王却变成有名无实了。

在晋、楚争霸的公式的复演中，战事的频数和剧烈迥非齐桓、宋襄的时代可比，而且与日俱甚。城濮之战后三十五年，晋师救郑，与楚师遇，而有邲（郑地）之战，楚胜；又二十二年，楚师救郑，与晋师遇，而有鄢陵（郑地）之战，晋胜；又十八年，晋伐楚以报楚之侵宋（先是楚侵宋以报晋之取郑），而有湛阪（楚地）之战，晋胜。但这四次的大战只是连绵的兵祸的点逗。在这八十余年间，楚灭江、六、蓼、庸、萧（萧后入于宋）及群舒；晋灭群狄，又灭偪阳以与宋；齐灭莱；秦灭滑（滑后入于晋）；鲁灭邾；莒灭鄫（鄫后入于鲁）。在这期间，郑国为自卫，为霸主的命令，及为侵略而参加的争战在七十二次以上。宋国同项的次数在四十六以上。其他小国可以类推。兵祸的惨酷，可以从两例概见：（1）前597年，正当邲战之前，楚人在讨叛的名目下，围攻郑都。被围了十七天后，郑人不支，想求和，龟兆却不赞成；只有集众在太庙哀哭，并且每巷备定一辆车，等候迁徙，这一着却是龟兆所赞成的。当民众在太庙哀哭时，守着城头的兵士也应声大哭。楚人都被哭软了，不禁暂时解围。郑人把城修好，楚兵又来，再围了三个月，终于把城攻破，郑君只得袒着身子，牵着一只象征驯服的羊去迎接楚王。（2）过了两年，厄运轮到宋人头上。楚王派人出使齐国，故意令他经过宋国时，不向宋人假道。宋华元说：经过我国而不来假道，就是把我国看作属地，把我国看作属地就是要亡我国；若杀了楚使，楚人必来侵伐，来侵伐也是要亡我国；均之是亡，宁可保全自己的尊严。于是宋杀楚使。果然不久楚国问罪的大军来到宋都城下，晋国答应的救兵只是画饼。九个月的包围弄到城内的居民"易子而食，析骸以炊"；楚人还在城外盖起房舍，表示要久留。但宋人宁可死到净尽，不肯做耻辱的屈服。幸亏华元深夜偷入楚营，乘敌帅子反的不备，挥着利刃，迫得他立誓，把楚军撤退三十里，和宋国议和，这回恶斗才得解决。

像这类悲惨事件所构成的争霸史却怎样了结？难道它就照一定的公式永远循环下去吗？难道人类共有的恻隐心竟不能推使一个有力者，稍作超国界的打算吗？前579年，尝透了战争滋味的华元开始做和平运动。这时他同晋、楚的执政者都很要好；由他的极力拉拢，两强订立了下面的盟约：

凡晋、楚无相加戎，好恶同之，同恤菑危，备救凶患。若有害楚，则晋伐之；在晋，楚亦如之。交贽往来，道路无壅。谋其不协，而讨不庭（不来朝的）。有渝此盟，明神殛之；俾队（坠）其师，无克胙国。

这简直兼有现在所谓"互不侵犯条约"和"攻守同盟"了。但这"交浅言深"的盟约，才侥幸保证了三年的和平，楚国便一手把它撕破，向晋方的郑国用兵；次年便发生鄢陵的大战。

争霸的公式再循环了一次之后，和平运动又起。这回的主角向戌也是宋国的名大夫，也和晋、楚的执政者都有交情。但他愿望和福气都比华元大。前546年，他在宋都召集了一个十四国的"弭兵"大会。兵要怎样弭法，向戌却是茫然的。这个会也许仅只成就一番趋跄揖让的虚文，若不是楚国的代表令尹子木提出一个踏实的办法：让本未附从晋或楚的国家以后对晋、楚尽同样的义务。用现在的话说，这就是"机会均等""门户开放"的办法。子木的建议经过两次的小修正后到底被采纳了。第一次的修正是在晋、楚的附从国当中把齐、秦除外，因为这时亲晋的齐和亲楚的秦都不是好惹的。第二次的修正又把邾、滕除外。因为齐要把邾、宋要把滕划入自己的势力范围。四国除外，所以参加盟约的只有楚、晋、宋、鲁、郑、卫、曹、许、陈、蔡十国。

在这次盟会中晋国是大大地让步了。不独它任由楚人自居盟主；不独它任由楚人"衷甲"赴会，没一声抗议；而那盟约的本身就是楚国的胜利；因为拿去交换门户开放的，晋方有郑、卫、曹、宋、鲁五国，而楚方则只有陈、蔡、许三国。但晋国的让步还有更大的。十二年后，楚国又践踏着这盟约，把陈国灭了（五年后又把它复立，至前478年终灭之），晋人只装作不知。弭兵之会后不久，晋人索性从争霸场中退出了。晋国的"虎头蛇尾"是有苦衷的。此会之前，晋国已交入一个蜕变的时期。在这时期中,它的主权从公室移到越来越少的氏室,直至它裂为三国才止。在这蜕变的时期中,它只有蛰伏不动。但楚国且慢高兴,当它灭陈的时候,新近暴发的吴国已蹑在它脚后了。

吴越代兴

/ 张荫麟 /

自泰伯君吴后，十九世而至寿梦。中间吴国的历史全是空白。寿梦时，吴国起了一大变化。这变化的起源，说来很长。前617年，即城濮之战后十五年，陈国有夏徵舒之乱。徵舒的母亲夏姬有一天同陈灵公和两位大夫在家里喝酒。灵公指着徵舒对一位大夫说道："徵舒像你。"那位大夫答道："也像你。"酒后徵舒从马厩里暗箭把灵公射死。陈国大乱。楚庄王率兵入陈定乱，杀了徵舒，俘了夏姬回来，打算把她收在宫里。申公巫臣说了一大番道理把他劝阻了。有一位贵族子反想要她，巫臣又说了一大番道理把他劝阻了。后来夏姬落在连尹襄老之手。邲之战，襄老战死，他的儿子又和她有染。巫臣却遣人和她通意，要娶她，并教她借故离楚；而设法把她安顿在郑。夏姬去后不久，巫臣抓着出使齐国的机会。他行到郑国，便叫从人把所赉的"币"带回去，而自己携着夏姬投奔晋国。子反失掉夏姬，怀恨巫臣。又先时另一位贵族要求赏田，为巫臣所阻，亦怀恨他。二人联合，尽杀巫臣的家族，而瓜分他的财产。巫臣由晋致书二人，誓必使他们"疲于奔命以死"。于是向晋献联吴制楚之策。他亲自出使于吴,大为寿梦所欢迎。吴以前原是服属于楚的,他教寿梦叛楚。他从晋国带来了一队兵车,教吴人射御和车战之术。吴本江湖之国,习于水战而不习于陆战。但从水道与楚争,则楚居长江的上游而吴居其下游,在当时交通技术的限制之下,逆流而进,远不如顺流而下的利便,故吴无法胜楚。但自从吴人学得车战后,形势便大变了,他们从此可以舍舟而陆,从淮南江北间掮楚之背。从此楚的东北境无宁日。楚在这一方面先后筑了钟离、巢及州来三城(皆在今安徽境,州来在寿县[1],巢在庐州[2],钟离在临淮县[3])以御吴。吴于公元前519年取州来。其后七年间以次取巢取钟离并灭徐。前506年,即向戌弭兵之会后四十年,吴王阖闾大举伐楚,吴军由蔡人引导,从现在的寿县、历光、黄,经义阳三关,进至汉水北岸,乃收军;楚军追战至麻城(时称柏举)大溃。吴师继历五战,皆胜,遂攻入郢都。楚昭王逃奔于随。这次吴人悬军深入,饱掠之后,不能不退,但楚国却受到空前的深痛巨创。昭王复国后,把国都北迁于鄀,是为鄢郢,即今湖北宜城。

像晋联吴制楚,楚亦联越制吴。

在周代的东南诸外族中,越受诸夏化最晚。直至战国时,中国人在寓言中提到越人,还说他们"断发文身",说他们"徒跣"不履;又有些学者说越"民愚疾而垢"是因为"越之水重浊而洎"。此时越人的僿野可想。越人的语言与诸夏绝不相通。现在还保存着前五世纪中叶一首用华字记音的越歌和它的华译。兹并录如下,以资比较。

---

[1] 今属安徽省淮南市。——编者注

[2] 今为安徽省合肥市。——编者注

[3] 清乾隆年间并入凤阳县,属于安徽省滁州市。——编者注

越歌	华译
滥兮抃草滥予昌枑泽予昌州州𩜱州焉乎秦胥胥缦予乎昭澶秦逾渗惿随河湖（句读已佚）	今夕何夕兮，搴洲中流？今日何日兮，得与王子同舟？蒙羞被好兮，不訾诟耻。心几烦而不绝兮，知得王子。山有木兮，木有枝，心悦君兮，君不知。

越人在公元前537年以前的历史除了关于越王室起源的传说外，全是空白。是年越人开始随楚人伐吴。其后吴师入郢，越人即乘虚袭其后。入郢之后十年，吴王阖闾与越王勾践战于檇李（今嘉兴）大败，受伤而死。其子夫差于继位后三年（前494）大举报仇，勾践败到只剩甲楯五千，退保会稽（今绍兴），使人向夫差卑辞乞和，情愿称臣归属。此时有人力劝夫差趁势灭越。夫差却许越和。大约一来他心软，二来他认定越再无能为，而急于北进与诸夏争霸，不愿再向南荒用兵了。在此后十二年间，夫差忙于伐陈伐鲁，筑城于邗（即今扬州），凿运河连接江淮，从陆路又从海道（吴以舟师从海道伐齐为我国航海事见于记载之始）伐齐，和朝会北方诸侯；而勾践则一方面向夫差献殷勤，向他的亲信大臣送贿赂，一方面在国内奖励生育（令壮者不得娶老妇，老者不得娶壮妻；女子十七不嫁，男子二十不娶，其父母有罪），并给人民以军事训练。前482年，夫差既两败齐国，大会诸侯于齐的黄池。他要学齐桓、晋文的先例，自居盟主。临到会盟的一天，晋人见他神色异常的不佳，料定他国内有变，坚持不肯屈居吴下，一直争执到天黑，结果他不得不把盟主的地位让给晋国。原来他已经秘密接到本国首都（吴原都句吴，在今无锡东南，至夫差始迁于姑苏，即今苏州）被越人攻陷的消息了。夫差自黄池扫兴而归后，与越人屡战屡败。前473年，吴亡于越，夫差自杀。勾践踏着夫差的路径北进，大会诸侯于徐州（据顾栋高考，此徐州在今山东滕县，非江苏之徐州），周王亦使人来"致胙"。后又迁都于琅琊（越本都会

稽，即今绍兴。至勾践前一代迁诸暨），筑起一座周围七里的观台，以望东海。这时越已拓地至山东，与邾、鲁为界了。

　　勾践死于前465年，又六十三年而晋国正式分裂为三，那是战国时代的开始。在这中间，越灭滕（后恢复），灭郯；楚则灭蔡、灭杞、灭莒（莒后入于齐），亦拓地至山东境。在转到战国时代之前，让我们补记两个和向戌先后并世的大人物：一个是郑公孙侨，字子产，即弭兵大会中郑国的代表之一；另一个是鲁孔丘，字仲尼，后世尊称为孔子。

吴越之争
（前505—前473）

/雷海宗/

一、吴国称霸

吴国偏居东南沿海地区，与越国为邻，有断发文身之俗。严格地说，它还不能算是一个国家，只是一个部落群体。在中原列国眼里，吴是一个经济、文化十分落后的蛮夷之国。公元前584年，晋国开始联合吴国，企图利用吴国牵制楚国的右翼。于是吴国不断侵伐楚国，使楚国忙于应战，疲于奔命。在晋国的扶植下，吴国的军事力量发展得很快，国土日益扩展，声望日益提高。中原诸侯国家和吴国开始建立了联系。公元前522年，伍子胥从楚国逃到吴国，做了相国。他辅佐吴王阖闾，使吴国由极为落后的蛮夷之邦，一跃而成为军事强国。公元前506年，吴王阖闾命孙武、伍子胥率军，联合蔡、唐两国兴师伐楚。柏举一战，楚军一败涂地。吴军乘胜穷追猛打，五战五胜，攻占了楚国的郢都。

公元前482年，吴王夫差会诸侯于黄池（今河南封丘），夺得霸主地位。晋楚衰弱，春秋争霸的局面结束。

二、越国后来居上

吴王阖闾攻占郢都后，庆功作乐，流连忘返，国内很空虚。越王允常乘机袭吴国。吴王阖闾之弟夫概也悄悄溜回吴国，自立为王。吴王阖闾被迫跟楚国讲和，匆忙回师，赶跑夫概，保住王位，而楚国也侥幸复活。楚昭王接受了痛苦的教训，开始励精图治。为了解除吴国对楚国的威胁，他采取联越制吴的策略。

吴王阖闾决心打败越国。公元前496年越王允常死，其子勾践继位。吴国起兵攻越。吴越两军战于樵李（今浙江嘉兴南），阖闾负伤而死，其子夫差继位。过了两年，吴国出动精兵攻越国。夫椒一战，越军大败。越王勾践委曲求和，夫差接受了。战败后的越王勾践卧薪尝胆，采用十年生聚、十年教训的策略逐渐强大。当吴王夫差北上争霸，国内空虚，对越国疏于防范之机，勾践攻入吴都，获其太子，逼吴求和。从此，吴国国力江河日下。公元前473年，越军又攻破吴都，夫差自杀，吴国亡。

吴越争霸的性质已与春秋前期的诸侯争霸有所不同，所争的已不是国际均势或中原的霸权，而是对方的土地人民。吴国还有点春秋精神，越国就充分表现了战国时代的土地欲，所以吴越竞争可说是春秋战国过渡期间的大变局。

秦的变法
/ 张荫麟 /

　　秦的发祥地在渭水上游的秦川的东岸（今甘肃天水县[1]境），周孝王时，嬴姓的非子因替王室养马蕃息的功劳，受封在这里，建立了一个近畿的"附庸"。宣王时，秦庄公以讨伐犬戎有功受命为西垂大夫。及平王东迁，秦襄公带兵去扈卫，平王感念他的殷勤，才把他升在诸侯之列。这时畿内的丰岐一带已沦入犬戎，平王索性更做一个不用破费的人情，把这一带地方许给了秦，假如它能将犬戎驱逐。此后秦人渐渐地东向开拓，到了穆公的时代，更加猛进。穆公是春秋的霸主之一。他曾俘获了晋惠公，拿来换取晋国的河西地方；又灭梁、灭芮，都是黄河西岸与晋邻近的小国。他又潜师远出，希图灭郑，若不是郑商人弦高把噩耗发现得早，向祖国报讯得快，秦的铁手此时也许便伸入中原了。秦的东侵是晋的大忌。秦师这次由郑旋归，晋人也顾不得文公新丧，墨绖兴兵，把他们拦路截击，杀个惨败。后来穆公虽报了此仇，他东向的出路到底给晋人用全

---

[1] 今为甘肃省天水市。——编者注

力扼住了。他只得回过头去"霸西戎",结果,"兼国十二,开地千里"。穆公死时(前621),秦人已占有渭水流域的大部分,已奠定一个头等国的基础。但此后二百多年间,秦的内部停滞不进,而晋始终保持着霸国的地位,继续把秦人东出的路堵住。

当战国开场的前后,秦在"七雄"中算是最不雄的一国。自前428年以降,四十多年间,它的政治出了常轨,大权落在乱臣。在这时期中,它有一个君主被迫自杀,一个太子被拒不得继位,另一个君主和母后一同被弑,沉尸深渊。魏人乘秦内乱,屡相侵伐,并且夺回穆公所得到的河西地方。

穆公的霸图的追续是自献公始。他即位的次年(前383)便把国都从雍(今陕西凤翔县)东迁到栎阳(今陕西临潼县[1]北)。他恢复君权,整饬军旅,两败魏师。但秦国更基本的改革,更长足的进展,还要等待继他位的少年新君孝公和一个来自卫国的贵族少年公孙鞅。

公孙鞅原先游仕在魏。传说魏相公叔痤病到要死时,魏君(即日后的惠王)请他举荐继任的人,他便以卫鞅对。魏君默然不语。公叔痤更嘱咐道:若不用这人,必得设法把他杀掉,勿令出境。魏君答应去后,公叔痤立即唤叫卫鞅前来,把刚才的谈话告诉了他,劝他快走。他不慌不忙答道:魏君不能听你的话用我,又怎能听你的话杀我呢?后来闻得孝公即位,下令求贤,他才挟着李悝的《法经》,走去秦国。

前359年(孝公三年),孝公用卫鞅计颁布第一次的变法令。这令的内容包括两方面:一是刑法的加严加密。人民以十家或五家为一组,若一家犯法,其他同组诸家得连同告发,知情不举的腰斩;告发本组以外奸恶的与斩敌首同赏,藏匿奸人的与降敌同罚。二是富强的新策。凡不做耕织的游民收为公

---

[1] 今为陕西省西安市临潼区。——编者注

家的奴隶，努力耕织多致粟帛的人民免除徭役；家有两男以上不分居的纳加倍的人口税，私相殴斗的分轻重惩罚；非有军功的人不得受爵；服饰、居室和私有的田土奴婢的限度，按爵级区别，因此没有军功的人虽富也不得享受。这新法施行十年后，秦国家给人足，盗贼绝踪，百姓从诅咒转而歌颂。这新法的成效更表现在卫鞅的武功，前352年，他亲自领兵征魏，把魏的旧都安邑也攻破了。此役后二年，卫鞅又发动第二步的改革。把国都迁到渭水边的咸阳，在那里重新筑起宏伟的城阙和宫殿；统一全国的度量衡；把全国的城邑和村落归并为三十一县，每县设县令、丞（正副县长）；把旧日封区的疆界一概铲平，让人民自由占耕未垦辟的土地，让国家对人民直接计田征税。第二步改革完成后，卫鞅于前340年又领兵征魏，把魏将公子卬也虏了回来。于是孝公封卫鞅于商，为商君，后人因此称他为商鞅，但他的末日也快到了。先时第一次变法令公布后，人人观望怀疑。适值太子犯法。卫鞅便拿他做一个榜样，把他的师傅公子虔黥了。后来公子虔自己犯法，又给卫鞅劓了。前338年孝公死，太子继位后的第一件大事便是把商鞅族诛。但商鞅的政策却继续被采用。

秦地本是戎狄之区。西周的京畿虽建在其上，文明的透入始终不深，好比一件锦衣覆着褴褛。周室东迁后，锦衣一去，便褴褛依然。直至孝公变法时，秦人还不脱戎狄之俗，例如他们还父兄子弟和姑媳妯娌同寝一室，这大约是沿着游牧时代以一个帐幕为一家的经济办法。这种陋俗经商鞅的严禁才消灭。又例如秦国道地的音乐，直至战国晚年，还是"击瓮叩缶，弹筝搏髀，而歌呼呜呜"。没有受文明的雅化，也就没有受文明的软化。在六国中秦人是最犷野矫健的。商鞅的严刑峻法给他们养成循规蹈矩的习惯，商鞅的特殊爵赏制度使得对外战争成了他们唯一的出路。以最强悍、最有纪律的民族，用全力向外发展，秦人遂无敌于天下。

商鞅死后约莫七八十年，赵国的大儒荀卿游秦。据他所记，这时商鞅变法的成绩还历历可见。荀卿说：

〔秦之〕国塞险，形势便，山林川谷美，天材之利多，是形胜也。入境观其风俗：其百姓朴，其声乐不流(淫荡)汙(猥亵)，其服不挑(佻)，甚畏有司而顺。……及都邑官府：其百吏肃然，莫不恭俭、敦敬、忠信。……入其国(首都)，观其士大夫，……不比周，不朋党，倜然莫不明通而公也。……观其朝廷，其朝(早)间听决，百事不留，恬然如无治者。

荀卿的弟子韩非也说：

今……〔六国〕言赏则不与，言罚则不行。赏罚不信，故士民不死也。今秦出号令而行赏罚，有功无功，相事也。……是故秦战未尝不克，攻未尝不取，所当未尝不破。

信赏必罚正是商鞅的政术。荀卿又曾比较齐、魏和秦的强兵政策道：

齐人隆技击。……得一首者则赐赎锱(八两)金，无本赏矣(本赏大约是指战胜攻取之赏)。是事小，敌毳(脆)，则偷可用也；事大，敌坚，则涣然离耳。……是亡国之兵也。……魏氏之武卒，以度取之(按一定标准挑选)：衣三属(层)之甲，操十二石之弩，负服矢五十个，置戈其上，冠(胄)带剑，赢(背)三日之粮，日中而趋百里。中试则复其户(免除赋役)，利其田宅(给以好田宅)。是数年而衰，而未可夺也(合格的武卒，几年后便衰弱不可用。但其特权却不能剥夺)。……是故地虽大，其税必寡，是危国之兵也。秦人，其生民也狭厄(给人民的生路狭隘)，其使民也酷烈。……忸(狃)

· 54 ·

之以庆赏，鰌（鳝）之以刑罚，使……民所以要利于上者，非斗无由也。厄（压迫）而用之，得而后功之（胜利才算功，不但计首级），功赏相长也。……故齐之技击，不可以遇魏氏之武卒；魏氏之武卒，不可以遇秦之锐士。

所说齐、魏的兵制，不知创行于何时，所说秦国的兵制正是商鞅所创的。

七雄局面之成立

（前473—前362）

/雷海宗/

一、三晋田齐

春秋末战国初，列国都起内乱，推动内乱的大半是封建残余的世家。

三家分晋。春秋时期，整个晋国公室内部为君权而不断争夺、吞并，晋献公为巩固君位，诛灭了桓叔、庄伯之庶族群公子，公族势力受到打击。时隔不久，公室内部再次喋血：献公宠骊姬，欲立其子奚齐为太子，逼杀太子申生，逐重耳、夷吾等群公子，这场内乱丧亡殆尽，"自是晋无公族"。晋文公继位后，鉴于数世之乱的历史教训，不再分封公室宗族子弟，政治上亦不重用公族，而是起用一批异姓贵族，这些贵族大都是随他流亡的有功人员，如狐毛、狐偃、先轸、赵衰等。这就等于废除了公室贵族世袭政权的传统旧制，对后来晋国的灭亡埋下伏笔。

晋文公死后，赵盾专权，晋灵公对赵盾不满，曾两次谋刺赵盾，后被赵盾昆弟赵穿杀死。晋悼公以后，公室彻底衰败，已无力反抗卿族的专权。晋卿均出自范氏、中行氏、智氏、韩氏、赵氏、魏氏，晋君形同虚设。公元前376年，韩康子、魏桓子、赵襄子灭智伯，三分其地，晋分为魏、韩、赵国，史称"三家分晋"。

田氏代齐。齐国本是周初吕氏的封地。春秋末，吕氏政权被田氏取代，从此，齐国的主人由姜姓吕氏演化成妫姓田氏。过程是：公元前671年，陈国公族内乱，陈公子完为避祸奔逃至齐国，至齐国后为齐国田氏之祖（"陈""田"本为一字）。公元前545年，田完四世孙田无宇与鲍氏、栾氏、高氏合力消灭当国的庆氏，取得公族与国人的支持。

公元前489年，田乞自立为相，田氏掌握齐国国政。

公元前481年，田恒杀齐简公与诸多公族，另立齐平公，进一步把持政权，又以"修公行赏"争取民心。

公元前391年，田和废齐康公。

公元前386年，田和自立为国君，同年为周安王册命为齐侯。

公元前379年，齐康公死，田氏仍以"齐"作为国号，史称"田齐"。

二、秦楚内乱与复兴

秦、楚也都经过内乱，不过未被异姓所篡。

先说秦国。自穆公之后，秦国多次发生争夺王位的内乱，国力日衰，渐渐从中原诸侯的目光中消失。当韩、赵、魏三家分晋之后，秦国甚至不敌魏国，被夺去了河西之地。这一局面一直延续到秦孝公嬴渠梁即位，中国历史上影响深远的商鞅变法开始，秦国才走上强国之路。

再说楚国。楚惠王（前488—前432）在位时，楚国内部发生了一场大的叛乱，太子建的儿子白公胜兴兵作乱，自立为王，后来兵败被杀，惠王复位，内乱才平息。此时正是吴越争霸的时期，楚国遭到吴国的侵略，一度险些灭国。越国灭吴后，楚国才得有喘息的机会。楚悼王在位时，吴起自魏国至楚，被任为相。他严明法令，裁撤冗吏，废除了较疏远的公族，把节省下的钱粮用以供养战士。于是南面平定了百越；北面兼并了陈国和蔡国，并击退了韩、赵、魏的扩张；向西征伐了秦国。楚国遂又强盛。

三、越之乱亡与燕之渐兴

越国的盛衰经过，极不清楚。越王勾践时，国家骤强，勾践死后就又无声无臭。越王无疆在位时，想要振作，于是攻打楚国。楚威王发兵迎击越军，大败越军，杀死无疆，占领吴越之地，越国因此分崩离析。

同时极北的燕国，此前与中原地区几乎完全无关，现在内部开始加以整顿，渐渐有心向南参加国际的政治。

四、诸小国之渐趋灭亡

在春秋战国之际的大混乱里，小国失去霸政或争盟时代的保障，大多灭亡。公元前375年，郑为韩所灭。战国时，卫国的领土不断被强邻蚕食，国君封号也由公降为侯，再降为君，领土几乎全为魏国所占，仅剩濮阳。公元前487年，曹为宋灭。陈、蔡都为楚所并。小不足计而自称夏后的杞国也被并于楚，时在公元前445年。春秋时代比较重要的小国，只余下宋、鲁为七雄间的缓冲国。鲁悼公时，三桓强大，公室衰弱，鲁君如同小侯。

五、周之丧土与分裂

周室虽微，也同样经过内乱。土地大半丧于邻国，所余的领土又分裂为东周和西周。西周仍都于王城洛邑，东周都于巩。东西周各有君，天子即周赧王完全成为傀儡。东、西周时常争水灌稻，此外并常起无谓的纠纷。至于在国际上，周已完全失去春秋时代的重要地位。列国称王之后，周更无足挂齿，至多也不过是一个与宋、鲁相等的缓冲国。只有那若有若无的九鼎还教人记得周曾做过天下的共主。

自春秋以来，周王室衰落，各诸侯开始觊觎九鼎。周定王时，楚庄王首次"问鼎之轻重"，被周大夫王孙满驳回。后楚灵王一度也动心问鼎，因国内发生叛乱，未果。

秦惠王时，张仪制定策略，希望能夺得九鼎以号令诸侯，楚顷襄王、齐宣王亦希望争夺宝鼎。周赧王周旋于列国之间，令其相互制约，得保九鼎不失。

六、新军器与新战术

国际政局日渐紧张，战术与军器也大见进步。这时开始有铁兵，虽然铜兵仍占重要的地位。攻守的方法都较前精明，这一点从《墨子·公输篇》中可以看出，公输盘为楚造攻城的云梯，并与墨子推演攻守的战术，"公输盘九设攻城之机变，子墨子九拒之"。除原有的戎车与步卒之外，骑兵现在成为军队中日趋重要的一部分。赵武灵王向北方少数民族学习，提倡胡服骑射，提高军队战斗力。春秋时，田地都有沟界，且阡陌纵横，不利于车马驰骋；到了战国，废井田、开阡陌，战车也变成了骑兵，军队机动性强，而防守更难了。不得已各国都开始修筑长城。长城的修建，足以证明当时的战争是如何的严重。

七、魏之图强与失败

战国时代内部最早整顿就绪的就是处在中央的魏国。魏文侯时，魏相李悝主持变法，他选贤任能赏罚分明，打击旧贵族，重用对国家做出贡献的人；废除井田制，鼓励自由开垦土地；改革军制，加强军备，人民的生活与国家的财政都得到提高。武侯以下，魏暂时强于他国，因而想控制中原，甚至独霸天下。魏的野心引起战国时代第一次的天下混战。

魏惠王时，国家实力大增。周显王十五年（前354），魏围攻赵都邯郸，次年赵向齐求救。齐王命田忌、孙膑率军援救。孙膑认为魏以精锐攻赵，国内空虚，遂引兵攻魏都大梁。果然诱使魏将庞涓赶回应战。孙膑又在桂陵（今河南长垣）伏袭，大败魏军，并生擒庞涓。孙膑在此战中避实击虚、攻其必救，创造了"围魏救赵"的经典战法。

周显王二十八年（前341）又发生马陵之战，魏军二度为齐军孙膑所败，齐虏魏太子申，杀庞涓。庞涓死后，魏国彻底衰落，最后的结果，魏抵不过列强的联合攻击，到惠王晚年魏就被降为二等国。

八、列强之拓土

列强不只互相竞争，也向四夷的地域发展。偏北的燕、赵、秦三国占领了沿边的东胡、匈奴、戎人区域。燕国发展到今朝鲜的边疆。在南方，楚国的文化推广到西南夷的地方。至此沿边的夷狄多受中国控制，自古与华夏人杂居的内地戎狄完全被征服与同化。

内地外族的唯一政治自卫方法就是自动的中国化。外族中能这样见机而作的似乎只有中山的狄人。中山中国化的象征就是与列国同时称王。同时在政治文化方面也都极力模仿中国，中山的政治独立因而能维持到公元前295年，所以中山可说是最后亡的中原夷狄。

九、社会革命

与政治的激变并行的必有社会的更革。可惜关于春秋末战国初的社会变法我们所知甚少，虽然史料较西周末春秋初略为多些。各国的田制都起变化，土地私有渐渐普遍。田赋的制度因而也与前不同。工商业的发展大见进步。长期政乱之后，世族的势力消减。

国君专制，辅助他的是一些出身贵贱不同的文人。如策士苏秦、张仪，均出身贫寒，苏秦早年游说列国不获重用，以致"形容枯槁，面目犁黑"，回到家中，"妻不下纴，嫂不为炊，父母不与言"。张仪游说诸侯，曾被人误认为盗贼而遭殴打，张仪回到家中，问其妻："视吾舌尚在否？"其妻笑曰："舌在也。"张仪说："足矣。"

  国君与卿相都极力牢笼士人，凡有一技之长的人就不愁没有雇主。孟尝君广蓄门客，既有冯谖这样的人为他经营"狡兔三窟"，又有鸡鸣狗盗之徒，在关键时候也能派上用场。手下被养的士人，文人虽居多数，但也有少数以身命事人的死士或侠士，造出一种慷慨悲歌的风气。如力士朱亥是魏国都城大梁的屠夫，他与看守城门的侠士侯嬴交往，以后又通过侯嬴结识了信陵君，他在前线锤杀大将晋鄙，帮助信陵君夺得军队指挥权，完成救赵壮举。聂政是战国时期著名的刺客，韩国大臣严仲子与他结交，聂政决心报答他。后来聂政孤身一人去刺杀韩国国相侠累，替严仲子报仇。失败后，为了不连累自己的姐姐，聂政毁坏面目，惨烈死去。

合纵与连横
（前361—前311）

/ 雷海宗 /

一、商鞅变法

战国初期，各国都极力推行整顿内部，向外发展的策略。最早获得成功的大概是魏国，魏文侯重用李悝、吴起、西门豹等人，富国强兵，开疆拓土，暂时横行中原。秦国在孝公即位以后，决心图强改革，便下令招贤。卫鞅自魏国入秦，提出了废井田、重农桑、奖军功、实行统一度量和郡县制等一整套变法求新的发展策略，深得秦孝公的信任，任他为左庶长，开始变法。经过商鞅变法，秦国的经济得到发展，军队战斗力不断加强，发展成为战国后期最富强的封建国家。秦并六国的基础由此建立。

二、变法后之发展

秦变法富强后，魏受影响最大。魏是当时最强的国，后来由于秦约列国进行夹击，终致魏降为二等国，此外秦又极力向蜀进展，最后将这块人口稀少的沃土完全吞并。当时张仪力主伐韩，而司马错主张伐蜀。司马错认为伐韩必将引起列国纷争，使秦陷于不利境地；而蜀国地处偏僻，实力弱小，以秦攻之，如豺狼逐羊群，且不会引发山东各国的矛盾。于是灭蜀。这是战国时代中国政府夷狄事业中最重要的事件，因为蜀是秦并六国的经济基础。

三、秦霸天下

魏国衰弱之后，天下的强国为秦、齐、楚。在三国中秦的势力日益增厚。秦惠文王在位期间，任用贤能，推行法制，并不断向外拓展领土。公元前330年，秦惠文王命大良造公孙衍在雕阴（今陕西甘泉县南）打败魏军。不久，魏尽献河西地于秦。秦以黄河、函谷关为界抵御关东诸侯，进可攻，退可守，在战略上处于十分有利的地位。公元前318年，韩、赵、燕、楚、魏五国合纵攻秦，被秦军打败。其后，张仪又游说拆散齐、楚联盟，秦乘机打败楚军，占领汉中。

齐国想趁燕内乱之机将其国完全吞并，但结果失败。具体缘由是：公元前312年，燕王哙将王位禅让给相国子之，没想到子之当国三年，政治败坏，民怨很大。齐国和中山国趁火打劫，攻入燕国，百姓由于痛恨子之，竟然对侵略者表示欢迎，燕王哙和子之都死于非命。后来齐军在燕国大肆屠杀抢掠，十分残暴，燕国人民于是又纷纷起来反对齐军，齐军不得不退出燕国。齐的国际威势或许暂时提高，但实力的伤耗很大。同时秦楚战争，楚国大败，将国防要地汉中割与秦国。秦当初由魏所得的河西之地是秦向东发展的大道，现在汉中又成为秦向南进攻的基地。所以，到公元前311年左右，在三强之中秦的势力最为雄厚。

秦之独强

（前 310—前 272）

/ 雷海宗 /

一、东帝与西帝

长期战争之后，列国疲乏，暂时息争。又适逢秦有内乱，将侵占的土地一部分退还原主，国际局面因而较前缓和。但这不过是秦的缓兵之计，不久大战复起。此时秦国方面最活跃的人物就是魏冉与白起。魏冉，亦称穰侯，原是楚国人，秦昭王之舅。秦武王因举鼎而死，没有儿子，各兄弟争位，魏冉实力较大，拥立了秦昭王，亦帮秦昭王清除了争位的对手。之后他举荐白起，多次发动战争。战争的结果，楚又大败，完全失去战斗力。秦、齐两不相下，平分中原，秦称西帝，齐称东帝。但因国际舆论的反对，加上其他的原因，两国不久就去名求实，取消帝号。公元前 286 年，齐愍王与魏、楚伐宋，灭宋国，三分其地。同年，秦攻魏，侵占安邑。

二、齐之一败涂地

齐并宋后，南割楚之淮北，西侵三晋，并有吞并周室之意，此举破坏了均势，引起诸侯恐慌。秦因而约同燕及三晋大举攻齐，楚国亦乘机吞食齐国南境。各国退兵后，燕将乐毅要报三十年前齐灭燕的仇恨，攻下临淄，尽取齐之宝器。齐愍王仓皇出逃，在莒这个地方被杀，齐国临时亡国。幸亏齐将田单坚守即墨，与燕军相持，并运用反间计，使燕王召回乐毅，换上有勇无谋的骑劫。田单又在夜间放出火牛，燕军扰乱奔走，齐人追亡逐北，才得以复国。但齐国的强国地位永久失去。所以燕的胜利实际上是秦的胜利，从此大江以北没有再能抗秦的势力了。

三、楚之削弱

齐败后，天下能勉强抗秦的只有楚国。楚国乘北方混战的机会，一方面侵占齐国的淮北地，一方面又要强迫韩、周、鲁服楚。秦国唯恐楚得机开拓新地，所以燕齐的纠纷虽尚未结束，就不顾一切向楚进攻。公元前280年，楚战败，割上庸、汉水以北土地给秦讲和。第二年，秦将白起攻占楚鄢（今湖北宜城东南）、西陵（今湖北宜昌市西北）。公元前278年，白起攻占楚国的郢都，焚烧了楚王的坟墓夷陵。楚军溃不成军，于是退到陈（今河南淮阳），将陈作为都城，仍称作郢。

从此之后，楚也失去与秦对抗的能力，秦并六国不过是时间的问题。

六国混一

/ 张荫麟 /

秦皇扫六合，虎视何雄哉！
挥剑决浮云，诸侯尽西来。
明断自天启，大略驾群才。
收兵铸金人，函谷正东开。
铭功会稽岭，骋望琅琊台。
刑徒七十万，起土骊山隈。
尚采不死药，茫然使心哀！
连弩射海鱼，长鲸正崔嵬。
额鼻象五岳，扬波喷云雷。
鬐鬣蔽青天，何由睹蓬莱？
徐市载秦女，楼船几时回？
但见三泉下，金棺葬寒灰！

（李白《古风》之一）

这首壮丽的诗是一个掀天揭地的巨灵的最好速写。这巨灵的来历，说来话长。

当长平之战前不久，有一个秦国王孙，名子楚的，被"质"在赵。他是太子安国君所生，却非嫡出，他的母亲又不得宠。因此赵人待他很冷薄，他连王孙的排场也苦于维持不住。但是阳翟（韩地）大贾吕不韦在邯郸做买卖，一看见他，便认为是"奇货可居"。

不韦见子楚，说道："我能光大你的门庭。"子楚笑道："你还是去光大自己的门庭罢！却来光大我的！"不韦说："你有所不知，我的门庭要等你的来光大。"子楚明白，便和他商量两家光大门庭的办法。原来安国君最爱幸的华阳夫人没有生育的希望，安国君还没有立嗣。不韦一面献上巨款，给子楚结交宾客，沽钓声名；一面挈了巨款，亲到秦国，替他运动。不久华阳夫人便收到许多子楚孝敬的珍宝，不久她便时常听到人称赞子楚的贤能，不久她的姐姐便走来替她的前途忧虑，大意说道："妹妹现在是得意极了。但可曾想到色衰爱弛的一天？到时有谁可倚靠！就算太子爱你到老，他百岁之后，继位的儿子，要和自己母亲吐气，你的日子就不好过。子楚对你的孝顺，却是少有的。何不趁如今在太子跟前能够说话的时候，把他提拔，将来他感恩图报，还不是同自己的儿子一般？"华阳夫人一点头，子楚的幸运便决定。

不韦回到邯郸时，子楚已成了正式的王太孙。不韦也被任为他的师傅。他们成功之后，不免用美人醇酒来庆祝一番。邯郸在战国以美女著名。不韦的爱姬，尤其是邯郸美女的上选，妙擅歌舞。有次她也出来奉酒，子楚一见倾心，便要不韦把她相让。不韦气得要死，但一想过去的破费和将来的利益，只得忍气答应。赵姬既归子楚，不到一年（正当长平之战后一年），产了一子，即是后来做秦王和秦始皇帝的嬴政。当时传说，赵姬离吕家之时，已经孕了嬴政。但看后来不韦所受嬴政的待遇，这传说多半是谣言。

嬴政于前246年即王位，才十三岁。这时不韦是食邑十万户的文信侯，位居相国；他从前的爱妾，已做了太后，并且和他私续旧欢。不韦的权势可以想象。他的政治野心不小，他招贤礼士，养客三千，打算在自己手中完成统一的大业。但嬴政却不是甘心做傀儡的。他即位第九年，太后的姘夫嫪毐在咸阳反叛，他用神速的手段戡定了乱事以后，乘机把太后的政权完全褫夺；并且株连到吕不韦，将他免职，逐归本封的洛阳，过了两年，又把他贬到蜀郡。在忧愤夹攻之下，不韦服毒自杀。

不韦以韩人而执秦政，他所客养和援用的又多三晋人，和他结交的太后又是赵女。这种"非我族类"的势力是秦人所嫉忌的。不韦罢相的一年（秦王政十年），适值"郑国渠"事件发生，更增加秦人对外客的疑惧。郑国也是韩人，为有名的水利工程师。韩廷见亡国的大祸迫在眉睫，派他往秦，劝秦廷开凿一条沟通泾水和洛水的大渠，借此消磨秦的民力，延缓它的对外侵略。这渠才凿了一半，郑国的阴谋泄露。其后嬴政虽然听了郑国的话，知道这渠也是秦国的大利，把它完成，结果溉田四万多顷，秦国更加富强；但郑国阴谋的发现，使秦宗室对于游宦的外客振振有词。嬴政于是下了有名的"逐客令"，厉行搜索，要把外籍的游士统统赶走。这命令因为李斯的劝谏而取消。但不韦自杀后，嬴政到底把所有送他丧的三晋门客驱逐出境。可见逐客令是和不韦有关的，也可见不韦的坍台是和种族之见有关的。

嬴政既打倒了吕不韦，收揽了秦国的大权，便开始图谋六国。这时，六国早已各自消失了单独抗秦的力量。不过它们的合纵还足以祸秦。嬴政即位的第六年，秦国还吃了三晋和卫、楚的联军一次亏，当时大梁人尉缭也看到的，假如六国的君主稍有智慧，嬴政一不小心，会遭遇智伯、夫差和齐湣王的命运也未可知。但尉缭不见用于祖国，走到咸阳，劝嬴政道："愿大王不要爱惜财物，派人贿赂列国的大臣，来破坏他们本国的计谋，不过花三十万金，六王可以尽虏。"嬴政果然采纳了这策略。此后六国果然再不费一矢相助而静待嬴政逐个解决。

首先对秦屈服，希望以屈服代替牺牲，而首先受牺牲的是韩。秦王政十四年，韩王安为李斯所诱，对秦献玺称臣，并献南阳地。十七年秦的南阳守将举兵入新郑，虏韩王，灭其国。李斯赴韩之前，韩王派了著名的公子韩非入秦，谋纾国难，嬴政留非，想重用他。但不久听了李斯和另一位大臣的谗言，又把他下狱。口吃的韩非有冤没处诉，终于给李斯毒死在狱中。

韩亡后九年之间，嬴政以迅雷烈风的力量，一意东征，先后把其余的五国灭了。这五国的君主，连够得上说抵抗招架的也没有，鸡犬似的一一被缚到咸阳。只有侠士荆轲，曾替燕国演过一出壮烈的悲剧。

秦王政十九年，赵国既灭，他亲到邯郸，活埋了所有旧时母家的仇人；次年回到咸阳，有燕国使臣荆轲卑辞求觐，说要进献秦国逃将樊於期的首级和燕国最膏腴的地域督亢的地图。献图的意思就是要纳地。秦王大喜，穿上朝服，排起仪仗，立即传见。荆轲捧着头函，副使秦舞阳捧着地图匣以次上殿。秦舞阳忽然股栗色变，廷臣惊怪，荆轲笑瞧了舞阳，上前解释道："北番蛮夷的鄙人，未曾见过天子，所以惶恐失措，伏望大王包容，俾得完成使事。"秦王索阅地图，荆轲取了呈上。地图展到尽处，匕首出现！荆轲左手把着秦王的袖，右手抢过匕首，就猛力刺去，但没有刺到身上，秦王已断袖走开。秦王拔剑，但剑长鞘紧，急猝拔不出，荆轲追他，两人绕柱而走。秦廷的规矩，殿上侍从的人，不许带兵器，殿下的卫士，非奉旨不许上殿。秦王忙乱中没有想到殿下的卫士，殿上的文臣哪里是荆轲的敌手。秦王失了魂似的只是绕着柱走。最后，侍臣们大声提醒了他，把剑从背后顺力拔出，砍断了荆轲的左腿。荆轲便将匕首向他掷去，不中，中铜柱。这匕首是用毒药炼过的，微伤可以致命。荆轲受了八创，已知绝望，倚柱狂笑，笑了又骂，结果被肢解了。

风萧萧兮易水寒，壮士一去兮不复还！

这是荆轲离开燕国之前，在易水边的别筵上，当着满座白衣冠的送客，最后唱的歌，也可以做他的挽歌。

荆轲死后六年（前221）当秦王政在位的第二十六年而六国尽灭。于是秦王政以一道冠冕堂皇的诏令，收结五个半世纪的混战局面，同时宣告新帝国的成立。那诏书道：

……异日韩王纳地效玺，请为藩臣。寡人以为善，庶几息兵革。已而倍约，与赵、魏合从畔秦，故兴兵诛之，虏其王。赵王使其相李牧来约盟，故归其质子。已而倍盟，反我太原，故兴兵诛之，得其王。赵公子嘉乃自立为代王，故举兵击灭之。魏王始约服入秦，已而与韩、赵谋袭秦，秦兵吏诛，遂破之。荆王献青阳以西，已而畔约，击我南郡，故发兵诛，得其王，遂定其荆地。燕王昏乱，其太子丹乃阴令荆轲为贼，兵吏诛，灭其国。齐王用后胜计，绝秦使，欲为乱，兵吏诛，虏其王，平齐地。

所有六国的罪状，除燕国的外，都是制造的。诏书继续说道：

寡人以眇眇之身，兴兵诛暴乱，赖宗庙之灵，六王咸伏其辜，天下大定。今名号不更，无以称成功，传后世。其议帝号。……

在睥睨古今、踌躇满志之余，嬴政觉得一切旧有的君主称号都不适用了。

战国以前，人主最高的尊号是王，天神最高的尊号是帝。自从诸侯称王后，王已失了最高的地位，于是把帝拉下来代替，而别以本有光大之义的"皇"字称最高的天神。但自从东西帝之议起，帝在人间，又失去最高的地位了。很自然的办法，是把皇字挪下来。秦国的神话里有天皇、地皇、泰皇，而泰皇为最贵。

于是李斯等上尊号作泰皇。但嬴政不喜欢这旧套，把泰字除去，添上帝字，合成"皇帝"；又废除周代通行的谥法（于君主死后，按其行为，追加名号，有褒有贬的），自称为"始皇帝"，预定后世计数为二世皇帝，三世皇帝，"至于万世，传之无穷"。

同时始皇又接受了邹衍的学说，以为周属火德，秦代周，应当属克火的水德；因为五色中和水相配的是黑色，于是把礼服和旌旗皆用黑色；又因为四时中和水相配的是冬季，而冬季始自十月，于是改以十月为岁首。邹衍是相信政治的精神也随着五德而转移的。他的一些信徒认为与水德相配的政治应当是猛烈苛刻的政治，这正中始皇的心怀。

秦汉时期

秦并六国

（前271—前211）

/ 雷海宗 /

一、大败三晋

齐楚衰败，燕受秦远交近攻策的牢笼也成为秦的与国，所以秦现在可以全力吞并三晋。军功最大的仍是白起。

白起素以深通韬略著称，秦昭王三十四年（前273），白起大破赵魏联军于华阳（今河南新郑北），魏将芒卯败逃，掳获韩、赵、魏三国大将，斩首十三万。又与赵将贾偃交战，溺毙赵卒两万人。四十三年（前264），白起攻韩之陉城，攻陷五城，斩首五万。四十五年，攻韩的野王（今河南沁阳），野王降秦，上党通往都城的道路被绝断。郡守冯亭请求归附赵国，赵国接受了上党，由此激化了秦赵矛盾。四十七年（前260），长平之战，白起将赵军包围，四十五万降卒全被坑杀。从此赵国元气大伤，再也无力对抗秦国。

秦围邯郸，三晋危急的时候，有人提议三晋自动投降，尊秦为帝。此议虽经打消，但韩魏实际已成秦的藩属，赵经过屡次的大败也失去抗秦的能力。

同时秦国内政发生变化，秦昭王听信了范雎的话，忌惮穰侯专权，将其罢相下野，由范雎继之。范雎本是一个心胸狭窄的说客，长平大胜使他心生嫉妒，怕灭赵之后，白起威重功高，使自己无法擅权，便以巧言断送了白起的前程。不久，百战百胜的白起被罢职赐死。

二、秦灭周

三晋大败之后，周起恐慌。西周想要合纵抗秦，结果却给了秦一个把自己吞并的借口。公元前256年，东周也灭于秦。公元前249年，楚考烈王伐灭鲁，与周关系密切而为最后缓冲的鲁国为楚占领。两件事本身虽都不重要，但可说是列国最后死战的预兆。

三、燕与三晋

三晋未全灭之先，燕始终不悟，总是与秦联合。秦临时停战之后，燕仍自行攻赵。公元前251年，燕王喜继位，听说赵国壮丁皆死于长平之战，便想趁火打劫。有大臣劝他，赵国是四战之地，其民习兵，不可小视。燕王一意孤行。赵国使廉颇为将，大破燕军。强秦在侧虎视眈眈，两国尚攻伐不断，损兵折将，致使秦收渔人之利，取赵三十七城。魏国虽有信陵君一度败秦，但三晋最后的命运至此已十分明显。

四、末次合纵与最后努力

六国中最后有胆识的抗秦人物信陵君死于公元前243年，从此抗秦的事业陷入低谷。和平主义的齐国仍守中立，燕国照旧联秦。楚国还比较强盛，于公元前241年组织了最后一次的合纵，与赵、魏、韩、卫合同攻秦，由赵国的将军庞煖率领五国之师，一路进军到蕞（今陕西临潼东北），但是等到秦军一展开进攻，各国军队便各自纷纷后撤，最后一次合纵因此宣告失败。至此，六国再也没有力量能够联合起来阻止秦人的兼并步伐,只能任秦各个击破。

五、六国之单独困斗与继灭

在秦王嬴政的领导之下,十年之间,相继吞并六国。军功最高的就是白起后的名将王翦。六国灭亡的次序是韩、赵、燕、魏、楚、齐。

公元前231年,韩国南阳郡守腾献地与秦,秦封之为内史。第二年秦国派腾攻击韩国,俘虏韩王安,秦国将所得韩国土地建立颍川郡。韩亡。

公元前229年,秦派王翦、杨端和再次从西、南两面攻击赵国,赵国派李牧、司马尚率兵抵御。秦国深知李牧用兵之精湛,再次使用离间计毁赵。秦收买赵王宠臣郭开,令其在国内散布李牧、司马尚欲合谋造反之流言,赵王迁被流言所惑,杀害李牧。第二年,王翦大破赵军,俘虏赵王迁。秦在所得之地邯郸一带设置邯郸郡。赵亡。

秦王在灭赵国之后,欲乘胜攻击燕国。燕太子丹大恐,派遣刺客荆轲行刺秦王,被秦王刺死。公元前227年,秦王派王翦、辛胜攻击燕国,燕国联合北戎代族军队联合抵抗,最终秦夺取燕都蓟（今北京西南）,燕王喜逃亡到辽东,亲杀太子丹向秦求和。燕王欲在辽东偏安偷生,但不能长久。秦在灭亡燕国之后,将燕都以南地区设置为广阳郡,同时接受燕国原来兼并的上谷、渔阳、右北平、辽西、辽东等郡。燕亡。

公元前225年,秦派王贲攻魏,魏王退守在魏都大梁不出,于是秦军引黄河水灌淹大梁,三个月以后城池毁坏,魏王假出降。秦在魏国东部地区（今河南开封、商丘一带）建立砀郡,在被魏国兼并的原宋国地区设立泗水郡。至此,魏亡。

公元前225年,秦使李信、蒙武南进攻楚,但为楚国所败。翌年,秦王改派骁将王翦率领六十万大军攻楚,大破楚军于蕲,楚将项燕自杀。公元前223年,秦将王翦、蒙武攻入楚国都城寿春,俘获楚王负刍。将所获楚国之地建立九江、衡山、长沙三郡。楚国灭亡。翌年,王翦引兵东进,平定了楚国兼并的古越国之地,降服了那一带的越人君长,建置会稽郡。楚亡。

公元前221年,秦将王贲在灭燕国之后,率军南下,一举拿下了不修攻占之备、只图与秦相安无事的齐国,齐王建出降。秦国在齐国的土地上建立了齐郡、琅琊郡。齐亡。

但六国虽已无复合群互助的能力,秦并天下也非易事。除齐不抵抗而亡外,各国都拼命抗战到底,往往只余一隅的地方仍做困兽之斗,有否成功的希望全不顾及。

秦已并天下称帝,似乎把隐处野王的卫国忘记,直至秦二世的时候卫才正式绝祀。

秦汉时期

新帝国的经营
/ 张荫麟 /

秦自变法以来，侵略所得的土地，大抵直隶君主，大的置郡，小的置县，郡县的长官都非世职，也无世禄。始皇沿着成例，每灭一国，便分置若干郡。而秦变法以来新设的少数封区，自从嫪毒和吕不韦的诛窜已完全消灭。既吞并了六国，秦遂成为一个纯粹郡县式的大帝国。当这帝国成立之初，丞相绾主张仿周朝的办法于燕、齐、楚等僻远的地方，分封皇子，以便镇慑，但他的提议给李斯打消了。于是始皇分全国为三十六郡，每郡置守，掌民政；置尉，掌兵事；置监御史，掌监察。这种制度是仿效中央政府的。当时朝里掌民政的最高官吏有丞相，掌兵事的最高官吏有太尉，掌监察的最高官吏有御史大夫。

这三十六郡的名称和地位是现今史家还没有完全解决的问题。大概地说，秦在开国初的境域，北边包括今辽宁的南部，河北、山西及绥远[1]、宁夏两省的南部；西边包括甘肃和四川两省的大部分，南边包括湖南、江西和福建；东

---

[1] 旧省级行政区，1954 年并入内蒙古自治区。——编者注

以福建至辽东的海岸为界。从前臣服于燕的朝鲜，也成为秦的藩属。此外西北和西南边外的蛮夷君长称臣于秦的还不少。我们试回想姬周帝国初建时，西则邦畿之外，便是边陲，南则巴蜀、吴、楚皆属化外，沿海则有徐戎、淮夷、莱夷盘踞，北则燕、晋已与戎狄杂处；而在这范围里，除了"邦畿千里"外，至少分立了一百三十以上的小国。我们拿这种情形和三十六郡一统的嬴秦帝国比较，便知道过去八九百年间，诸夏民族地盘的扩张和政治组织的进步了。峄山的始皇纪功石刻里说：

追念乱世，分土建邦，以开争理。攻战日作，流血于野。自泰古始，世无万数，陁及五帝，莫能禁止。乃今皇帝，壹家天下，兵不复起。灾害灭除，黔首康定，利泽长久。

这些话一点也没有过火。在这幅员和组织都是空前的大帝国里，怎样永久维持皇室的统治权力，这是始皇灭六国后面对着的空前大问题，且看他如何解答。

帝国成立之初，始皇令全国"大酺"来庆祝（秦法平时是禁三人以上聚饮的）。当众人还在醉梦的时候，他突然宣布没收民间一切的兵器。没收所得，运到咸阳，铸成无数大钟和十二个各重一千石以上的"金人"，放在宫廷里。接着他又把全国最豪富的家族共十二万户强迫迁到咸阳，放在中央的监视之下。没有兵器，又没有钱财，人民怎能够作得起大乱来？

次年，始皇开始一件空前的大工程：建筑脉通全国的"驰道"，分两条干线，皆从咸阳出来，其一东达燕、齐，其一南达吴、楚。道宽五十步，道旁每隔三丈种一株青松，路身筑得坚而且厚，遇着容易崩坏的地段，并且打下铜桩。这宏大的工程，乃是始皇的军事计划的一部分。他灭六国后防死灰复燃，当然不让各国余剩的军队留存。但偌大的疆土若把秦国原有的军队处处分派驻守，则分不胜分。而且若分得薄，一旦事变猝起，还是不够应付；若分得厚，寖假会造成外重内轻的局面。始皇不但不肯采用重兵驻防的政策，并且把旧有六国的边城，除燕、赵北边的外，统统拆毁了。他让秦国原有的军队，依旧集中在秦国的本部，少数的地方兵只是警察的性质。驰道的建筑，为的是任何地方若有叛乱，中央军可以迅速赶到去平定。历来创业之主的军事布置没有比始皇更精明的了。（1896年李鸿章聘使欧洲，过德国，问军事于俾斯麦，他的劝告有云："练兵更有一事须知：一国的军队不必分驻，宜驻中权，扼要地，无论何时何地，有需兵力，闻令即行，但行军的道路，当首先筹及。"这正是秦始皇所采的政策。）

　　武力的统治不够，还要加上文化的统治；物质的缴械不够，还要加上思想的缴械。始皇三十四年（始皇即帝位后不改元，其纪年通即王位以来计），韩非的愚民政策终于实现。先是始皇的朝廷里，养了七十多个儒生和学者，叫作博士。有一次某博士奉承了始皇一篇颂赞的大文章，始皇读了甚为高兴，另一位博士却上书责备作者的阿谀，并且是古非今地对于郡县制度有所批评。始皇征问李斯的意见。李斯覆奏道：

　　古者天下散乱，莫之能一，是以诸侯并作，语皆道古以害今，饰虚言以乱实，人善其所私学，以非上之所建立。今陛下并有天下，别白黑而定一尊。而私学乃相与非法教之制，闻令下，即各以其私学议之，入则心非，出则巷议，非主以为名，异趣以为高，率群下以造谤。如此不禁，则主势降乎上，党与成乎下。禁之便。臣请诸有文学《诗》《书》百家语者，蠲除去之。令到，满三十日弗去，黥为城旦（城旦者，旦起行治城，四岁刑），所不去者，医药、卜筮、种树之书。若有欲学，以吏为师。

　　始皇轻轻地在奏牍上批了一个"可"字，便造成了千古叹恨的文化浩劫。以上讲的是始皇内防反侧的办法。现在再看他外除边患的努力。

自从战国中期以来，为燕、赵、秦三国北方边患的有两个游牧民族，东胡和匈奴——总名为胡。东胡出没于今河北的北边和辽宁、热河[1]一带，受它寇略的是燕、赵。匈奴出没于今察哈尔[2]、绥远和山西、陕、甘的北边一带，燕、赵、秦并受它寇略。这两个民族，各包含若干散漫的部落，还没有统一的政治组织。它们在战国中期以前的历史十分茫昧。它们和春秋时代各种名色的戎狄似是同一族类，但是否为这些戎狄中某些部分的后身，和各种戎狄间的亲谊是怎样，现在都无从稽考了。现在所知道秦以前的胡夏的关系史只有三个攘胡的人物的活动。第一个是和楚怀王同时的赵武灵王。他首先采用胡人的特长，来制胡人。首先脱却长裙拖地的国装，而穿上短衣露袴的胡服，以便学习骑战。他领着新练的劲旅，向沿边的匈奴部落进攻，把国土向西北拓展；在新边界上，筑了一道长城，从察哈尔的蔚县东北（代）至河套的西北角外（高阙）；并且沿边设了代、雁门和云中三郡。第二个攘胡的英雄是秦舞阳（随荆轲入秦的副使）的祖父秦开。他曾被"质"在东胡，甚得胡人的信任。归燕国后，他率兵袭击东胡，把他们驱逐到一千多里外。这时大约是乐毅破齐前后。接着燕国也在新边界上筑一道长城，从察哈尔宣化[3]东北（造阳）至辽宁辽阳县[4]北（襄平）；并且沿边设了上谷、渔阳、右北平、辽西和辽东五郡。秦开破东胡后，约莫三四十年，赵有名将李牧，戍雁门、代郡以备胡。他经历了长期敛兵坚守，养精蓄锐，然后乘着匈奴的骄气，突然出战，斩了匈奴十多万骑，此后十几年间，匈奴不敢走近赵边。

当燕、赵对秦做最后挣扎时，无暇顾及塞外。始皇初并六国，忙着辑绥内部，也暂把边事抛开。因此胡人得到复兴的机会。旧时赵武灵王取自匈奴的河套一

---

[1] 旧省级行政区，1955年撤销，分别并入内蒙古自治区、河北省、辽宁省等地。——编者注

[2] 旧省级行政区，1952年撤销，分别并入山西省和河北省。——编者注

[3] 今为河北省张家口市宣化区。——编者注

[4] 今为辽宁省辽阳市。——编者注

带，复归于匈奴。始皇三十二年，甚至听到"亡秦者胡"的谶语。于是始皇派蒙恬领兵三十万北征。不久把河套收复，并且进展至套外，始皇将新得的土地，设了九原郡。为谋北边的一劳永逸，始皇于三十三、三十四年间，又经始两件宏大的工程：其一是从河套外的九原郡治，筑了一条"直道"达到关内的云阳（今陕西淳化县西北，从此至咸阳有泾、渭可通），长一千八百里；其二是把燕、赵北界的长城和秦国旧有的西北边城，大加修葺，并且把它们连接起来，傍山险，填溪谷，西起陇西郡的临洮（今甘肃岷县境），东迄辽东郡的碣石（在渤海岸朝鲜境），成了有名的"万里长城"。

始皇的经营北边有一半是防守性质，但他开辟南徼，则是纯粹的侵略。

现在的两广和安南[1]，在秦时是"百越"（"越"与"粤"通）种族所居。这些种族和浙江的於越，大约是同出一系的，但文化则较於越远为落后。他们在秦以前的历史完全是空白。在秦时，他们还过着半渔猎、半耕稼的生活；他们还仰赖中国的铜铁器，尤其是田器。他们还要从中国输入马、牛、羊，可见牧畜业在他们中间还没发达。不像北方游牧民族的犷悍，也没有胡地生活的艰难，他们绝不致成为秦帝国的边患。但始皇却不肯放过他们。灭六国后不久（二十六年？）即派尉屠睢领着五十万大军去征百越，并派监禄凿渠通湘、漓二水（漓水是珠江的上游），以便输运。秦军所向无敌，越人逃匿于深山丛林中。秦军久戍，粮食不继，士卒疲饿。越人乘机半夜出击，大败秦军，杀屠睢。但始皇续派援兵，终于在三十三年，把百越平定，将他们的土地，分置南海郡、桂林郡和象郡（南海郡略当今广东省，桂林郡略当广西省[2]，象郡略当安南中北部）。百越置郡之后，当时中国人所知道的世界差不多完全归到始皇统治之下了。琅琊台的始皇纪功石刻里说：

---

[1] 越南的旧称。——编者注

[2] 今为广西壮族自治区。——编者注

六合之内,皇帝之土。西涉流沙,南尽北户,东有东海,北过大夏。人迹所至,无不臣者。

至是竟去事实不远了。

以上所述一切对外对内的大事业,使全国瞪眼咋舌的大事业,是始皇在十年左右完成的。

帝国的发展与民生

/ 张荫麟 /

像始皇的励精刻苦,在历代君主中,确是罕见,国事无论大小,他都要亲自裁决。有一个时期,他每日用衡石称出一定分量的文牍,非批阅完了不肯休息。他在帝位的十二年中,有五年巡行在外;北边去到长城的尽头——碣石,南边去到衡山和会稽岭。他觉得自己的劳碌,无非是为着百姓的康宁。他对自己的期待,不仅是一个英君,而且是一个圣主。他唯恐自己的功德给时间掩没。他二十八年东巡时,登峄山,和邹鲁的儒生商议立石刻词,给自己表扬;此后,所到的胜地,大抵置有同类的纪念物。我们从这些铭文(现存的有峄山、泰山、之罘、琅琊、碣石、会稽六处的刻石文;原石唯琅琊的存一断片)可以看见始皇的抱负,他"夙兴夜寐,建设长利,专隆教诲"。他"忧恤黔首(秦称庶民为黔首),朝夕不懈"。他"功盖五帝,泽及牛马"。而且他对于礼教,也尽了不少的力量。他明立法:"饰省宣义;有子而嫁,倍死不贞;防隔内外,禁止淫泆,男女絜诚;夫为寄豭,杀之无罪,男秉义程;妻为逃嫁,子不得母,咸化廉清;大治濯俗,天下承风,蒙被休经。"在他自己看来,人力所能做的好事,他都做了,而且他要做的事,从没有做不到的。他从没有一道命令，不成为事实。从没有一个抗逆他意旨的人，保得住首领。他唯一的缺憾就是志愿无尽，而生命有穷。但这也许有补救的办法。海上不据说有仙人所居的蓬莱、方丈、瀛洲三岛吗？仙人不有长生不死的药吗？他即帝位的第三年，就派方士徐福（一作"市"，音同）带着童男女数千人，乘着楼船，入海去探求这种仙药，可惜他们一去渺无消息（后来传说徐福到了日本，为日本人的祖先，那是不可靠的）。续派的方士回来说，海上有大鲛鱼困住船只，所以到不得蓬莱。始皇便派弓箭手跟他们入海，遇着这类可恶的动物便用连弩去射。但蓬莱还是找寻不着。

始皇只管忙着去求长生，他所"忧恤"的黔首却似乎不识好歹，只盼望他速死！始皇三十六年，东郡（河北、山东毗连的一带）落了一块陨石，就有人在上面刻了"始皇帝死而地分"七个大字。

始皇能焚去一切《诗》《书》和历史的记录，却不能焚去记忆中的六国亡国史；他能缴去六国遗民的兵器，却不能缴去六国遗民（特别是一班遗老遗少）的亡国恨；他能把一部分六国的贵族迁到辇毂之下加以严密的监视，却不能把全部的六国遗民同样处置。在旧楚国境内就流行着"楚虽三户，亡秦必楚"的谚语。当他二十九年东巡行到旧韩境的博浪沙（在今河南阳武县[1]东南）中时，就有人拿着大铁椎向他狙击，中了副车，差一点儿没把他击死。他大索凶手，竟不能得。

而且始皇只管"忧恤黔首"，他的一切丰功烈绩，乃是黔首的血泪造成的！谁给他去筑"驰道"，筑"直道"，凿运渠？是不用工资去雇的黔首！谁给他去冰山雪海的北边伐匈奴，修长城，守长城？谁给他去毒瘴严暑的南荒，平百越，戍新郡？谁给他运粮转饷，供给这两方的远征军？都是被鞭扑迫促着就道的黔首！赴北边的人，据说，死的十有六七；至于赴南越的，因为不服水土，情形只有更惨，人民被征发出行不论去从军，或去输运，就好像被牵去杀头一般，

---

[1] 1949年与原武县合并，改称原阳，今属河南省新乡市。——编者注

有的半途不堪虐待,自缢在路边的树上。这样的死尸沿路不断地陈列着。最初征发的是犯罪的官吏、"赘婿"和商贾;后来推广到曾经做过商贾的人;最后又推广到"闾左"——居住在里闾左边的人(赘婿大概是一种自己卖身的奴隶,即汉朝的赘子。商人尽先被征发是始皇压抑商人的手段之一。战国时代,法家和儒家的荀子,都认商人为不事生产而剥削农民的大蠹,主张重农抑商,这政策为始皇采用。琅琊刻石有"上农除末"之语。"闾左"在先征之列者,盖春秋战国以来,除楚国外习俗忌左,居住在闾左的,大抵是下等人家)。征发的不仅是男子,妇女也被用去运输。有一次南越方面请求三万个"无夫家"的女子去替军士缝补,始皇就批准了一万五千。计蒙恬带去北征的有三十万人,屠睢带去南征的有五十万人,后来添派的援兵和戍卒及前后担任运输和其他力役的工人,当在两军的总数以上。为这两方面的军事,始皇至少摧残了二百万家。

这还不够。始皇生平有一种不可多得的嗜好——建筑的欣赏。他东征以来,每灭一国,便把它的宫殿图写下来,在咸阳渭水边的北阪照样起造。后来又嫌秦国旧有的朝宫(朝会群臣的大礼堂)太过狭陋,要在渭南的上林苑里另造一所,于三十五年动工。先在阿房山上作朝宫的前殿:东西广五百步,南北长五十丈,上层可以坐一万人,下层可以树五丈的大旗。从殿前筑一条大道,达到南山的极峰,在上面树立华表,当作朝宫的阙门;从殿后又筑一条大道,渡过渭水,通到咸阳。先时始皇即王位后,便开始在骊山建筑自己的陵墓,灭六国后拨了刑徒七十余万加入工作;到这时陵墓大半完成,乃分一部分工人到阿房去。这两处工程先后共用七十余万人。此外运送工粮和材料(材料的取给远至巴蜀荆楚)的伕役还不知数。这些却多半是无罪的黔首。

这还不够。上说种种空前的兵役和工程所需的粮饷和别项用费,除了向黔首身上出,还有什么来源?据说始皇时代的赋税,要取去人民收入的三分之二。这也许言之过甚,但秦人经济负担的酷重,却是可想见的了。这还不够。苦役重税之上,又加以严酷而且滥用的刑罚。秦的刑法,自商鞅以后,在列国当中,已是最苛的了。像连坐、夷三族等花样,已是六国的人民所受不惯的。始皇更挟着虩虎的威势，去驭下临民。且看几件他杀人的故事。有一回他从山上望见丞相李斯随从的车骑太多，不高兴。李斯得知以后便把车骑减少，始皇追究走漏消息的人不得，便把当时在跟前的人统统杀了。又东郡陨石上刻的字被发现后，始皇派御史去查办，不得罪人，便命把旁边的居民统统杀了。又一回，有两个方士不满意于始皇所为，暗地讪谤了他一顿逃去。始皇闻之大怒，又刺探得别的儒生对他也有不敬的话，便派御史去把咸阳的儒生都召来案问。他们互相指攀，希图免罪，结果牵涉了四百六十余人，始皇命统统地活埋了。这便是有名的"坑儒"事件。始皇的执法如此，经过他的选择和范示，郡县的官吏就很少不是酷吏了。

　　始皇的长子扶苏，却是一个蔼然仁者，对于始皇的暴行，大不谓然。当坑儒命令下时，曾替诸儒缓颊，说他们都是诵法孔子的善士，若绳以重法，恐天下不安。始皇大怒，把他派去北边监蒙恬的军。但二世皇帝的位，始皇还是留给他的。及三十七年七月，始皇巡行至沙丘（今河北平乡县东北）病笃，便写定遗书，召他回咸阳会葬，并嗣位。书未发而始皇死。书和玺印都在宦官赵高手。而始皇的死只有赵高、李斯和别几个宦官知道。赵高和蒙恬有仇隙，而蒙恬是太子的亲信，李斯也恐怕蒙恬夺去他的相位。于是赵李合谋，秘不发丧，一面把遗书毁了，另造两封伪诏，一传位给公子胡亥（当时从行而素与赵高亲愿的），一赐扶苏、蒙恬死。后一封诏书到达时，扶苏便要自杀，蒙恬却疑心它是假的，劝扶苏再去请示一遍，然后自杀不迟。扶苏说："父亲要赐儿子死，还再请示什么？"立即自杀。

　　胡亥即二世皇帝位时，才二十一岁，他别的都远逊始皇，只有在残暴上是"跨灶"的。赵高以拥戴的首功最受宠信；他处处要营私，只有在残暴上是胡亥的真正助手。在始皇时代本已思乱的人民，此时便开始摩拳擦掌了。

秦汉之际
/张荫麟/

一、陈胜之起灭

二世皇帝元年七月，在旧楚境的蕲县大泽乡停留着附近被征发去防守渔阳的闾左兵九百人。适值大雨，道路不通。这队伍已无法如期到达指定的处所。照当时的法律，将校误期，要被处斩。有两位下级将校陈胜和吴广，便秘密图谋免死的办法。他们想当今的二世皇帝并不是依法当立的，当立的乃是公子扶苏，百姓多称赞他的贤惠，却不知道他已死；又从前楚国最后抗秦而死的名将项燕，亲爱士卒，很得民心，民间传说他还活着，假如冒称扶苏项燕起兵，响应的必定很多。他们去问卜，卜者猜到来意，连称大利；最后并说道："你们何不再向鬼神占卜一下？"二人会意。

不几天，兵士买鱼，忽然在鱼肚里得着一小卷绢帛，上面写着朱字道："陈胜王。"晚间兵士又忽然发现附近树林中的神祠有了火光，同时怪声从那里传来，像狐狸作人语道："大楚兴，陈胜王。"这种怪声每每把兵士们从梦中惊醒。

从此他们遇到陈胜每每指目着他窃窃私语。

有一天统领官喝醉了酒，吴广在旁，出言特别不逊。统领官大怒，鞭了他一顿，又把剑拔出。吴广素来很得兵士心，在旁的兵士都替他不平。他抢过了剑，把统领官杀掉。陈胜帮着他，把另外两个将官也结果了。陈、吴号召军中，大意说道："你们因为大雨，已误了期，误了期就要处斩。即使不处斩，去戍守长城，也是十有六七要死的。大丈夫不死便了，死就要成个大名。王侯将相难道是有种的吗？"在全军喧阗应和之下，陈、吴二人以扶苏和项燕的名义树起革命的旗帜。军士袒着右臂，自号大楚。陈胜自立为将军，吴广为都尉。

旬日之间大泽乡、蕲县、陈城和附近若干县城，皆落在革命军之手。而革命军在进攻陈城之时已有车六七百乘，骑千余，步卒数万人了。陈城在战国末年曾一度为楚国都，革命军即以此为根据地。先是魏遗民大梁名士张耳、陈余为秦廷悬赏缉捕，变姓名隐居于陈。陈胜既入陈，二人进谒。是时陈中父老豪杰正议推陈胜为王。二人却劝陈胜暂勿称王，而立即领兵西进，同时派人立六国王室之后，以广树秦敌，使秦的兵力因敌多而分散，因分散而薄弱，然后乘虚入据咸阳，以号令诸侯，诸侯感再造之德，必然归服，如此则帝业可成。陈胜不听，遂受推戴为张楚王，都于陈，以吴广为"假王"（假有副贰之意）。

自陈胜发难后，素日痛恨秦吏的郡县，随着事变消息的传到，纷纷戕杀守长，起兵响应。特别是在旧楚境内，几千人成一伙的不可胜数。陈胜遣将招抚略地，分途进取。举其要者，计有六路：（1）符离人葛婴略蕲以东；（2）陈人武臣及张耳、陈余略赵地；（3）魏人周市略魏地；（4）吴广西击荥阳；（5）陈人周文（为一卜者，故项燕僚属）西进，向函谷关；（6）铚人宋留取道南阳向武关。

葛婴至东城，立襄强为楚王，后来闻得陈胜已立为张楚王，乃杀襄强，归陈复命，陈胜诛之。

武臣到邯郸即自立为赵王，分命张耳、陈余为将相。陈胜闻讯大怒，把三人的家属拘捕，将加诛戮，继而听了谋士的劝谏，又把他们迁到宫中，而派人去给武臣等道贺，并请他们速即进兵关中。他们哪里肯听，却派韩广去略取燕地。韩广至燕，旋即自立为燕王。

周市定了魏地，东进至齐，时齐王室之后田儋已自立为齐王，以兵拒之，市军败散，还归魏，魏人推戴他为王，他不肯，却要立魏王室之后魏咎，时咎在陈胜军中，市派人迎之，往返五次，陈胜才答应放他赴魏。

武臣之立在八月，韩广、田儋之立在九月。周文军越过函谷关到达戏亦在九月。戏离咸阳不到一百里，而此时周文的军队已增加到兵卒数十万、车千余乘了。东方变乱的真情，赵高一直瞒着二世，到这时已瞒不住了。可是秦廷有什么办法呢？帝国的军队几乎尽在北边和南越，急猝间调不回来，咸阳直是一座空城，只得赦免在骊山工作的刑徒，并解放奴隶所生的男子，派章邯带去应战。周文军来势虽盛，却经不起章邯一击便败走出关，章邯追至渑池，又大破之。周文自刎死，其军瓦解，这是二世二年十一月的事（秦以十月为岁首，二年十一月在是年正月之前，下仿此）。

章邯乘胜东下。先是吴广围荥阳不下，其部将田臧等私计，秦兵早晚要到，那时前后受敌，必无幸理，不如留少数军队看守住荥阳，而用全部精兵去迎击章邯；他们认为吴广骄不知兵，不足与谋，假托陈王的命令把他杀掉，并把他的首级传送至陈。陈王拜田臧为上将，并赐以楚令尹的印信。田臧迎击章邯于敖仓，一战败死。章邯进击至陈西，陈王出监战，军败遁走，他的御者某把他杀掉，拿他的首级去投降。这是十二月的事。

陈胜，字涉，少时在田间做工。有一次放下锄头叹气痴想了许久，却对一个同伴说道："有一天我富贵了，定不会忘记你。"那位同伴笑道："你做长工，怎样富贵法？"后来陈胜做了张楚王，这位同伴便去叩阍求见，阍人几乎要把他缚起来，凭他怎样解释总不肯给他传达。他等陈胜驾出，拦路叫喊，陈胜认得他，把他载归宫里。他看见殿堂深邃，帷帐重叠，不禁嚷道："夥颐！涉大哥为王！沉沉的！"楚人叫多为夥颐。由此"夥涉为王"，传为话柄。这客人出入王宫，洋洋自得，谈起陈胜的旧事，如数家珍。有人对陈胜说：这客人无知妄言，轻损王威，陈胜便把他杀掉。由此陈胜的故旧尽皆退避。

宋留已定南阳。南阳人闻陈胜死，复叛归于秦。宋留既无法入武关，东还至新蔡与秦军遇，解甲投降，秦又把他解到咸阳，车裂示众。

章邯既破陈胜，进击魏王咎于临济，围其城。六月，齐王田儋救临济，败死。同月魏咎自杀，临济降于秦。其后儋子市继立为齐王，咎弟豹继立为魏王。

二、项羽与巨鹿之战

项燕的先人累世做楚将，封于项，因以项为氏，而家于下相。项燕有子名项梁，梁有侄名项籍，字羽。项羽少时学书写，不成，弃去；学剑，又不成。项梁怒责他。他说："书写只可以记姓名罢了，剑是一人敌，也不值得学，要学万人敌！"项梁于是教他兵法。他略通大意，再不深求。项梁曾因事杀人，带着项羽，逃匿于吴（今吴县[1]，秦会稽郡治），吴中名士大夫都奉他为领袖，遇着地方有大徭役或大丧事，每请项梁主办，项梁暗中用兵法部勒宾客子弟，因此他的干才为人所知。项羽长成，身材魁岸，力能扛鼎，尤为吴中子弟所敬畏。

二世元年九月，会稽郡守和项梁商议起兵响应陈涉，打算派项梁和某人为将，是时某人逃匿山泽中。项梁说，只有他的侄子知道某人所在。说完，离座外出，对项羽嘱咐了一番，又走进来，请郡守传见项羽，使召某人。项羽进见后，项梁向他使个眼色，说道："可以了！"项羽拔剑，砍下郡守的头。项梁拿着郡守的首级，佩了他的印绶。项羽连杀了好几十人，阖署慑伏听命，共奉项梁为会稽守。项梁收召徒众，得八千人。项羽为裨将，时年二十四。

二世二年二月项梁叔侄率兵渡江而西。先是广陵人召平为陈胜取广陵不下，闻陈胜败走，秦兵将到。渡江至吴，假传陈胜之命，拜项梁为上柱国。项梁一

---

[1] 今属江苏省苏州市。——编者注

路收纳豪杰,到了下邳(今江苏邳县[1])已有了六七万人。离下邳不远,在彭城之东,有秦嘉所领的一支义军,奉景驹(旧楚贵族景氏之后)为楚王。是时陈胜的下落,众尚不知。项梁声言秦嘉背叛陈王擅立景驹大逆不道,即进击之。秦嘉败死,军降,景驹走死。

既而项梁得知陈胜确实已死,乃从居巢老人范增之策,访得楚怀王之孙(名心)于牧场中,立以为王,仍号楚怀王,都于盱眙(安徽今县)[2],项梁自号武信君。这是六月的事。

自四月至八月间,项梁军叔侄与秦军转战于今苏北、鲁南及豫东一带,连获大捷。项梁由此轻视秦军,时露骄色,部下宋义劝谏他道:"战胜而将骄卒惰乃是败征;现在士卒已渐形怠懈,而秦兵日增,大可忧虑。"项梁不以为意。九月章邯得到关中派来众盛的援兵之后,还击楚军,大破之于定陶,项梁战死。

章邯破项梁军,认为楚地无足忧虑,乃渡河击赵。先是赵地内乱,武臣被杀,张耳、陈余访得赵王室之后赵歇,继立为赵王,居信都。章邯入邯郸,迁其民于河内,夷其城郭。张耳与赵王走入巨鹿城,章邯使王离围之,而自军于巨鹿南。陈余北收兵于常山得数万人,军于巨鹿北。巨鹿城被围数月,粮乏兵单,危在旦夕,求援于陈余,而陈自以力薄非秦敌,按兵不肯动。

项梁死后,楚军集中于彭城附近,怀王亦移节于彭城。巨鹿围急,求救于诸侯,怀王拟派兵赴之。宋义自预言项梁之败而中,以知兵名于楚军。怀王召他来筹商,听了他的议论,大为赞赏,派他为援赵军的统帅,称上将军,以长安侯项羽为次将军,范增为末将。宋义行至安阳(河南今县[3]),逗留四十六日不进,项羽主张急速渡河,与赵军内外夹击秦军。宋义却主张先让赵、秦决战;

---

[1] 今为江苏省邳州市。——编者注

[2] 1955年盱眙划归江苏省,今属江苏省淮安市。——编者注

[3] 今为河南省安阳市。——编者注

然后秦胜则乘其疲敝而击之，秦败则引兵西行，乘虚袭取咸阳。于是严申军令，禁止异动。宋义派其子某为齐相，大排筵席为其饯行。是时岁荒粮绌，又适值天寒大雨，士卒饥冻。项羽昌言军中，责备宋义但顾私图，不恤士卒，不忠楚王。一天早晨，项羽朝见宋义，就在帐中把他的头砍下，号令军中；说他通齐反楚，奉怀王令把他诛戮。诸将尽皆慑服，共推他为"假上将军"。项羽使人报告怀王，怀王就派他代为上将军。自杀了宋义之后，项羽威震楚国，名闻诸侯。

项羽既受了援赵军统帅之任，立即派二万人渡河救巨鹿，先锋连获小胜，陈余又请添兵。项羽于是率全军渡河。既渡，凿沉船只，破毁釜甑，焚烧房舍，令士卒每人只带三日粮，示以决死无归还之心。既至巨鹿，反围王离，九战秦军，绝其粮道，大破之，王离被虏，其部下要将或战死或自杀。这是二世三年十二月的事。先是诸侯援军营于巨鹿城外的，不下十几个壁垒，都不敢出战。及楚军开始进攻，诸侯军将领皆从壁上观看。楚兵无不以一当十，呐喊声动天地，诸侯军士卒无不心惊胆震。项羽既破秦军，召见诸侯军将领，他们将入辕门，个个膝行而前，不敢抬头瞻望。于是项羽成了联军的统帅，诸侯军将领皆隶他麾下。

是时章邯尚军于巨鹿南，外见迫于项羽，内受二世的责备，又见疾于赵高，陷入进退维谷之境。陈余乘机投书给他，说道：

白起为秦将，南征鄢郢，北阬马服（马服谓赵将马服君赵奢之子括，此指长平之战），攻城略地，不可胜计，而竟赐死。蒙恬为秦将，北逐戎人，开榆中地数千里，竟斩阳周。何者？功多，秦不能尽封，因以法诛之。今将军为秦将三岁矣，所亡失以十万数，而诸侯并起，滋益多。彼赵高素谀日久，今事急，亦恐二世诛之，故欲以法诛将军以塞责，使人更代将军，以脱其祸。夫将军居外久，多内隙，有功亦诛，无功亦诛。且天之亡秦，无愚智皆知之。今将军内不能直谏，外为亡国将，孤特独立，而欲常存，岂不哀哉！将军何不还兵，与诸侯为纵，约共攻秦，分王其地，南面称孤，此孰与身伏质、妻子为戮乎？

章邯得书，心中更加狐疑，秘密派人和项羽议降。议未成，项羽连接进击章邯军，大破之。章邯遂决意投降。项羽以军中粮绌，许之。二世三年七月，章邯与项羽相会于洹水南殷墟上（即今安阳殷墟），立盟定约。章邯与项羽言及赵高事，为之泪下。

三、刘邦之起与关中之陷

当怀王派定了宋义等北上援赵之际，又派砀郡长武安侯刘邦西行略地，向关中进发。

刘邦，字季，泗川郡沛县（江苏今县）[1]人。家世寒微。从少即不肯学习生产技艺。壮年做了本县的泗水亭长（秦制若干户为一里，十里为一亭，十亭为一乡）。他使酒好色，却和易近人，疏财乐施，县署的属吏，常给他嘻嘻哈哈地大开玩笑。有一次县长的旧友吕公来沛县做客，县中属吏都去拜贺，萧何替他收礼，声明贺礼不满千钱的坐在堂下。刘季骗阍人道："贺礼万钱！"实在不名一钱。阍人领了他进来，吕公一见，看了他的相貌大为惊讶，特加敬重。萧何笑道："刘季只会吹牛，本领有限。"刘季满不在乎地据了上位，嘲弄座客，言语之间，一点也没有屈服。酒罢，吕公暗中使眼色留他。客散之后，吕公对他说，生平喜欢看相，看过的相也不少，从未见过他这样好的相貌，望他自爱。就在这一次叙会中，吕公把女儿许嫁了给他，后来吕婆虽严重抗议也无效。

秦朝初年征各地刑徒赴骊山工作。沛县的刑徒，由泗水亭长押去。这些刑徒半路逃脱了许多。刘季预计到得骊山时，他们势必跑个精光。行至丰县西泽中，停下痛饮；半夜，把剩下的刑徒通通放了，自己也准备逃亡。刑徒中有十几个

---

[1] 今属江苏省徐州市。——编者注

壮汉要跟随他。刘季于是领了这班人匿在芒、砀两县的山泽岩石之间。他们所以维持生活的方法似乎是不很名誉的，所以历史上没有交代。

陈胜发难后，沛县令打算响应。县吏萧何和曹参替他计议道，他以秦吏背秦，恐怕沛中子弟不服，不如把本县逃亡在外壮士召来，可得几百人，有他们相助，众人就不敢不听命了。于是派樊哙去招刘季。这樊哙是刘季的党羽，以屠狗为业。刘季率领着部下约莫一百人，跟着樊哙回来，沛令反悔，闭城不纳，并打算把萧、曹二人杀掉。二人跳城投奔刘季。刘季射书城上，劝县人诛沛令起事，否则城破之后，以屠城对付，县人遂共杀沛令，开城相迎。刘季受父老的推戴为沛公，收县中子弟得二三千人。这是二世元年九月的事。此后七个月内刘季转战于今独山湖以西苏、鲁两省相接之境，先后取沛、丰、砀[1]（皆江苏今县）做根据地。替刘季守丰的部将叛而附魏，刘季攻他不下，走去留县求助于景驹。他始终没有得景驹的帮助，却在留县遇到了张良。张良原是韩国的贵公子，其先人五世相韩，亡国后散家财谋报国仇。秦始皇在博浪沙遇刺，那凶手就是他所买的。这时他领了一百多个少年，想投景驹，遇了刘季，情投意合，便以众相从。后来楚怀王既立，张良说动了项梁，更立故韩公子韩成为韩王，只得辞别刘季，往佐韩王。

景驹败死后，刘季往见项梁，项梁给他补充五千人。他得了这援助，才于二世二年四月把丰县攻下。从此刘季归附了项梁。他和项羽似乎很相得，两人总是共领一军出战或同当一面，像是形影不离的。据说当怀王派刘季西行时项羽也请求同往，只是怀王左右的老将们极力反对，以为项羽慓悍残暴，是屠城的能手，关中人民，久苦苛政，可以德服，他一去，反失人心；唯有刘季，忠厚长者，可胜宣抚之任；怀王因此不许项羽和刘季偕行。

宋义、项羽等北上救赵之军和刘季西进之军，同于二世二年闰九月（当时称

---

[1] 丰县，今属江苏省徐州市；砀县，今名砀山县，属安徽省宿州市。——编者注

后九月）分途出发。刘季转战于今豫东豫南，取道南阳以向武关。这时秦军的主力被吸在河北，这一路的楚军并未遇着劲敌。刘季从洛阳南下，复与张良相会。先是，张良同了韩王领兵千余，西略韩地，取了数城，又被秦军夺回，只得在颍川一带做游击战。至是，领兵与刘季合，占领了韩地十余城。刘季令韩王留守阳翟，而同了张良前进，略南阳郡。郡守兵败，退守宛城。刘季便越过宛城而西。张良谏道：现在虽急于入关，但关中兵尚众，且凭险相拒，若不攻下宛城，腹背受敌，这是危道。刘季便半夜隐匿旗帜，绕道回军，黎明，围宛城三匝。南阳守以城降，刘季封他为殷侯。由此西至武关，一路所经城邑纷纷迎降。二世三年八月武关陷。是月，赵高弑二世，使人来约降，刘季等以为诈，继进。九月峣关陷。刘季初欲急攻峣关。张良以为守将乃屠户之子，可以利动。于是楚军一面派人先行，预备五万人的餐食，并在山上多树旗帜为疑兵；一面派人拿重宝去说守将，守将果然变志，愿和楚军同入咸阳。刘季将要答应他，张良以为只是守将要反，怕士卒不从，不从可危，不如乘其怠懈进击。刘季依计遂破峣关。是月秦军再战于蓝田南，复大败。次月刘季入咸阳。先是赵高既弑二世，继立其侄子婴，贬去帝号，称秦王，子婴又袭杀赵高。至是，子婴以绳系颈，乘素车白马，捧着皇帝的玺印，迎接刘季于霸上（长安东十三里）的轵道旁。

秦历以九月为岁终，而秦历可说是终于二世三年九月。后此五十四个月，即四年半，刘季乃即皇帝位，汉朝乃开始。中间纪事，系年系月，甚成问题。若用公元，年次固可约略相附，但月份则尚无正确的对照。汉人以二世三年之后为汉元年；汉初沿秦历法，以十月为岁首，故以汉元年十月接秦二世三年九月。但此时尚无汉朝，何有汉年？今别无善法，只得依之。

四、项羽在关中

刘季到了咸阳，看着堂皇的宫殿，缛丽的帷帐和无数的美女、狗马、珍宝，便住下不肯出。奈不得樊哙和张良苦劝婉谏，才把宫中的财宝和府库封起，退驻霸上，以等待各方的领袖来共同处分。他又把父老召来，宣布废除秦朝的苛法，只约法三章："杀人者死，伤人及盗抵罪。"人民大喜，纷纷送上牛羊来犒军，刘季一概辞谢不受。

项羽既定河北，率楚军诸侯军及秦降军西向关中，行至新安，闻秦降卒有怨声，虑其为变，尽坑之。

当初怀王曾与诸将约，谁先入关中，即以其地封他为王。刘邦因此以关中的主人自居。而项羽西进之前已封了章邯为雍王（秦地古称雍州），大有否认怀王初约之意。刘季闻讯，派兵守函谷关，拒外军入境，同时征关中人民入伍，以扩充实力。

项羽至函谷关，不得入，大怒，攻破之。进驻鸿门，与刘季军相距只四十里。是时外军四十万，号百万；内军十万，号二十万。项羽大飨军士预备进攻。项羽的叔父项伯曾受张良救命之恩，半夜去给张良通消息，劝张良快跟他走。张良却替他和刘季拉拢。刘季会项伯一见如故，杯酒交欢，约为婚姻。刘季道："我入关以来，秋毫不敢有所沾染，簿籍吏民，封闭府库，以等待项将军。派人守关，只是警备盗贼。日夜盼望项将军到，哪里敢反？"恳求项伯代为解释。项伯答应，并约他次早亲到鸿门营中来。

项羽听了项伯的话，芥蒂已消，又见刘邦亲到，反而高兴起来，留他宴饮。项羽、项伯坐西，范增坐北，刘季坐南，张良坐东。范增主张剪除刘季最力，席间屡次递眼色给项羽，同时举起所佩的玉玦。项羽默然不应。范增出去，一会又入来。随后不久，项庄入来奉酒祝寿。奉毕说道："君王和沛公饮酒，军营里没有什么可以助兴的，让我来舞剑！"项羽说："好！"他便舞起剑来。项伯亦拔剑起舞。项庄屡屡逼近刘季，项伯屡屡掩护着刘季。正对舞间，张良出去，一会又入来。随后，门外喧嚷声起，一人带剑持盾闯进来，鼓起眼睛盯着项羽。项羽按剑翘身（时席地坐）问："做什么？"张良说："那是沛公的骖乘樊哙。"项羽说："壮士！赏他酒！"是一大杯。樊哙拜谢了，一口喝干。项羽说:"赏他一个猪肩!"那是生的。樊哙把盾覆在地上,把猪肩放在盾上,拔剑切肉便啖。项羽问他可还能饮不,他说:"臣死也不避,何况杯酒?"接着他痛陈刘季的功劳,力数项羽的不是。项羽无话可答,只请他坐,他便挨张良坐下。自从樊哙闯入,舞剑停止。樊哙坐下不久,刘季说要如厕走开,张良跟着他。过了许久,张良单独回来,带好些玉器。张良作礼道:"沛公很抱歉,因饮酒过多,不能亲来告辞。托下臣带了白璧一对献与大王(项羽),玉斗(酒器)一对献与大将军(范增)。"项羽问沛公在哪里,张良说:"他听说大王有意责难他,已回营去了。"项羽收下白璧,放在几上。范增把玉斗放在地下,拔剑撞个粉碎。

随后项羽入咸阳,屠城,杀子婴,烧秦宫室,收财宝妇女,然后发号施令,分割天下。他尊怀王为义帝,却只给他湘江上游弹丸之地,都于郴(今县)。自立为西楚霸王,占旧楚、魏地九郡,都于彭城;此外他封立了十八个王国,列表如下:

王号	姓名	原来地位	国都	领地	
汉王	刘季		南郑	汉中、巴蜀	
雍王	章邯	秦降将	废丘	咸阳以西	三人共分关中地,三国合称三秦。
塞王	司马欣	章邯部下长史	栎阳	咸阳以东至河	
翟王	董翳	章邯部下都尉	高奴	上郡	
西魏王	魏豹	魏王	平阳	河东	
河南王	申阳	张耳部将,先定河南	洛阳	河南郡	
韩王	韩成	韩王	阳翟	韩地若干郡	
殷王	司马卬	赵将,先定河内	朝歌	河内	
代王	赵歇	赵王		代郡	
常山王	张耳	赵相,从项羽入关	襄国	赵地大部分	

续　表

王号	姓名	原来地位	国都	领地	
九江王	英布	项羽部将	六	九江郡一带	后降刘季，封淮南王。
衡山王	吴芮	百越君长，从入关	邾	楚地一部分	
临江王	共敖	怀王柱国	江陵	楚地一部分	死于汉三年；子尉嗣，四年十二月为汉所虏。
辽东王	韩广	燕王		辽东	后拒臧荼，为所杀。
燕王	臧荼	燕将，从项羽入关	蓟	燕地大部分	
胶东王	田市	齐王	即墨	齐地一部分	
齐王	田都	齐将	临淄	齐地大部分	
济北王	田安	齐王室后，项羽部将	博阳	齐地一部分	

我们看这表便可知道，其中哪些是不会悦服项羽的宰割的人。刘季指望割据关中而只得到僻远的汉中、巴蜀，不用说了。魏豹由魏王而缩为西魏王，赵歇由赵王而缩为代王，田市由齐王而缩为胶东王，韩广由燕王而缩为辽东王，都是受了黜降。此外项羽在瓜分天下时所树的敌人，不见于表中的还有故齐相田荣和故赵将陈余。当初田儋战死后，齐人立田假为王，田荣（田儋弟）逐田假更立儋子田市而专齐政。田假走依项梁，由此田荣与项氏有隙。项羽以齐地分王田市、田都、田安，而田荣无分。田荣怎肯甘心？陈余本与张耳为"刎颈交"。巨鹿之围，张求援于陈，而陈竟以利害的计较，按兵不动。两人从此成仇。但两人的"革命功绩"，实不相上下。项羽因张耳相从入关以赵地的大部分封他为常山王，而仅以南皮等三县之地封陈余为侯。陈余由此深怨项羽。

100

五、楚汉之战及其结局

汉元年四月，在咸阳新受封的诸王分别就国。张良辞别刘季，往佐韩王，却送刘季到褒中，临别，劝他烧绝所过栈道，示无北还之心，刘季依计。

五月，田荣发兵拒田都，击走之。田荣留田市，不让他赴胶东。田市惧怕项羽，逃亡就国。田荣追杀之，而自立为齐王。是时昌邑人彭越（以盗贼起）聚众万余人于巨野，无所属。田荣给他将军印，使攻济北。越击杀济北王。于是田荣尽有全齐之地。彭越又进击楚军，大破之。陈余请得田荣的助兵，并尽发南皮三县兵，共袭常山，张耳败逃。二年十月陈余迎故赵王歇于代，复立为赵王。于是齐赵地尽反楚。是月义帝在就国途次，为项羽命人袭杀于江中。

刘季乘齐变于元年八月突入关中。章邯兵败，被围于废丘（二年六月废丘始陷，章邯自杀）。塞王、翟王皆降汉。先是项羽挟韩王成归彭城，不使就国，继废之为侯，继又杀之。于是张良逃就刘季于关中。刘季以故韩襄王（战国时）孙信为韩太尉，使共张良将兵取韩地。二年十一月，韩地既定，刘季立信为韩王。先是河南王申阳亦降汉。

项羽权衡西北两方敌人的轻重，决定首先击齐。二年正月，大败田荣于城阳。田荣遁逃，为人民所杀。项羽坑田荣降卒。提兵北进，一路毁城放火，掳掠妇女。齐人怨叛。荣弟田横，收散兵，得数万人，复反城阳。项羽还战，竟相持不下。刘季乘齐楚相斗之际东进，降西魏王豹，虏殷王卬，为义帝发丧，率诸侯兵五十六万伐楚，遂入彭城。项羽以精兵三万人还战，汉军大溃，被挤落谷水和泗水死的据说有十余万人。再战灵璧东，汉军又溃，被挤落睢水死的据说也有十余万人，睢水几乎被死尸填塞了。楚军围了刘季三匝。适值大风从西北起，折树发屋，飞沙走石，阴霾蔽天，白昼昏黑。楚军逆着飓风，顿时散乱，刘季才得带了几十骑遁走。但项羽一去齐，田横复定齐地，立田荣子田广为王。刘季收聚散卒，又得萧何征调关中壮丁转运关中粮食来援，固守荥阳、成皋（并在今河南成皋县[1]境，荥阳在东，成皋在西），军势复振。先是魏王豹于汉军败后，复叛归楚。汉使淮阴人韩信击之。九月，韩信俘魏王豹，定魏地。

此后战争的发展，可分为三个阶段。

第一阶段尽汉三年九月。在这一阶段，汉正面大败，而侧面猛进。在正面，汉失荥阳、成皋。刘季先后从荥阳、成皋突围先遁。其出荥阳时，将军纪信假扮着他，从东门出，以诳楚军，他才得从西门逃走，纪信因此被烧杀。在侧面，韩信取赵。先是，张耳败走，投奔汉。刘季微时曾为张耳客，因善待之。及会诸侯兵伐楚，求助于赵，陈余以汉杀张耳为条件。刘季把一个貌似张耳的人杀了，拿首级送去，陈余才派兵相助。后来陈余闻得张耳未死，便绝汉。汉使韩信击赵，杀陈余。在这阶段，还有两件大事可记。其一，楚将九江王英布先已离心，又受了汉所遣辩士的诱说，遂举九江降汉。英布旋被项羽击败，只身逃入汉，但项羽已失去一有力的臂助了。其二，项羽中了汉的反间计，对一向最得力的谋臣范增起了猜疑，范增愤而告退，归近彭城，疽发背死。

第二阶段尽汉四年九月。在这一阶段，韩信南下取齐，楚军援齐大败，韩信遂定齐地；而彭越（于田荣死后归汉）为汉守魏地，时出游兵断楚粮道，荥阳、成皋的楚军大窘；项羽抽军自领回击彭越，汉乘机收复成皋，并进围荥阳。项羽引兵还广武（在荥阳附近，荥泽与汜水之间），与汉相持数月。项羽以前方粮绌后方又受韩信的抄袭，想和汉决一死战，而汉按兵不出，只得与汉约和。约定楚汉平分天下，以鸿沟（在广武荥泽间）为界准，其东属楚，其西属汉；楚放还前所掳汉王之父及妻。约成，项羽便罢兵东归。

以下入最后阶段。初时刘季也打算罢兵西归，张良等力劝乘势灭楚。五年十月，汉追击项羽军于固陵（今河南淮阳县[2]西北），大败之。刘季约韩信、彭越会师，

---

[1] 今为河南省荥阳市汜水镇。——编者注

[2] 今为河南省周口市淮阳区。——编者注

· 102 ·

而二人不至。先是韩信既定齐，自请立为齐王，刘季忍怒许之；彭越只拜魏相国。至是张良献计：韩信故乡在楚，指望做楚王；彭越据魏地亦指望做魏王；若能牺牲楚、魏地的一部分，许与他们，他们必然效命。刘季依计，二人立即会师。十一月，汉遣别将渡淮围寿春，又诱降楚舒城守将，使以舒屠六。十二月，项羽至垓下（今安徽灵璧县东南），兵少食尽，汉军围之数重。项羽率八百余骑溃围而出，所当辟易；到了长江西岸的乌江（今安徽和县东北乌江浦）只剩下二十六骑。乌江渡口单摆着一只小船。乌江亭长请他立即下渡。说道："江东虽小，也有几千里地，几十万人；现在只有这一只船，汉兵即使追来，也无法飞渡。"项羽说："我当初领江东子弟八千，渡江西去，如今无一人归还，即使江东父老怜恤我，奉我为王，我也有何面目再见他们？他们即使不说话，难道我不问心有愧？"于是把所乘的骓马赏给了亭长，令他先走。自与从人步行，持短兵接战。他连接杀了几百人，身上受了十几伤，然后拔剑自刎。

五年正月，汉王立韩信为楚王，领淮北，都下邳；立彭越为梁王，领魏地，都定陶。随后，诸侯向汉王上了一封献进书如下：

楚王韩信，韩王信，淮南王英布，梁王彭越，故衡山王吴芮（项羽所立，旋废之），赵王张敖（汉立张耳为赵王，先是已死，其子敖嗣），燕王臧荼昧死再拜言：大王陛下，先时秦为无道，天下诛之，大王先得秦王，定关中，于天下功最多。存亡定危，救败继绝，以安万民，功盛德厚，又加惠于诸侯王，有功者使得立社稷。地分已定，而位号比拟无上下之分，大王功德之著于后世不宣。昧死再拜上皇帝尊号。

刘季经过一番逊让之后，于二月即皇帝位于定陶附近的汜水之北。是月封吴芮为长沙王，领长沙、象郡、桂林、南海四郡；又封故粤王无诸（秦所废，后从诸侯伐秦）为闽粤王，领闽中地。初定都洛阳，五月迁都于长安。

刘季做了七年皇帝（前202—前195）而死，庙号太祖高皇帝（《广阳杂记》卷二："考得高祖起沛年四十八，崩时年六十三。"不知何据）。

汉代政治

（前202—88）

/ 雷海宗 /

一、官制

汉的官制全承秦旧，同时又是此后历代官制的基础。汉代是三公九卿制度。三公是指丞相、太尉、御史大夫，共同行使宰相的职权，协助皇帝处理全国的政务，参与中央政府的行政决策，并负责具体的执行。丞相居百官之首，俸禄最高，掌佐天子，助理万机，金印紫绶，秩俸万石。太尉是朝中仅次于丞相的官职，地位与丞相同，专掌武事，为最高的武官职位，金印紫绶，秩俸万石。御史大夫主要行使副丞相的职权，是丞相的助理，对包括丞相在内的百官公卿的一切行政活动进行监察，三公中地位最低，银印青绶，秩俸中二千石。

九卿是指太常、光禄勋、卫尉、太仆、廷尉、大鸿胪、宗正、大司农、少府九个机构。太常掌宗庙礼仪。光禄勋由秦郎中令演化而来，主管宫廷内的警卫事务，但是实际的权力不止于此。卫尉掌宫门卫屯兵，是一个武职，是皇帝的禁卫司令。太仆掌管宫廷车马及牲畜事务。廷尉主管刑法和监狱以及审判案件。大鸿胪，原称为典客，主管外交。宗正主管皇家的宗室事务。大司农主管全国的赋税钱财。少府主管皇室的财钱和皇帝的衣食住行等各项事务以及山海池泽之税。九卿的秩俸都是中二千石，银印青绶。

东汉制度，除名词外，与西汉并无多少差异。官俸都是半钱半谷。这或者是由战国时传下来的，与春秋以下只食谷或食田的制度不同。

官制的形式虽少变化，政治实权的所在却常有转移。普通的倾向，皇帝总是喜欢用私人或地位较低的人，以致理论上地位高的人反倒权势削减，甚至完全无事可做。例如西汉宣帝、元帝时，宦官弘恭、石显先后担任中书令，地位不高，但朝政实由他们把持。位居三公的人仅仅享受一种荣誉罢了。这也是后代普遍的现象。

二、兵制

战国时代短的期间或者曾行全民皆兵的制度，汉初在理论上仍行征兵制。据董仲舒说："月为更卒，已复为正，一岁屯戍，一岁力役，三十倍于古。"在乡间当差称"更卒"，在中央当差称"正卒"。这些正卒恐怕就是保卫京师宫殿以及各官署的卫士。就是说，符合条件的民众，都要服兵役。这种种力役与兵役总称为"更"。

但实际上很多人不愿当兵，国家只得承认代役的半征兵制。即富人出钱给贫穷的人，让其代服兵役，即"践更"。此制汉初还能勉强实行，武帝以下就不得不另外募兵。春秋时代是上等社会全体当兵，当兵是贵族的荣誉和权利。战国时代除了少数以三寸舌为生的文人外，是全体人民当兵。现在上等社会不服兵役而将全部卫国的责任移到贫民，甚至无赖流民的肩上。这不能不说是武备的衰退。

东汉初郡国的半征兵不能再继续维持，由光武帝正式取消。此外武帝时即盛行屯田，也是一种募兵制。元狩二年（前121年），在西北置武威、酒泉二郡，元鼎六年（前111年）又分两郡地，加置张掖、敦煌二郡，徙民六十万为屯田。职业兵从此就成为固定的现象。

三、汉初所谓"封建"问题与外戚之患

项羽灭后，刘邦分封功臣，异姓功臣而封王者有八国：张耳、吴芮、彭越、黥布、臧荼、卢绾与两韩信。但不过六年间，刘邦以种种借口将其诛灭，封国不保，连军功最高的韩信也夷三族。异姓封王，并非出于汉室本心，高帝的杀戮功臣可说是秦亡后群雄争逐的最后一幕。同姓子弟分王天下才是汉鉴于秦未封土而亡所行的真正"封建"制度。后来吕氏之乱的平定，某种程度上是同姓诸王的功劳，所以这个不合时代潮流的制度也可说完成了一件重要的使命。

但文帝以下同姓的"封建"也渐消灭。文帝采用贾谊的建议，将齐国、赵国分割成小块；景帝用晁错的计策，削弱吴、楚；武帝接受主父偃的办法，颁布推恩令，使诸侯王可以将土地分封子弟。自此以后，齐分为七，赵分为六，梁分为五，淮南分为三。所谓郡国制实际与秦的郡县制并无分别。后世的朝代虽往往有做同样的"封建"试验的，但最后的结果总是与汉代同样的失败。

汉代社会与经济

（前202—88）

/ 雷海宗 /

一、旧社会阶级之破裂——氏与姓之混淆

春秋以上，"氏"是士族的标识，是权力的象征。如禹为姒姓，其后分封，用国为姓，故有夏后氏、有扈氏、有男氏、斟寻氏、彤城氏。商的祖先契为子姓，其后分封，以国为姓，有殷氏、来氏、宋氏、目夷氏。平民只有姓，无氏；奴隶只有名，无姓无氏；只有贵族才有姓有氏。

权力政治到战国渐渐破裂，到汉代完全消灭。所以"氏"失去当初的意义，因而无形中与"姓"混而为一，统称"姓"或"氏"。《太史公书》一贯地认为"氏"与"姓"为一事，"本纪"中尤为明显。可见到此时连好古的学者在普通的言谈与行文上都不再留意于这种重要的古制。

二、旧社会阶级之破裂——迁徙赐姓与变姓

秦及汉初都勉强六国的世家迁居关中，以便监视。娄敬出使匈奴，回来汇

报说，匈奴河南白羊、楼烦王，距离长安只有七百里，轻骑一日一夜可达关中。关中战乱初定，人口稀少，土地肥沃，可以将六国贵族、豪杰迁徙于此，既可以防备匈奴，又可以消除六国反叛的隐患。刘邦欣然同意，于是将十多万人口迁徙关中。

　　汉代又创了赏赐国姓的制度。如刘邦的谋士娄敬，后来因功赐姓刘，改称刘敬了。此外又有种种的变化，使当初同姓的分为异姓，当初异姓的合为同姓。例如，齐、鲁、吴、楚、秦、晋、燕、赵，这是国名；王氏、侯氏、王孙、公孙，这是爵名；司马、司徒、中行、下军，这是官名；伯有、孟孙、子服、叔子，这是字；巫氏、匠氏、陶氏，这是职业；东门、西门、南宫、东郭、北郭，这是居所。现在这些都可以做姓。还有为了避仇而改姓母姓的。姓氏的流变，足以减少甚至消灭传统权力阶级的阶级意识。

三、新阶级制度——大地主与农民奴婢

　　战国时代与秦汉之际，政治社会的大混乱产生出一个来历不明的大地主阶级和寄附于他们的许多奴婢，在政治上活动的人多属大地主出身；同时贫贱的人一入仕途就有变成大地主的可能。农民中或者仍有许多自耕农，但很大一部分的农人都以佃耕或雇耕大地主的田为生。他们虽然不是奴隶，但也可说是半寄附于大地主阶级的。

四、新阶级制度——商贾

　　战国时代商业发达；秦汉一统，商业的进展更加便利。于是富埒王侯的"素封"大贾遍满天下，一时的风气都趋于"舍本逐末"。但商业的社会是流动的，而帝王所希求的是一个完全安定的社会。所以商业虽然较前发达，但秦汉一贯的重农抑商政策始终未变。这个政策可说成功，此后两千年间的中国是一个上下一致的以农为本、以商为末的大致安定的社会。

五、新阶级制度——贵贱贫富与社会改革

汉代仕宦的途径，有以下几种：

一是选举。汉文帝时，已经有"贤良""孝廉"之选，指令中央官吏和地方官吏从地方选拔德才兼备的人才。名臣晁错就是以"贤良文学"之选，经帝王亲自策试，得以升迁为中大夫的。察举孝廉原为两个科目，汉武帝元光元年（前134年）"初令郡国举孝廉各一人"，就是举孝一人，察廉一人。自汉武帝之后，至于东汉，从地方官吏到朝廷的名公巨卿，有不少是孝廉出身，对汉代政治影响很大。通过举孝廉，在社会上造成在家为孝子，出仕做廉吏的舆论和风尚，起了改良风俗的社会教育作用。

二是通过学校。汉代的太学是一个读书习礼的场所，既培养了大批后备官员，又有引领社会风气的作用。

商贾不得为官，所以政权由农业阶级所包揽，实际上恐怕多由大地主所独占。大地主既富又贵，商贾富而不贵；此外一般的人民又贫又贱。并且汉代贫富的距离似乎非常之远，因而常有人提议改革。汉哀帝时，师丹辅政，曾经建议以限田、限奴婢的形式缓和社会矛盾。哀帝发布诏书说，诸侯王、列侯、公主、吏二千石及豪富民多蓄奴婢。田宅无限，与民争利，百姓失职，重困不足，指示朝臣"其议限列"。丞相孔光、大司空何武随即制定了限定的额度和限制的措施。然而这些措施遭到当政的外戚、官僚的激烈反对，没有能够真正实行。

最后王莽想要彻底变法，实行土地国有，恢复周朝的井田制，禁止买卖奴婢。王莽的出发点是好的，意在缓和土地兼并，同时防止农民奴隶化。但分田授田的规定无法真正落实，因违禁买卖土地和奴婢而获罪的富人实在太多，于是纷纷反对，变法终归失败。这是两汉四百年间未曾解决的问题，也可说是此后两千年间无从解决的问题。

六、新阶级制度——四民之并为臣妾

上面所述的新阶级制度，实际只是不可避免的社会分工，并非固定世袭的阶级制度。法治的阶级政治已成过去，新兴的是人治的皇帝政治。在崇高无比的皇帝之前，士农工商、富贵贫贱都一律平等，都一样没有保障。富贵的，皇帝可以使他贫贱；贫贱的，皇帝可以使他富贵；兆民的生命财产都在皇帝一人的掌握中。这是此后两千年间的帝制本色，在西汉初还有人怀疑批评，为等级制度辩护，为贵族精神的消亡而惋惜。

例如，《汉书·贾谊传》中说，古时贵族有天子、公卿、大夫、士，与庶人相比，他们是尊贵的，刑戮之罪不加其身；即使有过错，天子可以罢免，可以赐死，绝不会束缚受刑，遭到小吏的谩骂。而到了汉代，周勃因人诬告而下狱，受到狱卒的污辱，贾谊曾以此事讽谏皇帝，认为是古来未有。

当然，自此以后，皇帝之下皆为臣妾就成为无人指摘的信条了。

汉代武功
（前 202—88）

/雷海宗/

一、武功伟人

战国时代内地的夷狄完全同化，边疆的异族也一部分内属；秦并天下，向外拓土。但汉初经过大乱之后，秦代的新土又部分丧失，边境的安全也难维持。西汉初年，高祖刘邦被匈奴围困在平城白登（今山西大同东）七日未食，用了陈平的计谋才脱围。以后汉朝多采用和亲政策，与匈奴保持和平。到武帝时才又有向外发展的能力。

汉朝在公元前 127 年、前 121 年、前 119 年发动了三次大规模的对匈奴的战役。公元前 127 年，汉武帝派卫青、李息率兵出云中，收复河南地区，解除了匈奴对长安的威胁，秦末以来长期沦陷于匈奴的河套地区被汉收复。公元前 121 年，汉武帝派霍去病出陇西，越过焉支山西进，入匈奴境千余里，大获全胜，缴获休屠王的祭天金人。汉军占领河西之地后，置武威、张掖、酒泉、敦煌四郡。

公元前119年春,武帝发动了对匈奴的第三次大战役。大军由卫青和霍去病统率,分东西两路向漠北进发。这是有汉以来规模最大的一次远征。霍去病深入漠北两千多里,与匈奴左贤王展开激战,几乎全歼左贤王的骑兵。霍去病乘机追击,至狼居胥山（今蒙古国肯特山）,直达瀚海（今贝加尔湖）,才奏凯而还。此后匈奴远遁,"漠南无王庭"。

武帝还大力经营西域和南疆,楼兰、姑师、大宛都先后成为汉朝藩属,汉朝影响日益扩大,葱岭以东的西域诸国,相继派人来汉朝朝贡,也使得中原先进的生产技术,包括冶铁、凿井术等,相继在西域得到推广。

在南面,公元前112年秋,汉武帝派伏波将军路博德、楼船将军杨仆等率兵十万,水陆并进。经过一年多的征战,完全消灭自秦一直闹独立的南越政权,将其地分置九郡。公元前111年,汉廷攻破南越,夜郎入朝。公元前109年,武帝发兵深入西南,滇国降服,从此西南地区的大部分都归入中国的版图。汉武帝同期护领北疆,在灭北朝鲜卫氏政权的基础上设置乐浪、玄菟、临屯、真番四郡。

此后两千年间,中国政治与文化的疆界大致由武帝划定。

皇帝以外,功劳最大的要算张骞。当时以西北的问题最为严重,冒险打通西北路线的就是张骞。

二、匈奴

汉的劲敌是匈奴,汉初也正是匈奴组织强盛的时候。匈奴冒顿单于继位后,开始对外扩张,在大败东胡王之后,随即并吞了楼烦、白羊河南王,并收复了蒙恬所夺的河套地区。整个西汉时代,汉朝与匈奴互有盛衰。公元前57年,匈奴统治集团内部发生分裂和内讧,五单于争立,内部大乱,陷于绝境。后来匈奴首领呼韩邪单于稽侯珊在位时,匈奴附汉为藩臣,双方互开关市。至王莽摄政以前,六十余年和平共处,出现了民众富庶、牛马布野的局面。匈奴单于也巩固了自己的地位。

西汉末年及王莽篡位时期，王莽采取侮辱匈奴单于的政策，破坏了持续半个多世纪的和平共处、共同发展的汉匈关系，至东汉光武时始得到改变。

东汉初，匈奴分为南北，南匈奴降汉，北匈奴不久大败，问题似乎解决。但匈奴由此渐居边疆重地，甚至深入内地。后世的乱苗之一由此种下。

三、西域

汉武帝通西域以牵制匈奴。西域组织散漫，牢笼征服并非难事。西汉宣帝时，设置西域都护府，治所在乌垒城（今新疆轮台东北）。直至西汉末年西域始终内属。东汉初西域独立，但不久就又征服。汉和帝永元九年（97），甘英奉西域都护班超之命出使大秦（罗马帝国）。他率领使团一行从龟兹（今新疆库车）出发，经条支（今伊拉克境内）、安息（波斯帕提亚王国）诸国，到达了安息西界的西海（今波斯湾）沿岸。这次出使虽未到达大秦，但增进了中国人当时对中亚各国的了解。

匈奴问题已经缓和之后，西域本身仍有保留的价值，因为它已成为中国与西方交通的孔道。新辟的西北四郡就是孔道的始发点，此后两千年间中国即或有时不能维持西域的势力，这个孔道的始发点非万不得已时总是不肯放弃。所以历代西北角的一省都有一条长径伸入西域的腹地，这条长径就是汉的西北四郡。

夹杂在西域与中国之间有许多羌人，大半受中国的羁縻，在边地往往与汉人杂居。西域与东汉盛期，羌地大致安定，和帝以后羌汉杂居成为严重的问题。

四、朝鲜百粤与西南夷

朝鲜、闽越或东越、南粤、西南夷诸地，到汉代也都被征服。这些地方在当时虽是不重要的边地，从此渐渐中国化之后，无形中都成为中国本体的一部分或中国文化重要的附庸。

汉武帝建元三年（前138年），闽越进攻东瓯，东瓯粮绝，向汉帝告急。西汉派中大夫严助发会稽郡驻军浮海救援。汉军未到，闽越军退走。东瓯王担心闽越再次进犯，请求举族内迁，得到汉武帝准许，于是举众共四万余人迁移到江淮之间。据《史记·汉兴以来将相名臣年表》记载，内徙的东瓯人聚居在庐江郡，即今安徽庐江、安庆一带。

汉武帝元鼎五年（前112），南越国相吕嘉弑王及太后，另立赵建德为王。汉武帝发大军分五路南下，以武力平定南越，西瓯部族也一起归汉。汉王朝从此控制了今广东、广西大部地区及越南北部和中部。汉武帝以其地分置儋耳（郡治在今海南儋州市西北）、珠崖（郡治在今海南海口东南）、南海（郡治在今广东广州）、苍梧（郡治在今广西梧州）、郁林（郡治在今广西桂平西）、合浦（郡治在今广西合浦东北）、交趾（郡治在今越南河内西北）、九真（郡治在今越南清化西北）、日南（郡治在今越南广治西北）九郡。南越、西瓯以及相邻地区于是成为汉朝中央政府直属的地域。

元鼎六年（前111），东越攻入豫章（郡治在今江西南昌）。元封元年（前110），汉军数路击破东越，将越人徙于江淮之间。

张骞在中亚的大夏时，见到邛竹杖和蜀布，得知巴蜀有西南通往身毒（印度）的道路。汉武帝根据这一发现，在元狩元年（前122）派使者从巴蜀启行，试图由此实现和西域的交通。于是，汉王朝和当时称作"西南夷"的西南地区滇、夜郎等部族的文化联系密切起来。

汉初，燕人卫满聚众千余人，东渡浿水（今朝鲜清川江），后击破自称为王的朝鲜侯箕准，自王朝鲜。元朔元年（前128），汉武帝接受薉君南闾率二十八万口内属，以其地为苍海郡。元封二年（前109），汉武帝发兵五万，分海陆两路进攻朝鲜。第二年，朝鲜发生内乱，汉军平定朝鲜。汉武帝在朝鲜置真番、临屯、乐浪、玄菟四郡。

五、文化势力之播及日本

汉代中国的势力限于大陆,海外区域唯一受到中国文化影响的就是后世的日本。因为远隔大海,实情难知,所以就产出种种理想化与神怪化的传说。《后汉书·东夷列传》这样描述倭人:"男子皆黥面文身,……父母兄弟异处,唯会同男女无别。饮食以手,而用笾豆。俗皆徒跣,以蹲踞为恭敬。人性嗜酒。多寿考,至百余岁者甚众。国多女子,大人皆有四五妻,其余或两或三。……犯法者没其妻子,重者灭其门族……""建武中元二年(57年),倭奴国奉贡朝贺,……武帝赐以印绶。"

汉代内政

（前 202—88）

/雷海宗/

一、帝制名实与皇帝崇拜

皇帝是绝对专制的君王；按理论，连他自己的父母也要向他表示臣服。全天下都是他的私产。刘邦回到家中，对父亲行礼，父亲不敢当，说："帝，人主也，奈何以我乱天下法！"未央宫建成后，刘邦得意地对父亲说："当初您常说我无赖，不置产业，不如哥哥刘仲。现在看一看，我与刘仲谁的产业更多？"（《史记·高祖本纪》）

任何人不能不顾皇帝而自由行动，所以先秦残余的游侠精神必须铲除。例如，汉武帝时，河内轵县（今河南济源）有一个游侠叫郭解，轻财仗义，好为人打抱不平，在当地声望很高。为了充实京师，汉武帝下令将国内超过三百万的富户迁往茂陵居住，郭解虽然并没有达到这个标准，但由于他属于需要严加控制的豪杰巨侠，也在迁移之列。郭解终于被迁移到了关中，为他送行的豪客们送给他的礼金就达上千万，关中豪杰也争相与之结交。更有人为了维护他的威名而与人结怨，发生仇杀。最终，汉武帝下令拘捕郭解，将他灭族。

酷爱个人自由的人现在只有逃避人世，隐遁在人迹不到的深山穷谷，才能脱离皇帝的统治。东汉初年的严子陵，是光武帝刘秀的老同学，他隐居山林，"披羊裘钓泽中"，虽光武帝遣使聘之，亦不愿入仕。

关于这个崇高无比的皇帝，当然有极隆重的名器制度，如皇帝自称"朕"，其言曰"制""诏"，所居曰"禁中"，所至曰"幸"；汉承秦法，群臣上书皆言"昧死言"（蔡邕《独断》）。一般人甚至渐渐感觉，虽无明文规定，连流俗通用而过于尊重的名号也只能施与皇帝。以帝王即位的年岁纪元虽是古制，但到汉代才有皇帝本位的繁复年号制度。年号为中国帝王纪年的名称。最早的年号当属西汉武帝刘彻。刘彻即位之年（前140年），即为建元元年。汉武帝在位五十余年，前后一共使用了十一个年号。自武帝肇始以来，从此历代帝王即位，一般大多立有年号。这也可说是一种新的名分，这样的一个皇帝几乎可说已超过人界，与神明相类，汉代的人并且拿皇帝甚至皇室当神明崇拜。不只死的皇帝是神，皇帝生时已经是神。

二、皇权与宦官幸臣

皇权是绝对的，但不免要受事实的限制。皇帝不过一人，大小诸事都须依赖别人。除国家政事须由各级官吏执行外，通常皇帝总有宦官与幸臣日夜陪伴在他左右。如汉武帝时，李延年擅歌舞，因他的妹妹受武帝宠幸，一门显贵。后来，李夫人早卒，李家渐渐失宠，李延年的弟弟李季奸乱后宫，一荣俱荣，一损俱损，汉武帝下诏族李延年和李季兄弟宗族。遇到有作为的帝王，这种小人还可无大妨碍，但一个庸主就很容易受他们的包围摆弄，以致天下骚乱，甚至国本动摇。西汉末年，哀帝宠幸面首董贤，形影不离，甚至同榻而眠。董贤没什么功劳，竟官至大司马，位居三公，常居宫中，领尚书事，百官奏事都须经他手方能上达，朝政荒唐到如此地步。

三、皇权与外戚

第二种接近皇帝因而能左右政局的人就是后妃与后妃的父兄宗族。因为皇帝大规模的多妻制，所以宫中的情形总是非常复杂，因争宠而发生的惨剧甚多。同时宠妃的戚族往往操纵政治，后宫的阴谋与朝中的竞争因而时常打成一片，皇帝一人的私事可使全天下的人遭殃。固然英主可利用外戚，为国立功，如卫青、霍去病等，但无能的皇帝也可变成后族的傀儡。最后篡夺西汉帝位的王莽就是外戚。

王莽字巨君，西汉孝元皇后的侄儿，幼年时父亲王曼去世，很快其兄也去世。王氏家族是当时权倾朝野的外戚家族，王家先后有九人封侯，五人担任大司马，是西汉一代中最显贵的家族。族中之人多为将军列侯，生活侈靡，声色犬马，互相攀比。唯独王莽独守清净，生活简朴，声名远播。后被任命为大司马，从此把持朝政，在他的操纵下，他的女儿也顺利地成为汉平帝的皇后。平帝死后，他故意拥立幼帝，以便控制。公元8年，王莽接受孺子婴的禅让，改国号为"新"。

四、皇权与地方官

第三种在事实上限制皇权的就是天下郡国的地方官。他们与人民直接发生关系，国家法令的实施可以说全操控在他们手中。律令本身虽然固定，但他们可以施行，可以不施行；可以从宽施行，可以从严施行；可以直解律文，可以曲解律文；可以为国为民做官，可以为己为家做官。多数的太守令长或者都是一般不好不坏、又好又坏的中才。但有一部分的守令，无论他们的动机是为公或为私，在当时的可能范围内，的确能使他们所治的郡县达到一种近乎理想的境界。

黄霸是西汉著名的官员，宣帝时任颍川（今河南禹州）太守，他制定安民条款，规劝黎民遵章守法，弃恶从善，勤事农桑，节约资财，就连平民的家常琐事，他也考虑得周到得体。他常派官员微服私访，并亲自以平民身份，深入民间，了解官吏情况，关心百姓疾苦。在颍川任职八年期间，政治较为清明，故一时间，颍川出现了"太平盛世"，黄霸后来出任丞相。

龚遂字少卿，曾任昌邑王刘贺的郎中令，为人忠厚，刚正不阿，敢于犯颜直谏。后来渤海郡发生灾荒，农民起义并起，皇室多次派兵镇压而不能平息。经官员举荐，七十多岁的龚遂被任命为渤海太守。龚遂赴任至郡境，灾民便发兵相迎，致使不得入境。于是遂以文书布告吏民，并命令解除镇压农民起义的官吏，规劝起义者归田。布告发出后，官民对峙局面迅速缓和。龚遂不带兵卒，单车独行赴任，郡中翕然。龚遂开仓廪，济贫民，选良吏，施教化，劝农桑。农民起义队伍看到龚遂的安抚教令，纷纷解散归田，民得以安居乐业。数年，渤海郡出现了一派升平的殷富景象，诉讼案件大为减少。

同时另外一部分的守令，无论动机如何，都能使他们治下的人民时刻处在恐怖的状态中。例如西汉的严延年，曾为河南太守，镇压豪强，手法严酷，据说曾将囚犯聚在一起会讯，流血数里，诛杀甚众，被称为"屠伯"。后为人所告，以诽谤朝廷罪被杀。

王温舒是阳陵人，年轻时督捕盗贼，杀人很多，逐渐升为广平都尉。他选择郡中豪勇者十余人当属官，让他们去督捕盗贼。如督捕不得力，便灭其家族。因为这个原因，齐地和赵地乡间的盗贼不敢接近广平郡，广平郡有了道不拾遗的好名声。皇上听说后，升任王温舒为河内太守。

王温舒命令逮捕郡中豪强奸猾之人，郡中豪强奸猾连坐犯罪的有一千余家。上书请示皇上，罪大者灭族，罪小者处死，家中财产完全没收，偿还从前所得到的赃物。奏书送走不过两三日，就得到皇上的批准。案子判决上报，竟至于流血十余里。河内人都奇怪王温舒的奏书，以为神速。十二月结束了，郡里没有人敢说话，也无人敢夜晚行走，郊野没有因盗贼引起狗叫的现象。那少数没抓到的罪犯，逃到附近的郡国去了，待到把他们追捕回来时，正赶上春天，王温舒跺脚叹道："唉！如果冬季再延长一个月，我的事情就办完了。"

在理论上，循吏受赏升迁，酷吏受刑黜罢。但实际上，在如此庞大复杂的帝国中，大多数地方官政绩的实情恐怕永无达到皇帝的要求，一地的祸福在普通情形之下几乎完全要靠所谓父母官的才干与人格。

五、中兴之治

皇权政治通常会有种种难以避免的困难。但在汉室中兴后六十年的长久期间几乎完全没有外戚贵臣的操纵与佞幸宦官的捣乱；地方吏治虽严，并不似前汉般残酷。

光武帝刘秀长于民间，了解民生疾苦，熟知稼穑之艰，所以天下初定，能够休养生息，缓解王莽的弊政。当时方经大乱，人口稀少，民生大概比较容易维持。同时光武、明帝、章帝祖孙三代又可说都是少见的开明皇帝。清代史学家赵翼曾发现"东汉功臣多近儒"的事实，他指出，西汉王朝的开国功臣，多出于亡命无赖；至东汉中兴，则军事领袖"皆有儒者气象"。事实上，整个东汉一代，其官僚政治的人才基础，已经大体是儒生。刘秀平定天下后，知天下疲耗，厌倦武事。皇太子曾问攻战之事，刘秀说："这不是你该问的。"刘秀还与功臣宴饮，席间谈笑风生，君臣其乐融融。

刘秀当政的时代，经常召集官员到御座之前，了解吏治得失及民间政治，又亲自考察地方主要官员，选用最有能力者以充分发挥其才干。如杜诗为南阳太守，被当地民众尊称为"杜母"，任延、锡光改变边地落后风气，也有显著的政绩。

在这类百世难逢的因缘巧合之下，天下居然延续了两世的升平境界。这在帝制，甚至任何政制之下，不能不说是个例外。

武帝的新经济政策
/ 张荫麟 /

武帝的开拓事业,论范围,论时间,都比秦始皇的加倍;费用自然也加倍。军需和边事有关的种种工程费,募民实边费(徙民衣食仰给县官数年,政府假与产业),犒赏和给养降胡费,使节所携和来朝蛮夷所受的遗赂——这些不用说了。光是在元朔五、六年(前124—前123)间对匈奴的两次胜利,"斩捕首虏"的酬赏就用去黄金二十余万斤。武帝又厉行水利的建设,先后在关中凿渠六系:其中重要的是从长安引渭水傍南山下至黄河,长三百余里的运渠;为郑国渠支派的"六辅渠"和连接泾渭长二百余里的白公渠。又尝凿渠通褒水和斜水,长五百余里,以联络关中和汉中;可惜渠成而水多湍石,不能供漕运之用。这些和其他不可胜述的水利工程,又是财政上一大例外的支出。加以武帝笃信幽冥,有神必祭,大礼盛典,几无虚岁。又学始皇,喜出外巡行,却比始皇使用更豪爽。元封元年第一次出巡,并登封泰山,所过赏赐,就用去帛百余万匹,钱以"巨万"计。可是武帝时代的人民,除商贾外,并不曾感觉赋税负担的重增。这真仿佛是一件奇迹。

秦汉时期

汉朝的赋税是例外地轻的，在武帝以前只有四项。一是田租：自景帝以后确定为三十税一。二是算赋和口赋：每人从十五岁至五十六岁年纳百二十钱，商人与奴婢加倍，这叫作算赋；每人从三岁至十四岁，年纳二十钱，这叫作口赋。三是郡国收来贡给皇帝的献费：每人年纳六十三钱。四是市租：专为工商人而设的。这些赋税当中，只有口赋武帝加增了三钱，其余的他不曾加增过分文。此外他只添了两种新税，一是舟车税：民有的轺（小车）车纳一算（百二十钱），商人加倍；船五丈以上一算。二是工商的货物税：商家的货品，抽价值的百分之六（缗钱二千而一算），工业的出品减半，这叫作"算缗钱"（货物的价值听纳税者自己报告，报不实或匿不报的，罚戍边一年，财产没收，告发的赏给没收财产的一半，这叫作"告缗"）。无论当时悭吝的商人怎样叫苦连天（据说当时中产以上的商人大抵因"告缗"破家），这两种新税总不能算什么"横征暴敛"。

那么武帝开边的巨费大部分从何而出呢？除了增税，除了鬻爵（民买爵可以免役除罪，武帝前已然。武帝更设"武功爵"，买至五级的可以补官），除了募民入财为"郎"，入奴婢免役，除了没收违犯新税法的商人的财产（据说政府因"告缗"所得，财产以亿计，奴婢以万计；田，大县数百顷，小县百多顷，宅亦如之）外，武帝的生财大道有二：新货币政策的施行和国营工商业的创立。

（1）武帝最初的货币政策，是发行成本低而定价高的新币。以白鹿皮方尺，边加绘绣，为皮币，当四十万钱，限王侯宗室朝觐聘享必须用作礼物。又创铸银锡合金的货币大小凡三种：龙文，圆形，重八两三的当三千；马文，方形的当五百；龟文，椭圆形的当三百。又把钱改轻，令县官熔销"半两钱"，更铸"三铢钱"；后因三铢钱轻小易假，令更铸"五铢钱"。又由中央发行一种"赤仄钱"（赤铜做边的），以一当五，限赋税非赤仄钱不收。但银币和赤仄钱，因为抵折太甚，终于废弃。而其他的钱币，因为盗铸者众，量增价贱。于是武帝实行币制的彻底改革。一方面集中货币发行权，禁各地方政府铸钱；一方面统一法币，由中央另铸新钱，把从前各地方所造质量参差的旧钱收回熔销。因为新钱的质量均高，小规模的盗铸无利可图，盗铸之风亦息。汉朝的币制到这时才达到健全的地步。集中货币发行权和统一法币的主张是贾谊首先提出的。

（2）武帝一朝所创的国家企业可分为两类：一、国营专利的实业；二、国营非专利的商业。

国营专利的实业，包括盐铁和酒。酒的专利办法是由政府开店制造出售，这叫作"榷酤"。盐的专利办法是由"盐官"备"牢盆"等类煮盐器具，给盐商使用，而抽很重的税，同时严禁民间私造煮盐器具。铁的专利办法是由政府在各地设"铁官"主办铁矿的采冶及铁器的铸造和售卖。盐铁官多用旧日的盐铁大贾充当。

国营非专利的商业有两种：其一是行于各地方的。以前郡国每年对皇帝各要贡献若干土产。这些贡品有的因为道路遥远，还不够抵偿运费，有的半途坏损了。有人给武帝出了一条妙计：让这些贡品不要直运京师，就拿来做货本，设官经理，运去行市最高的地方卖了，得钱归公。这叫作"均输"。其二是行于京师的。武帝在长安设了一所可以叫作"国立贸易局"，网罗天下货物，"贱则买，贵则卖"。这叫作"平准"。当时许多商人之被这贸易局打倒是可想见的。

均输、平准和盐铁专利终西汉之世不变。唯榷酤罢于武帝死后六年（前81）。是年郡国所举的"贤良文学"议并罢盐铁专卖。主持这些国营实业的桑弘羊和他们作了一次大辩论。这辩论的记录便是现存的《盐铁论》。

武帝开拓事业的四时期
/ 张荫麟 /

武帝一朝对待外族的经过，可分为四期。

第一期包括他初即位的六年（前141—前136），这是承袭文、景以来保境安民政策的时期。武帝即位，才十六岁，太皇太后窦氏掌握着朝政。这位老太太是一个坚决的"黄老"信徒。有她和一班持重老臣的掣肘，武帝只得把勃勃的雄心暂时按捺下去。当建元三年（前138）闽越围攻东瓯（今浙江东南部），武帝就对严助说："太尉不足与计，吾新即位，不欲出虎符发兵郡国。"结果，派严助持"节"去向会稽太守请兵，"节"并不是发兵的正式徽识，严助几乎碰了钉子。在这一期里，汉对匈奴不但继续和亲，而且馈赠格外丰富，关市的贸易也格外起劲；可是武帝报仇雪耻的计划早已决定了。他派张骞去通使西域就在即位的初二年间。

第二期从建元六年窦太后之死至元狩四年大将军霍去病之兵临瀚海，凡十六年（前135—前119），这是专力排击匈奴的时期。

窦氏之死，给汉朝历史划一新阶段。她所镇抑着的几支历史暗流，等她死后，便一齐进涌，构成卷括时代的新潮。自她死后，在学术界里，黄老退位，儒家的正统确立；政府从率旧无为变而发奋兴作，从对人民消极放任变而为积极干涉。这些暂且按下不表。现在要注意的是汉廷的对外政策从软弱变而为强硬。她死后的次年，武帝便派重兵去屯北边；是年考试公卿荐举"贤良"，所发的问题之一，便是"周之成、康……德及鸟兽，教通四海，海外肃慎，……氐、羌徕服。……呜呼，何施而臻此欤"。次年，便向匈奴寻衅，使人诈降诱单于入塞，同时在马邑伏兵三十万骑，要把单于和他的主力一举聚歼。这阴谋没有成功，但一场狠斗从此开始。

晁错的估量是不错的。只要汉廷把决心立定，把力量集中，匈奴绝不是中国的敌手。计在这一期内，汉兵凡九次出塞挞伐匈奴，前后斩虏总在十五万人以上，只最后元狩四年（前119）的一次，也是最猛烈的一次，就斩虏了八九万人。先是元狩二年（前121），匈奴左地的昆邪王惨败于霍去病将军之手，单于大怒，要加诛戮，他便投降汉朝，带领去的军士号称十万，实数也有四万多。光在人口方面，匈奴在这一期内，已受了致命的打击（匈奴比不得中国，中国便遭受同数目的耗折也不算一回事。计汉初匈奴有控弦之士三十万，后来纵有增加，在此期内壮丁的耗折总在全数一半以上）。在土地方面，匈奴在这一期内所受的损失也同样的大。秦末再度沦陷于匈奴的河套一带（当时称为"河南"）给将军卫青恢复了。武帝用《诗经》中赞美周宣王征伐狁"出车彭彭，城彼朔方"的典故，把新得的河套地置为朔方郡；以厚酬招募人民十万，移去充实它；又扩大前时蒙恬所筑凭黄河为天险的边塞。从此畿辅才不受匈奴的威吓。后昆邪王降汉，又献上今甘肃西北的"走廊地带"（中包括月氏旧地，为匈奴国中最肥美的一片地），武帝把这片地设为武威、酒泉两郡（后来又从中分出张掖、敦煌两郡，募民充实之）。从此匈奴和氐羌（在今青海境）隔绝，从此中国和西域乃得直接交通，从此中国自北地郡以西的戍卒减去一半。后来匈奴有一首歌谣，纪念这一次的损失道（依汉人所译）：

亡我祁连山，使我六畜不蕃息！

失我焉支（燕支）山，使我妇女无颜色！

最后在元狩四年的一役，匈奴远遁至瀚海以北，汉把自朔方渡河以西至武威一带地（今宁夏南部，介于绥远和甘肃间地）也占领了，并且在这里开渠屯田，驻吏卒五六万人（唯未置为郡县），更渐渐地向北蚕食。是年武帝募民七十余万充实朔方以南一带的边境。

元狩五年至太初三年，凡十七年（前118—前102）间，是武帝对外的第三期。在这一期内，匈奴既受重创，需要休息，不常来侵寇；武帝也把开拓事业转向别方：先后征服了南越、西南夷、朝鲜，皆收为郡县；从巴蜀开道通西南夷，役数万人；戡定闽越，迁其种族的一大部分于江淮之间，并且首次把国威播入西域。

西域在战国时是一神话的境地，屈原在《招魂》里描写道：

西方之害，流沙千里些！

旋入雷渊，靡散而不可止些！

幸而得脱，其外旷宇些！

赤蚁若象，玄蜂若壶些！

五谷不生，丛菅是食些！

其土烂人，求水无所得些！

一直到张骞出使之时，汉人还相信那里的昆仑山，为日月隐藏之所，其上有仙人西王母的宫殿和苑囿。对这神话的境界武帝首先做有计划的开拓。武帝在即位之初，早已留意西域。先时月氏国给匈奴灭了以后，一部分的人众逃入西域，占据了塞国（今伊犁一带），驱逐了塞王，另建一新国，是为大月氏（余众留敦煌、祁连间为匈奴役属的叫作小月氏），对于匈奴，时图报复。武帝从匈奴降者的口中得到这消息，便想联络月氏，募人去和它通使。汉中人张骞应募。这使事是一件很大的冒险。是时汉与西域间的交通孔道还是在匈奴掌握中，而西域诸国多受匈奴的命令。张骞未入西域，便为匈奴所获，拘留了十多年；他苦心保存着所持的使"节"，终于率众逃脱。这十多年中，西域起了一大变化。先前有一个游牧民族，叫作乌孙的，在故月氏国东，给月氏灭了。他们投奔匈奴，被收容着，至是，受了匈奴的资助，向新月氏国猛攻。月氏人被迫做第二次的逃亡，又找到一个富厚而文弱的国家——大夏（今阿富汗），把它鸠居鹊巢地占据了；遗下塞国的旧境为乌孙所有。张骞到大夏时，月氏人已给舒服的日子软化了，再不想报仇；张骞留居年余，不得要领而返，复为匈奴所获，幸而过了年余，单于死，匈奴内乱，得间逃归。骞为人坚忍、宽大、诚信，甚为蛮夷所爱服。他出国时同行的有一百多人，去了十三年，仅他和一个胡奴堂邑父得还。这胡奴在路上给他射鸟兽充饥，否则他已经绝粮死了。

张骞自西域归还，是轰动朝野的大事。他给汉人的政治、商业和文化开了一道大门；后来印度佛教的输入，就是取道西域的。这我国史上空前的大探险，不久成了许多神话的挂钉。《张骞出关志》《海外异物记》等类夸诞的书，纷纷地堆到他名下。这些可惜现在都失传了。

张骞第二次出使是在元狩四年，匈奴新败后。这回的目的是乌孙。原来乌孙自居塞地，国势陡强，再不肯朝事匈奴，匈奴派兵讨它，不胜，从此结下仇隙。张骞向武帝献计：用厚赂诱乌孙来归旧地（敦煌、祁连间），并嫁给公主，结为同盟，以断"匈奴右臂"；乌孙既归附，则在它西边大夏（即新月氏）等国皆可收为外藩。武帝以为然，因派张骞再度出使。这回的场面比前次阔绰得多。受张骞统率的副使和将士共有三百多人，每人马二匹，带去牛羊以万数，金币价值巨万（万万）。骞至乌孙，未达目的，于元鼎二年（前115）归还，过了年余便死。但乌孙也派了一行数十人跟他往汉朝报谢。这是西域人第一次来到汉朝的京都，窥见汉朝的伟大。骞死后不久,他派往别些国的副使也陆续领了报聘的夷人回来;而武帝继续派往西域的使者也相望于道,每年多的十几趟,少的也五六趟,每一行大的几百人,小的也百多人;携带的礼物也大致同张骞时一般。于是请求出使西域,或应募前往西域,成了郡国英豪或市井无赖的一条新辟的出路。西域的土产,如葡萄、苜蓿、石榴等植物;音乐如摩诃、兜勒等曲调,成了一时的风尚。乌孙的使人归去,宣传所见所闻,乌孙由此重汉;匈奴闻它通汉,要讨伐它。乌孙恐惧,乃于元封中（前110—前105）实行和汉室联婚,结为兄弟。但匈奴闻讯,也把一个女儿送来,乌孙王也不敢拒却,也就一箭贯双雕地做了两个敌国的女婿。中国在西域占优势乃是元封三年至太初三年（前108—前102）间对西域的两次用兵以后的事。第一次用兵是因为当路的楼兰、姑师两小国,受不了经过汉使的需索和骚扰,勾通匈奴,攻劫汉使;结果,楼兰王被擒,国为藩属;姑师兵败国破,虽尚崛强,其后十八年（前90）终被武帝征服。第二次用兵因为大宛国隐匿着良马,不肯奉献;结果在四年苦战之后,汉兵包围大宛的都城,迫得大宛贵人把国王杀了投降。楼兰、姑师尚近汉边,大宛则深入西域的中心。大宛服,而汉的声威震撼西域,大宛以东的小国纷纷遣派子弟,随着凯旋军入汉朝贡,并留以为质。于是汉自敦煌至罗布泊之间沿路设"亭"（驿站）;又在渠犁国驻屯田兵数百人,以供给使者。

自汉结乌孙,破楼兰,降大宛,匈奴渐渐感到西顾之忧。初时东胡为匈奴所灭后,其余众分为两部:一部分退保鲜卑山,因号为鲜卑;一部分退保乌桓山,因号乌桓（二山所在,不能确指,总在辽东塞外远北之地）。汉灭朝鲜后,又招来乌桓,让它们居住在辽东、辽西、右北平、渔阳、上谷五郡的塞外。从此匈奴又有东顾之忧。元封六年（前105）左右,匈奴大约因为避与乌桓冲突,向西退缩;右部从前和朝鲜、辽东相接的,变成和云中郡相对;定襄以东,无复烽警,汉对匈奴的防线减短了一半。

武帝开拓事业,亦即汉朝的开拓事业,在这第三期,已登峰造极。计在前一期和这一期里，他先后辟置了二十五新郡；此外他征服而未列郡的土地尚有闽越、西域的一部分，和朔方以西、武威以东一带的故匈奴地。最后一批的新郡，即由朝鲜所分的乐浪、临屯、玄菟、真番四郡（四郡占朝鲜半岛偏北的大部分及辽宁省的一部分。此外在半岛的南部尚有马韩、弁韩、辰韩三族谓之三韩，包涵七十八国，皆臣属于汉），置于元封三年（前108）。越二年，武帝把手自扩张了一倍有余的大帝国，重加调整，除畿辅及外藩，分为十三州；每州设一个督察专员，叫作"刺史"。这是我国政治制度史上一个重要的转变。

刺史的制度，渊源于秦朝各郡的监御史。汉初，这一官废了；有时丞相遣使巡察郡国，那不是常置的职官。刺史的性质略同监御史，而所监察的区域扩大了。秦时监御史的职权不可得而详。西汉刺史的职权是以"六条"察事，举劾郡国的守相。那"六条"是：

（1）强宗豪右田宅逾制，以强凌弱，以众暴寡。

（2）二千石（即食禄"二千石"的官，指郡国的守相）不奉诏书，遵承典制，倍公向私，旁诏牟利，侵渔百姓，聚敛为奸。

（3）二千石不恤疑狱，风厉杀人，怒则任刑，喜则淫赏，烦扰刻暴，剥截黎元，为百姓所疾；山崩石裂，妖祥讹言。

（4）二千石选署不平，苟阿所爱，蔽贤宠顽。

（5）二千石子弟恃怙荣势，请托所监。

（6）二千石违公下比，阿附豪强，通行货赂，割损政令。第一和第六条的对象都是"强宗豪右"——即横行乡曲的地主。这一流人在当时社会上的重要和武帝对他们的注意可以想见了。

武帝对外的第四期——包括他最后的十五年（前101—前87）。在这一期，匈奴巨创稍愈，又来寇边。而中国经了三四十年的征战，国力已稍疲竭，屡次出师报复，屡次失利。最后，在征和三年（前90）的一役，竟全军尽覆，主帅也投降了。祸不单行，是年武帝又遭家庭的惨变，太子冤死。次年，有人请求在西域轮台国添设一个屯田区，武帝在心灰意冷之余，便以一道忏悔的诏书结束他一生的开拓事业，略谓：

前有司奏，欲益民赋三十（每口三十钱）助边用。是重困老弱孤独也。而今又请遣卒田轮台。……乃者贰师（李广利）败，军士死略离散，悲痛常在朕心。今请远田轮台，欲起亭隧，是扰劳天下，非所以优民也。今朕不忍闻。……当今务在禁苛暴，止擅赋，力本农，修马复令（马复令谓许民因养马以免徭役之令），以补缺，毋乏武备而已。

又二年，武帝死。

不过这一期中匈奴的猖獗只是"回光返照"的开始。在武帝死后三十四年内（前86—前53），匈奴天灾人祸，外患内忧，纷至沓来，弄成它向汉稽首称臣为止。其间重要的打击凡三次。第一次（前72），匈奴受汉和乌孙夹攻，人畜的丧亡已到了损及元气的程度；单于怨乌孙，自将数万骑去报复，值天大雪，一日深丈余，全军几尽冻死；于是乌孙从西面，乌桓从东面，丁零又从北面，同时交侵，人民死去什三，畜产死去什五；诸属国一时瓦解。又一次（前68）闹大饥荒，据说人畜死去什六七。最后一次，国内大乱，始则五单于争立，终则呼韩邪与郅支两单于对抗；两单于争着款塞纳降，为汉属国，并遣子入侍。后来郅支为汉西域都护所杀，匈奴重复统一，但终西汉之世，臣服中国不改。跟着匈奴的独立而丧失的是它在西域的一切宗主权。它的"僮仆都尉"给汉朝的西域都护替代了。都护驻乌垒国都（今新疆库车），其下有都尉分驻三十余国。

东汉的建立及其开国规模
/ 张荫麟 /

新朝倒塌后,革命势力的分化和冲突,乘时割据者的起仆和一切大规模和小规模的屠杀、破坏,这里都不暇陈述。总之,分裂和内战,持续了十四年,然后全中国统一于刘秀之手。

刘秀成就帝业的经过,大致如下。他起兵初年追随其兄刘之后。昆阳之战后不久,刘为更始所杀。时秀统兵在外。闻讯立即驰往宛城,向更始谢罪,沿途有人吊唁,他只自引咎,不交一句私语。他没有为刘服丧,饮食言笑,一如平常。更始于是拜他为破虏大将军,封武信侯。是年,更始入驻洛阳,即派他"行大司马事",去安抚黄河以北的州郡。当他渡河时,除了手持的麾节外,几乎什么实力也没有。他收纳了归服的州郡,利用他们的兵力去平定拒命的州郡。在两年之间,他不独成黄河以北的主人,并且把势力伸到以南。在这期间,更始定都于长安,封他为萧王;他的势力一天天膨胀;更始开始怀疑他,召他还京了;他开始抗拒更始的命令了,他开始向更始旗下的将帅进攻了。最后,在更始三年六月,当赤眉迫近长安,更始危在旦夕的时候,他即皇帝位于鄗南,改元建武，仍以汉为国号（史家称刘秀以后的汉朝为后汉或东汉，而别称刘秀以前的汉朝为前汉或西汉）。先是，有一位儒生从关中带交他一卷"天书"，上面写着：

刘秀发兵捕不道，四夷云集龙斗野；四七之际火为主。

是年，赤眉入长安，更始降。接着，刘秀定都于洛阳。十二月，更始为赤眉所杀。赤眉到了建武三年春完全为刘秀所平定。至是，前汉疆域未归他统治的，只相当于今甘肃、四川的全部和河北、山东、江苏的各一小部分而已。这些版图缺角的补足，是他以后十年间从容绰裕的事业。

刘秀本是一个没有多大梦想的人。他少年虽曾游学京师，稍习经典，但他公开的愿望只是：

作官当作执金吾，娶妻当娶阴丽华。

执金吾仿佛京城的警察厅长，是朝中的第三四等的官吏。阴丽华是南阳富家女，著名的美人，在刘秀起兵的次年，便成了他的妻室。他起兵并不是抱着什么政治的理想。做了皇帝以后，心目中最大的政治问题似乎只是怎样巩固自己和子孙的权位而已。他在制度上的少数变革都是朝着这方向的。第一是中央官制的变革。在西汉初期，中央最高的官吏是辅佐君主总理庶政的丞相和掌军政的太尉、掌监察的御史大夫，共为三公。武帝废太尉设大司马，例由最高的统兵官"大将军"兼之。成帝把御史大夫改名为大司空，哀帝又把丞相改名为大司徒。在西汉末期，专政的外戚例居大司马、大将军之位，而大司徒遂形同虚设了。刘秀把大司徒、大司空的大字去掉，把大司马复称太尉，不让大将军兼领。同时他"愠数世之失权，忿强臣之窃命，矫枉过直，政不任下，虽置三公，备员而已"（东汉人仲长统语）。他把三公的主要职事移到本来替皇帝掌管文书出纳的尚书台。在官职的等级上，尚书台的地位是很低的。它的长官尚书令禄只千石，而三公禄各万石。他以为如此则有位的无权，有权的无位，可以杜绝臣下作威作福了。第二是地方官制的变革。西汉末年，把刺史改称为州牧，把他的秩禄从六百石增到二千石，但他的职权并没有改变。州牧没有一定的治所，每年周行所属郡国，年终亲赴京师陈奏。他若有所参劾，奏上之后，皇帝把案情发下三公，由三公派员去按验，然后决定黜罚。刘秀定制，州牧复称刺史，有固定治所，年终遣吏入奏，不用亲赴京师，他的参劾，不再经三公按验，而直接听候皇帝定夺。这一来三公的权减削而刺史的权提高了。第三是兵制的变革。刘秀在建武七年三月下了一道重要的诏令道：

今国有众军，并多精勇。宜且罢轻车、骑士、材官、楼船士……

这道诏令的意义，东汉末名儒应劭（曾任泰山太守）解释道：

（西汉）高祖命天下郡国选能引关蹶张、材力武猛者，以为轻车、骑士、材官、楼船。常以立秋后，讲肄课试，各有员数。平地用（轻）车、骑（士），山阻用材官，水泉用楼船。……今悉罢之。

这道诏令使得此后东汉的人民虽有服兵役的义务，却没有受军事训练的机会了。应劭又论及这变革的影响道：

自郡国罢材官、骑士之后，官无警备，实启寇心。一方有难，三面救之。发兴雷震……黔首嚣然。不及讲其射御……一旦驱之以即强敌，犹鸠雀捕鹰鹯，豚羊弋豺虎。是以每战常负……远征三边殊俗之兵，非我族类，忿鸷纵横，多僵良善，以为己功，财货粪土。哀夫！民氓迁流之咎，见出在兹。"不教民战，是为弃之。"迹其祸败,岂虚乎哉!

末段是说因为郡国兵不中用,边疆有事,每倚靠雇佣的外籍兵即所谓胡兵;而胡兵凶暴,蹂躏边民,又需索犒赏,费用浩繁。应劭还没有说到他所及见的一事:后来推翻汉朝的董卓,就是胡兵的领袖,凭借胡兵而起的。

郡国材官、骑士等之罢,刘秀在诏书里明说的理由是中央军队已够强众,用不着他们。这显然不是真正的理由。在征兵制度之下,为国家的安全计,精强的兵士是岂会嫌多的?刘秀的变革无非以强干弱枝,预防反侧罢了。郡国练兵之可以为叛乱的资藉,他是亲自体验到的。他和刘当初起兵,本想借着立秋后本郡"都试"——即壮丁齐集受训的机会,以便号召,但因计谋泄露而提早发难。当他作上说的诏令时,这件故事岂能不在他心头?

大汉帝国之末运
（89—316）

/ 雷海宗 /

一、政治制度之破裂——外戚与宦官

和帝以后百年间是汉室渐趋灭亡的时期，同时也是古代中国大崩溃的开始。外戚与宦官是帝制的两种不可避免的弱点。作为皇权制度的寄生虫，皇权越集中，他们的权势也就越大。随着东汉以来皇权的膨胀和专制政治体制的加强，外戚和宦官的势力也开始狐假虎威，在绝对皇权的庇护下作威作福，甚至达到了操纵皇帝、肆行废立的地步。

中兴之初，虽然极力防范，但到章帝时外戚又渐渐抬头，窦宪是章帝的皇后之兄，在章帝在位之时就已经位高权重，他甚至骄横到用低价强买沁水公主的园田，而公主却畏惮窦宪的权势而不敢吭声。窦宪的气焰，可见一斑。章帝死后，和帝即位，太后临朝，窦宪更加嚣张。窦宪的党羽，遍布朝野，他的奴客甚至杀人越货、横行京师。和帝有心除掉窦宪，苦于身边大臣皆为窦宪党羽而只得依靠宦官。永元四年(92)，宦官郑众受命指挥自己的亲信禁军除掉了窦宪。郑众因功封侯，并参与政事，这是宦官专理朝政和封侯的开始。

和帝以下政治就又为外戚操纵。历代外戚都故意立幼主，甚至立仍在襁褓中的婴儿，以便国舅假借青年太后的名义把持一切。汉顺帝死后，梁太后及其兄梁冀先后选立两岁的汉冲帝、八岁的汉质帝、十五岁的汉桓帝。梁冀把持朝政近二十年，年幼的汉质帝虽为儿童，亦对梁冀的行为有所不满，称之为"跋扈将军"，梁冀知道后竟将质帝毒害。当时百官迁召，都要到梁冀门下谢恩，然后才能到相关机构报到。若官员不顺从梁冀的各种勒索，往往被之杀害。梁冀当权期间，一门之中，有七人封侯，三人为皇后，六人为贵人，两人任大将军，女子食邑称君者七人，与公主结婚者三人，其余任卿、将、尹、校者五十七人。

皇帝成年之后，往往认为只有宦官能铲除跋扈的外戚；但宦官弄权，国事更无办法。宦官和外戚本是一丘之貉，外戚飞扬跋扈，宦官也同样的横行不法，宦官们可以当官，可以封侯，甚至可以养子袭爵，曹操的父亲曹嵩便是宦官曹腾的养子。汉桓帝时，单超等五位宦官因诛杀梁冀而封侯，世称"五侯"。"五侯"的生活完全仿照宫中制度，他们的兄弟亲戚勒索州郡，残害百姓，与盗贼无异。

和帝以下百年间的政治史就是外戚与宦官的轮流捣乱史，在这种情形下，一切法定的政治制度都不能维持，政治又返回到原始时代的野蛮斗杀。

二、政治制度之破裂——国军消灭与地方割据

光武帝废郡国军，只留中央军与重要边地的驻屯军。这并不见得是中央集权的政策：一般人早就不要当兵，与其继续维持有名无实的地方军，还不如直接废除为便。但人民既然不愿当兵，中央军也是同样的难以维持；所以到后来只有边疆归化的羌胡兵还勉强可用，甚至大家认为这是当然的事，丝毫不以为怪。并且不只衰乱的末世如此，东汉强盛时最值得纪念的武功胜利，实际亦大半是外族兵的功劳。

窦宪出击北匈奴之时，就曾利用南匈奴和羌胡的军队配合作战，史载窦宪出兵时率"南单于、东乌桓、西戎氐羌侯王君长之群，骁骑三万"（《后汉书·窦融列传》）。东汉末年及三国时期，各军阀利用鲜卑、乌桓、羌族"以胡治胡"和打击敌人更是常态。如军阀韩遂就利用羌族武装进攻州郡，而当时防守韩遂的将领曾建议利用乌桓和鲜卑的力量进行对抗。

郡国军虽然废除，维持各地的治安仍需武力，所以州牧太守一定都要招募士兵。但这是地方官的私军，不属于国家，也不为国家所用。在东汉，各州郡都有独霸一方的豪强地主，这些豪强在他们的庄园中都拥有自己的武装。地主的田庄相对独立，因此往往成为内聚力很强的社会群体，他们拥有的武装实力足可以与政府军对抗。东汉末年，有的豪族武装甚至拒绝地方官入境。

中央军消灭，宦官外戚交互捣乱，天下骚动，拥有私军的地方官尾大不掉，因而形成割据的局面。黄巾军起义后，很多军阀都是依靠地主豪强的武装而割据城池，或者由一个比较有威望的大豪强聚集其他拥有宾客部曲的豪强形成自己的势力。

三、政治制度之破裂——财政与一般政治之紊乱

天下骚动的时代，财政一定混乱不堪，吏治也必因而破坏，甚至由正路做官几乎成为不可能的事。安帝永初三年（109），天下大旱，财政危机开始显现。汉桓帝时期，蝗灾和洪水又席卷大半州郡，同时不断兴起的各族人民反抗起义又耗费了朝廷大量的财力。在东汉王朝这种风雨飘摇的情况下，统治者想的不是稳定局面，而是继续他们的腐朽生活和黑暗统治。汉灵帝后宫彩女千余人，衣食之费，日数千金。为了满足宫廷需要，灵帝公开卖官鬻爵，设专门机构——西邸，以按所售官职的级别收费。公卿这样的高位也是可以卖的，如公一千万钱，卿五百万钱。汉灵帝甚至还向周围的人抱怨当初有些官职要价过低。在这种情况下，东汉的吏治腐败就可想而知了。为了捞回自己买官时的花费，官员贪赃

已是常事，地方官除了苛捐杂税外，更为了报功而虚报赋税和人口，多出的这些税，自然要由百姓来负担。汉安帝时期在这种种积因的推动之下，皇帝即或英明，也不见得能挽回颓局。当时偏逢一些低能的皇帝，天下大势于是一去不可收拾。

四、天灾人祸与人口之减少

除人为的各种祸难之外，此时天灾也似乎特别流行。举一年为例，天灾人祸的纷至沓来已很可惊，仅安帝一朝十九年中，水灾即达十一次，旱灾七次，蝗灾七次，受灾范围遍及中华大地。当时，"青、冀之域，淫雨漏河；徐、岱之滨，海水盆溢；兖、豫蝗螟滋生"（《后汉书·陈忠传》），盗贼遍地，天下成了盗匪的世界。纲纪败坏，国家即或要尽一点救济贫弱的责任，也十分困难。

永初二年（108），"剧贼"毕豪率部入平原界，于厌次河战败平原县兵，捉县令刘雄，为东郡太守镇压。永初三年（109）七月，"海贼"张伯路自称将军，率义军三千余人活动于山东沿海九郡之地，杀两千石令长。次年，张伯路与渤海平原诸地义军刘文河、周文光部会合，攻厌次，杀长吏，转入高唐。御史中丞王宗持节调发幽、蓟诸郡兵数万人，与青州刺史法雄共同镇压义军。建康元年（144）十一月，徐凤、马勉在九江起义，称"无上将军"，攻烧城邑。次年正月，杀曲阳、东城长。三月，马勉在九江以黄色为服色，称"黄帝"，"建年号，置百官"。历阳义军华孟自称"黑帝"，攻九江，杀郡守杨岑，遭到九江都尉滕抚的镇压。

关于当时的人口，虽然没有可靠的统计，但经过长期浩劫之后，所谓"百里无人烟"已成为很平常的现象。

五、乱亡经过——羌乱

庞大的帝国，乱亡的因缘虽都成熟，必须经过多次重大的打击才能完全崩溃。第一个打击就是西羌的变乱。周边少数民族的反抗斗争此起彼伏、持续不断，其中规模最大、持续时间最久、对东汉帝国统治打击最大的是西羌起义。羌本是弱小的民族，在西汉时并不能对国家安全构成威胁；中兴以后，政治渐趋破裂，社会日愈散漫，兵制等于消灭，所以连对付弱小的羌也毫无办法。

"时诸降羌布在郡县，皆为吏人豪右所徭役，积以愁怨"（《后汉书·西羌传》），官吏强征兵徭，更为暴虐。永初元年（107）夏，骑都尉王弘强征金城、陇西、汉阳三郡羌人数百千骑出征西域，群羌害怕远屯不还，行到酒泉，多有散叛。各郡发兵堵击，并捣毁沿途羌人庐落，激起羌人相聚反抗。由于武器缺乏，这些羌人拿起竹竿木棍、门板、铜镜等作为武器，屡败官军。武都、北地、上郡、西河等地羌人都起而响应，"众遂大盛"。他们"东犯赵、魏，南入益州，杀汉中太守董炳，遂寇钞三辅，断陇道"（《后汉书·西羌传》），多次击败进剿的官军。长期的羌乱把当时（也可说把后世历代）中国的弱点暴露无遗。

六、乱亡经过——党锢黄巾与十常侍

羌乱未平，党祸又起。经过武帝以下的提倡，经过中兴之后的"表彰气节"，儒教可说完全成熟，儒士成为一个特殊的团体，团体中的舆论称为"清议"，势力甚大。汉末百年间外戚宦官交互弄权，外戚既为士人出身，很自然地就联络清议以排斥宦官，因而引起党锢之祸。

太学生和反宦官的官吏以帝国纲常的卫道者自居，以清流自命。他们把宦官和依附宦官集团的人物视为浊流，对宦官进行猛烈的攻击。他们攻击宦官的手段是向皇帝上书，揭露宦官擅权的腐朽与罪恶。太学生的议政活动和正直官吏剪除宦官的斗争此呼彼应，使作恶多端的宦官集团恨入骨髓，必欲除之而后快。桓帝延熹九年（166）和灵帝建宁二年（169），宦官集团唆使皇帝掀起两次"党锢之祸"，疯狂地迫害反对宦官的官员，这些被告皆"下狱，死者百余人，妻子徙边，诸附从者锢及五属"。统治阶级大肆株连，"制诏州郡大举钩党，于是天下豪杰及儒学行义者，一切结为党人"（《后汉书·党锢传》）。当权的宦官集团对于这种疯狂的迫害还不准申诉辩理。熹平五年（176），"永昌太守曹鸾坐讼党人，弃市。诏党人门生故吏父兄子弟在位者，皆免官禁锢"（《后汉书·灵帝纪》）。"党祸"株连之广，简直前无古人！

政治日非，民不聊生，黄巾之乱又起。这是中国历史上第一次秘密结社以宗教名义为号召的民众暴动，从此之后就成为定例。散漫的人心似乎只有对于宗教式的秘密团体还能衷心拥护。这种团体大概平时潜伏，可惜无从研究；到政治腐败民不堪命时，往往是由这种秘密会社首先起事。

黄巾起义的主导力量是太平道。巨鹿（今河北省邢台市平乡县）人张角、张梁、张宝兄弟三人通过治病救人等手段传布太平道，其信徒高达数十万人，遍及青、徐、幽、冀、荆、扬、兖、豫八大州，几乎占了当时全国的四分之三。许多人为了投奔张角，不惜变卖家产，千里迢迢，争先恐后，沿途挤得水泄不通，据说半途被踩死者就有万多人。张角积极部署大起义的准备，后因机谋泄露，不得不提前起义。黄巾起义声势浩大，朝廷军队一度无可抵御，只得放开权柄，命令地方州牧自行筹备军队镇压黄巾军，地方豪强也以镇压黄巾为借口扩充力量，在各地军队的血腥镇压下，同时也因为黄巾军的战略失误，在几个月之后，起义最终失败。

黄巾军方平，十常侍之乱又起。这是百年来外戚宦官的末次争斗，也是宦官祸国的最烈一幕。汉灵帝时的宦官集团，人称"十常侍"，其首领是张让和赵忠。他们玩小皇帝于股掌之上，以致灵帝称"张常侍是我父，赵常侍是我母"。大将军何进是皇后之兄，灵帝驾崩后，"十常侍"之一的蹇硕预谋诛杀何进而立皇子刘协，未果，反被何进所诛。不过何进过于轻敌，低估了宦官集团的力量。由于准备不足，事泄后被张让等先下手为强，遭杀身之祸。何进死后，京师大乱，袁绍立刻率兵攻进皇宫诛杀宦官，在杀宦官的过程中，以至于没有胡子的人也被误认为是宦官而遭诛杀。宦官被杀戮殆尽后，董卓又借口平乱而进驻京师，后恃强控制朝政，杀何太后及其母舞阳君，何氏家族灭亡，东汉最后一个外戚专权势力被铲除。乱平之后，宦官外戚一并败亡，汉室也只遗空名。

七、乱亡经过——董卓与李郭之乱

外戚宦官两败之后，汉室也就名存实亡。一百年来这两种人固然祸国，但从另一方面也可说汉室曾由他们维持。外戚宦官就是国家，他们一旦被消灭，国家也就失了依据，地方握有重兵而能控制皇帝为傀儡的人现在就是实际的统治者。最早利用这种机会的人就是董卓与他的部下李傕、郭汜。

董卓入京后，废黜刘辩，另立灵帝九岁的庶子刘协为帝（汉献帝），而独揽朝政大权。董卓擅兴废立和专制朝政，激起关东地方势力的强烈不满。关东的州郡牧守推举袁绍为盟主，组成讨伐董卓的联军。董卓为避关东兵锋，乃迁都长安。他纵兵掠抢，焚毁洛阳及周围二百里的宫室、民居，驱逼洛阳百姓数百万口西去。董卓一走，关东联军则作鸟兽散。初平三年（192）长安发生政变，董卓被部下吕布杀死，后来他的部将李傕攻入长安，掌握朝政，又引起郭汜不满而相互攻杀。东汉朝廷名存实亡，皇帝和公卿如丧家之犬，在流亡中辗转返回洛阳。各地拥有私军的州牧太守至此也不再客气，各占地盘。至建安元年（196）汉献帝辗转返回洛阳时，割据局面已经形成：袁绍占据冀、青、并三州；曹操占据兖、豫二州；公孙瓒占据幽州；陶谦占据徐州；袁术占据扬州；刘表占据荆州；刘焉占据益州；孙策占据江东；韩遂、马腾占据凉州；公孙度占据辽东；而刘备立足未稳，依附于各割据势力之间。长期的割据大乱由此开始。社会又渐渐返回到野蛮时代，人命成了一种最不值钱的物件。

三国两晋南北朝时期

曹操与三国

/ 雷海宗 /

自董卓以下，中央成为大军阀的傀儡。地方则由大小的军阀割据。董卓没有远大的计划，失败之后，曹操取代他的地位。

曹操（155—220），字孟德，沛国谯县（今安徽亳州）人。其父曹嵩是大宦官曹腾的养子，官至太尉。曹操少机警，有权术，20岁时举孝廉为郎。灵帝中平五年（188）组建西园新军，他任典军校尉。董卓专权后，曹操到陈留聚兵五千人，参加讨董联军。初平三年（192），青州黄巾军攻杀兖州刺史，曹操入据兖州，击败黄巾军，收降卒三十余万，男女百余万口。他改编其中精锐者，号称"青州兵"，从此势力大振。后曹操迎汉献帝入许昌，取得了"挟天子以令诸侯"的政治优势。当曹操大体上平定黄河以南时，袁绍也平定了黄河以北。建安五年（200），双方决战于官渡（今河南中平[1]境内）。曹军在官渡以少胜多，歼灭袁军主力，取得了统一北方的决定性胜利。官渡战后，袁绍病死，其子袁谭、袁尚自相攻击，

---

[1] 今为河南省郑州市中牟县。——编者注

曹操乘机挥师北上，消灭了袁氏残余势力。此后，曹操集团成了当时势力最大、军事实力最强，同时拥有很大政治号召力的割据势力。

割据的局面渐渐分明，形成鼎足之势，赤壁之战可说是决定三国局势的战争。曹操平定北方后，欲借胜利之余威扫荡南方，攻灭荆州、江东以统一天下。不过志满意得的曹操由于轻敌和出兵过于迅速而没有考虑到其他的复杂因素，终于被一心抗曹的孙权和刘备在赤壁击败。曹操退回北方后，刘备以荆州地区为根据地，又占领了益州、汉中等地，巩固了自己的势力。三国鼎立局面实际形成。后来曹丕篡汉，吴、蜀称尊，不过是正式宣布一件既成事实。

此后五六十年间，天下处在不断的战乱中。在这种混战中，挟持天子的曹氏实力最为雄厚，所以最后仍是魏与它的继承者晋占了胜利。长期大乱之后，社会生活又返回到原始的状态，交易方面甚至又退化到以货易货的地步。

西晋与中原之沦丧

/ 雷海宗 /

经过汉末的大乱与三国的扰攘之后,天下一并于晋,大局似乎又安定下来。但这只是片时的安定,不过是大崩溃前的回光返照。自殷商以下两千年来建功立业的华夏民族至此已颓废堕落到可惊的程度,无人再能真正振作,大家好似不约而同地走向自杀之路。政治腐败,目的不在治民而在吃民,贿赂公行,钱能通神。

晋武帝是开国之君,却是平庸之主,无经国远图,宽纵大臣,信用佞臣。朝中权贵结党营私,政出多门。他贪婪成性,公然卖官鬻爵,以为私财。自灭吴之后,更加志得意满,以为江山一统,天下太平,"骄奢之心,因斯而起"(《晋书·八王传序》)。他的后宫原有宫女五千,又选取吴宫女五千,终日耽于嬉戏。君主如此,臣僚更甚。西晋权贵大多是曹魏权贵的子孙,生于富贵,安于逸乐,以奢靡相高,纵情于声色。为维持奢侈的生活方式,他们千方百计地聚敛财富,广占园田土地,收受贿赂。如鬲令袁毅行贿遍朝中,以求升迁。当时求官买职成风,王沈在《释时论》中说:"京邑翼翼,群士千亿,奔走势门,求官买职"(《晋书·文苑·王沈传》)。连荆州都督杜预也不得不给朝中权贵送礼以求平安。更有甚者，石崇在荆州任上竟然派人抢劫过往的使者、客商。对此，时人鲁褒讽刺说："凡今之人，唯钱而已"(《晋书·隐逸·鲁褒传》)。西晋统治集团腐败到这个地步，它的灭亡已经不远。

大乱之后政治破裂，豪右遂得操纵地方。这最少是晋又行"封建"制的一个原因。但封建并不足挽回颓局，反致促进崩乱的来临。地方都督，都是由皇帝任命的。建立都督制的目的也是为了巩固皇权捍卫统一。但都督坐镇一方，手握一方军政大权，可以成为维护皇权的力量，也可以成为地方割据的势力。晋因惩魏氏孤立之弊而建立的宗室诸侯王的特权，由于缺乏必要的法度和统治集团内部矛盾的发展，宗室诸侯王恰好成为分割皇权的势力。

社会的萎靡与政治的腐败同时并进。有能力的人都采取及时行乐主义而癫狂般地享用。内部腐化破裂到不可收拾的时候，杂居中国边地甚至内地的夷狄就乘机喧宾夺主，人民的颠沛流离达到一个难以想象的地步。汉末以下的扰乱至此可说收到了最后的恶果。永兴元年(304)，匈奴族首领刘渊在离石(今属山西)起兵反晋，自称匈奴大单于，后建国号汉，改称汉王。刘渊子刘聪继立，派兵消灭西晋。其后，匈奴、羯、氐、羌、鲜卑等各族纷纷在北方建立政权，各政权之间此起彼伏、互相攻杀，昔日中原胜地，沦为炼狱，百姓或被杀，或携家带口、流离失所，在流亡的道路上，尸骨成堆、哀号满路。这就是所谓的"五胡乱华"和"永嘉之乱"。

最可怜的就是少数的明眼人，在晋武帝的盛期他们已知自己是处在衰乱的末世。但他们的大声疾呼并没有发生效力。一般的人似乎都抱着一种"日暮途远倒行逆施"的宗旨度日；人心既死，一切在理论上可行的办法都无济于事。

南北朝

（383—589）

/ 雷海宗 /

一、南北互诋

南北并立的二百余年间，双方都以正统自居。北朝的根据是地理的线索，认为中原旧地足以代表中国文化的正统，所以就呼南朝为岛夷。南朝的根据是历史的与种族的线索，认为自己是纯粹的汉人与汉人的正统政府，所以就呼北朝为索虏。

二、南朝

南朝篡乱相继，二百年间政治始终未上轨道，政治社会一般的情形也非常混乱。东晋将领刘裕灭亡东晋建立刘宋，刘裕、刘义隆在位期间，刘宋尚有生气，不过刘宋末期，皇室兄弟间相互残杀，政治一度混乱。在此期间，南兖州刺史萧道成趁乱灭宋，建立齐。南齐的命运与刘宋相若，开国之主尚能控制局面，此后南齐皇室间的相互残杀更甚于宋末。永元三年（501），宗室雍州刺史萧衍自襄阳起兵攻占建康，次年称帝，建立梁朝。梁武帝萧衍在位四十八年，他统治的晚期迷信佛教，大兴寺庙，甚至以皇帝之身出家为僧，而让大臣们花巨资赎他还俗。糊涂的萧衍妄想北朝叛将侯景能够助他北伐中原，结果反被侯景乘机围困于台城被活活饿死。待到陈霸先建立陈朝，南朝与北朝的差距进一步拉大，陈朝的疆域是南朝中最小的。

当时，只有商业似乎还有相当的发展。南方商业发展的一个重要表现，是非官方的草市的出现。当时，建康城除了城内官立的大市、北市、东市、宫市等以外，沿着秦淮河东北岸一线，又有备置官市征税的大市及十余所小市。这些小市也就是草市，是一种因商业发展而自然兴起的交易市场。随着商业的发展，长途贩运趋于活跃。江南江河纵横，水运也随之发达。

但南朝有它历史上的作为，就是将长江流域完全汉化。南迁侨人中的士大夫，代表一种特殊的势力，可说是南方的征服者，正如胡人是中原的征服者一样。南土虽从春秋时代以后就开始与中国同化，但这种同化的过程直到魏晋时代仍未完成。历代中原迁移的人与南土汉化的人虽已占多数，生熟的蛮人仍有他们自己的地盘，风俗习惯仍保留原始的状态。南迁的中原人士带有殖民的性质，与本地的汉人恐怕已不免冲突，与族类不同文化幼稚的蛮夷当然势不两立，蛮人因而时常暴动反抗。汉人虽然衰弱，但对付蛮人还无大的困难。到南北朝的末期，虽然江汉一带的蛮夷问题尚未完全解决，但一部分的蛮人却已汉化，蛮人的部分土地也被汉人占领。

三、北朝

北朝最大的特点就是有种族的分别，最少在初期胡主汉奴的情形很明显，到末期也没有完全消灭。至于政治，虽较南朝或者略为健全，然而大致也未上轨道，如北魏前期实际上实行的是一种"胡汉杂糅"的政治制度，有"胡汉分治"

的色彩。政治社会一般的情形也与南朝同样的混乱。淝水之战后，鲜卑拓跋部酋长拓跋珪重新纠集部众，于公元386年恢复代国，不久，改国号魏，史称北魏。北魏比较有作为的皇帝孝文帝死后，北魏日趋衰落。朝政混乱之时，大将尔朱荣率军攻占洛阳，掌控朝政，史称河阴事变。他在河阴将北魏幼主和胡太后沉入黄河溺毙，杀死大臣两千余人。后北魏分裂为东魏、西魏，而东、西魏的命运与南朝各政权有很大相似性，经过一个个的宫廷剧变和兄弟相残，东、西魏又相继被北齐、北周等取代。但北朝对农业社会土地分配的基本问题有比较周密的计划，不似南朝的自由放任。北魏开始所实行的均田制，为北朝各代所沿袭和发展。直到隋唐，其与土地有关的制度设计都与均田制有很大关系。

胡主汉奴的北朝也有它的作为，就是使胡人汉化。当时中原——最少中原的一部分——恐怕已退化到半野蛮的状态，以致连孔子都变成巫人求福的工具。胡人汉化的初步工作就是由代北迁都洛中。中原文化退步，数百年来受胡蹄蹂躏最烈的并州边地恐怕更退化到难以设想的地步。所以北朝若要完全汉化，非向南迁都不可。但保守派的旧族故老极力反对，最后迁都的计划也不得不略为缓和妥协。迁都之外，官制、姓氏、宗教典礼、婚制，也都汉化。孝文帝鼓励胡汉联婚，禁绝北语，废除胡服。孝文帝本人几乎变成一个儒生式的皇帝，而最能说明胡人汉化的就是两族的通谱连宗。

四、门阀

自三国时代建立了九品中正的制度，富贵贫贱的分别渐渐形成望族寒门的阶级。乱世的流浪人多投身到富贵之家以求保护，自由平民通过投靠、赐予等途径降为大族豪强的依附民；奴隶解放，一般也不是直接解放为自由平民，而是解放为依附民，通常被称作客。依附民代替了自由平民和奴隶，成为突出的社会阶层。阶级的分别因而越发显著。到南北朝时期门阀的制度可说完全成立。门阀的一种表现就是士庶不通婚姻，并且不只南朝如此，北朝也有同样的制度。

第二种表现就是望族的谱学发达。第三种表现就是风水的信仰大盛，这可说是保障士族永为士族的方法。第四种表现就是士族阶级中出现"诔墓文"的时髦。

五、南北消长与混一

南北对立的二百余年间，大致南朝比较衰弱，有时甚至遭北朝的轻视嘲笑。刘宋虽有所谓的"元嘉北伐"，不过换得了"仓皇北顾"的结果。梁武帝妄想借侯景之力收复失地，更是被侯景困死。北朝除称南朝为"岛夷"外，由于北朝兵力比南朝强大，因此北朝诸政权的皇帝都没有将南朝放在眼里。

北朝的劲敌却在远北的塞外。现在北朝反成了中国文化的保护者，抵抗外边的北族不使内侵。经过汉以后外族的陆续南徙与西晋以下的大批南闯，长城必已破烂不堪。长此以往，中原必将循环不已地受新外族的蹂躏，最后的结果甚至可使中原完全野蛮化。为使中原安定，容已经进来的外族一个休息与汉化的机会，北朝非重修长城不可。北魏初期，大军南下作战时，柔然的骑兵经常侵入北魏境内。为防备柔然等北方民族的入侵，太平真君七年（446）六月，北魏太武帝拓跋焘调发司、幽、定、冀四州十万人在东起上谷（今北京延庆），西至今山西河曲一带大规模修筑边防工程，后在北方边界成立六大边防军镇，史称"六镇"。

在二百年的南北消长中，南朝的领土大致日渐缩小。时机成熟之后，北朝把南朝吞并，天下又归一统。

隋唐时期

隋唐政治与社会

（589—755）

/ 雷海宗 /

一、官制

官制经过汉末以至周、隋四五百年间，名称上的变化甚多，本质上却大致固定。唐代官制的演化与汉代相同。皇帝喜欢用私人或低级官吏，以致政治的实权时常转移。这也是后世历代的通例。唐太宗常以品位较低的官员以"参知政事""参与朝政""参议得失"等名号，执行相职。以后又出现"同中书门下三品""同中书门下平章事"等宰相名号。唐太宗的这些做法，表明皇帝任用宰相的范围扩大了，已不限于三省长官。宰相成员增多，既便于集思广益，又使之互相牵制，从而避免出现权臣专权的局面。

唐朝盛时的官制就是后代谈政治理论的人所喜欢称赞的三省六部的制度。唐朝的三省为中书省、门下省、尚书省。中书省负责定旨出命，长官中书令二人。门下省掌封驳审议，长官侍中二人。中书、门下通过的诏敕，经皇帝裁定交尚书省贯彻。尚书省职责为执行，长官尚书令一人，副长官左、右仆射各一人。尚书省下辖吏、户、礼、兵、刑、工六部，长官尚书，六部分理各种行政事务。三省长官共议国政，执宰相之职，他们议政的场所叫政事堂。

御史台负责监察百官，弹劾不法，在中央及地方各级政府都设有谏官，有一套独立的垂直机构，是保障整个官僚制度健全推行的机关。

地方官的制度也与汉代以及后代实质相同，均是想方设法以各种制度防止地方势力的独大。

但有一点新的发展，就是魏晋以下萌芽的地方官回避乡土的规律到隋唐时代发展成熟。东汉时期就有"三互法"，即"三互谓婚姻之家及两州人不得交互为官"。到唐朝时则进一步规定不许官员任本籍州县官及本籍邻县官。

二、兵制

自汉代兵制破裂以后，到周隋盛唐才又有半征兵的府兵制度出现，但这只是昙花一现。府兵制虽然从制度上看似增强了军队的战斗力，在唐初也确实具有较强的战斗力，他们是军队的骨干。不过由于府兵制依赖于均田制等经济制度的有效实行，随着唐朝经济的发展和土地兼并程度的日益加深，府兵制赖以存在的经济基础不复存在，从前备受尊重的府兵们有的竟沦为权贵役使的仆从。所以府兵制在隋唐的时候仅在前期得以有效实行，到唐玄宗统治时终于被废除。

至于天子的禁军，自初就是一种装饰品。此后历代也永未能再建设一个健全的军制。

三、均田与赋役

经过魏晋以下的长期分裂之后，隋室统一，天下安定，并且只需维持一个政府，所以人民的经济与国家的财政都感觉非常充裕，暴富后的浪费现象也很自然地随之产生。隋开国皇帝杨坚开创所谓"开皇之治"，使隋朝国库异常充盈，不过他的儿子杨广即位后，虽踌躇满志，却也好大喜功。他开凿大运河供自己巡游，巡游时其龙船由征发而来的纤夫拉着走，船上的食物吃不完便倒到河里。杨广面对万里江山犹觉不足，因此征发壮丁，三征高句丽[1]，结果大败而回。几经折腾之下，隋朝的繁荣景象不再，充盈的国库亦被这位皇帝花个精光。

唐承隋业，对民生与国用有大规模的设计统制。经过李世民、武则天和李隆基的励精图治，唐朝终于在开元年间走到极盛。天宝之乱后，唐制破裂，国计民生的各方面就呈现出后世大致不变的制度。

经过南北朝时期的开拓，东南一带不只文化地位提高，经济上的位置也日见重要。隋唐时代东南的漕运成了维持京畿的必需条件，特别是安史之乱之后，由于北方战乱的破坏，唐朝廷在缺粮的情况下只能依靠相对安定的南方通过运河维持生计。此后凡在天下统一时期，也无不如此。

四、学校与选举

隋唐统一，创立有系统的学校与科举制度，此外又为特殊人才与军事人才谋出路。科举制度自隋朝创立之后就一直被唐代君主所完善。到了武则天时代，创立了武举，从此科举的选拔范围扩大到了军事领域。

后世历代求人才的方法，都没有超出隋唐的范围，在理论上，科举出身的人都可做官，并且实际上有官做的也不在少数。但天下虽大，仕途虽广，若所有科举出身的人都要做官也是办不到的。在唐朝，常科登第后，还要经吏部考试，叫选试。合格者，才能授予官职。唐代大家柳宗元进士及第后，以博学宏词，被即刻授予"集贤殿正字"。如果吏部考试落选，只能到节度使那儿去当幕僚，再争取得到国家正式委任的官职。韩愈在考中进士后，三次选试都未通过，不得不去担任节度使的幕僚，而后才踏进官场。这也是后世总没有解决的一个严重问题。

---

[1] 古代边疆政权，又称"高丽"。——编者注

李唐先祖来源

/ 陈寅恪 /

《朱子语类》一三六《历代类》三云：

唐源流出于夷狄，故闺门失礼之事不以为异。

朱子之语颇为简略，其意未能详知。然即此简略之语句亦含有种族及文化二问题，而此二问题实李唐一代史事关键之所在，治唐史者不可忽视者也。兹请先论唐代三百年统治阶级中心皇室之氏族问题，然后再推及其他统治阶级之种族及文化问题。

若以女系母统言之，唐代创业及初期君主，如高祖之母为独孤氏，太宗之母为窦氏，即纥豆陵氏，高宗之母为长孙氏，皆是胡种，而非汉族。故李唐皇室之女系母统杂有胡族血胤，世所共知。不待阐述，兹所论者专以男系父统之氏族为范围也。

唐之皇室本有自撰之谱牒，原书今不可见。然如《册府元龟》及两唐书等唐皇室先世渊源之记载固出自李唐皇室自撰之谱牒,即唐太宗御撰之《晋书》亦唐皇室自述其氏族渊源之要籍。故兹依据此类唐室自叙其家世之著述,复取其他史料互相参证,以讨论此问题焉。

李唐世系之记述,其见于《册府元龟》一《帝王部·帝系门》、《旧唐书》一《高祖纪》、《新唐书》一《高祖纪》、《北史》一〇〇《序传》及《晋书》八七《凉武昭王传》等书者,皆不及《新唐书》七〇上《宗室世系表》所载之详备,今即依此表与其他史料讨论之。表云:

〔李〕歆字士业,西凉后主。八子:勖、绍、重耳、弘之、崇明、崇产、崇庸、崇祐。重耳字景顺,以国亡奔宋,为汝南太守。后魏克豫州,以地归之,拜恒农太守,复为宋将薛安都所陷。后魏安南将军豫州刺史,生献祖宣皇帝讳熙,字孟良,后魏金门镇将(《旧唐书》一《高祖纪》云:"率豪杰镇武川,因家焉。"《新唐书》一《高祖纪》同)。生懿祖光皇帝,讳天赐,字德真。三子:长曰起头,长安侯。生达摩,后周羽林监太子洗马长安县伯。次曰太祖(虎),次曰乞豆。

此表所载必出唐室自述其宗系之旧文。兹就其所记李重耳、李熙父子事实,分析其内容,除去其为西凉李暠之正支后裔一事以外,尚有七事,条列于下:

(一)其氏为李。
(二)父为宋汝南太守。
(三)后魏克豫州,父以地归之。
(四)父为后魏恒农太守。
(五)父为宋将薛安都所陷,即所擒。
(六)父为后魏安南将军豫州刺史。
(七)子为后魏金门镇将。

考《宋书》五《文帝纪》云：

〔元嘉〕二十七年二月辛巳索房寇汝南诸郡，陈、南顿二郡太守郑琨，汝阳、颍川二郡太守郭道隐委守走。索房攻悬瓠城，行汝南郡事陈宪拒之。

又同书七二《南平穆王铄传》云：

索房大帅拓跋焘南侵陈颍，遂围悬瓠城，太守陈宪保城自固。

又同书七七《柳元景传》略云：

〔元嘉〕二十七年八月〔随王〕诞遣振威将军尹显祖出赀谷，奋武将军鲁方平、建武将军薛安都、略阳太守庞法起入卢氏。（中略）。〔闰〕十月法起、安都、方平诸军入卢氏。（中略）。法起诸军进次方伯，去弘农城五里。（中略）。诸军造攻具，进兵城下。伪弘农太守李初古拔婴城自固，法起、安都、方平诸军鼓噪以陵城。（中略）。安都军副谭金、薛系孝率众先登，生禽李初古拔父子二人。（中略）。殿中将军邓盛、幢主刘骏乱使人入荒田，招宜阳人刘宽纠，率合义徒二千余人，共攻金门坞，屠之。杀戍主李买得，古拔子也，为虏永昌王长史，勇冠戎类。永昌闻其死，若失左右手。

又同书九五《索房传》略云：

〔元嘉〕二十七年，焘自率步骑十万寇汝南。（中略）。宣威将军陈、南顿二郡太守郑绲（《文帝纪》作"琨"），绥远将军汝南、颍川二郡太守郭道隐并弃城奔走。虏掠抄淮西六郡，杀戮甚多。攻围悬瓠城，城内战士不满千人。先是，汝南、新蔡二郡太守徐遵之去郡，南平王遣左军行参军陈宪行郡事，宪婴城固守。(中略)。泰遣从弟永昌王库仁真步骑万余将所略六郡口北屯汝阳。(中略)。太祖嘉宪固守，诏曰："右军行参军行汝南、新蔡二郡军事陈宪尽力捍卫，全城摧寇，忠敢之效宜加显擢，可龙骧将军汝南、新蔡二郡太守！"

又《魏书》六一《薛安都传》云：

后自卢氏入寇弘农，执太守李拔等，遂逼陕城。时秦州刺史杜道生讨安都，仍执拔等南遁。及世祖（拓跋焘）临江，拔乃得还。

据上引史实，则父称李初古拔，子称李买得，名虽类胡名，姓则为汉姓，其氏既为李，是与上列第一条适合。李初古拔为弘农太守，弘农即恒农，后魏以避讳故改称恒农，是与第四条适合。李初古拔为宋将薛安都所擒，是与第五条适合。《宋书·柳元景传》言："生擒李初古拔父子。"《魏书·薛安都传》言："执李拔等，仍执拔等南遁。及世祖临江，拔乃得还。"则李初古拔当不止一子，殆买得死难，以弟或兄代领其职，今不能确知。但《册府元龟》一《帝王部·帝系门》及两唐书一《高祖纪》等书李熙率豪杰镇武川因而留居之记载，乃后来宇文泰所改造，并非事实，俟后详论之。总之，李熙为金门镇将，李买得亦为金门坞戍主，地理专名如是巧同，亦可认为与第七条适合，至于北魏诸镇设置之时代及其地望等问题则别为一事，非兹所讨论者也。又第二条李重耳为宋汝南太守一事，征诸上引史实，绝不可能。盖既言："为宋将薛安都所陷。"其时必在元嘉二十七年。当时前后宋之汝南太守其姓名皆可考知，郭道隐则弃城走，徐遵之则去郡，陈宪则先行郡事，后以守城功擢补实官。故依据时日先后，排比推计，实无李重耳可为宋汝南太守之余地。据《宋书·柳元景传》言："李买得为永昌王长史，永昌闻其死，若失左右手。"则李氏父子与永昌王关系密切可以推知。《宋书·索虏传》又言:"永昌王北屯汝阳。"考《资治通鉴》系永昌王屯汝阳事于元嘉二十七年三月,系李初古拔被擒事于元嘉二十七年闰十月,而汝阳县本属汝南郡,后别分为汝阳郡者,故以时日先后、地理接近及人事关系论,李初古拔殆于未被擒以前曾随永昌王屯兵豫州之境,因有汝南太守之授。然则此唐室谱牒所言之汝南太守实非宋之汝南太守,乃由魏之汝南太守所修改而成者也。第六条之安南将军豫州刺史当即与第二条有关,检《册府元龟》一《帝王部·帝系门》之文,豫州刺史之上有"赠"字,是豫州刺史乃后来追赠之官,故于此不成问题,可不讨论矣。《魏书·薛安都传》言:"〔安都〕仍执〔李〕拔等南遁。及世祖临江,拔乃得还。"是李初古拔原有自北至南复自南还北一段因缘,李唐自述先世故实,竟或因此加以修改,以傅会李重耳之由北奔南,又由南归北耶?幸赖其与他种记载符合及矛盾,留一罅隙,千载而后遂得以发其覆也。

复次,《魏书·薛安都传》之李拔即《宋书·柳元景传》李初古拔之省称及雅名。《梁书》五六《侯景传》载景之祖名周,而《南史》八〇《侯景传》作羽乙周,正与此同例。盖胡人名字原是对音,故成繁鄙,异于华夏之雅称,后代史官属文,因施删略。夫侯景称帝,七世庙讳父祖之外皆王伟追造(见《梁书》《南史》侯景传[1]),天下后世传为笑谈。岂知李唐皇室先世之名字亦有与此略相类似者乎?又据《魏书》四二《薛辩传》附《长子初古拔传》(《北史》三六《薛辩传》同)云:

长子初古拔,一曰车辂拔(《北史》"辂"作"毂"),本名洪祚,世祖赐名。同书三二《高湖传》亦附载高各拔之名。然则初古拔或车辂拔乃当日通常胡名,颇疑李初古拔如其同时薛洪祚之例,亦本有汉名,特以胡名著称于史耳。

---

[1] 即《梁书·侯景传》和《南史·侯景传》。——编者注

总而言之，前所列之七条，第一、第四、第五、第七这四条之中，李重耳父子事实皆与李初古拔父子事实适合。第六条乃第二条之附属，无独立性质，可不别论。第二条、第三条实互相关联，第五条既言："为宋将薛安都所陷。"则元嘉二十七年南北交兵之际李氏父子必属于北，而不属于南，否则何得谓为宋将所擒？故今易原文之刘宋为后魏，则第二、第三条之事实不独不与其他诸条相反，而且与之相成。况其他诸条中含有"元嘉二十七年"一定之时间、"李氏""薛安都"之姓名专名、"弘农""金门"之地理专名，而竟能两相符应，天地之间似无如此偶然巧值之事。故今假定李唐为李初古拔之后裔，或不至甚穿凿武断也。

抑更有可论者，据《唐会要》一"帝号"条上云：

献祖宣皇帝讳熙（凉武昭王暠曾孙、嗣凉王歆孙、弘农太守重耳之子也）。武德元年六月二十二日追尊为宣简公，咸亨五年八月十五日追尊宣皇帝，庙号献祖，葬建初陵 [在赵州昭庆县界，仪凤二年五（？）月一日追封为建昌陵，开元二十八年七月十八日诏改为建初陵]。

懿祖光皇帝讳天赐（宣皇帝长子）。武德元年六月十二日追尊懿王，咸亨五年八月十五日追尊光皇帝，庙号懿祖，葬启运陵 [在赵州昭庆县界，仪凤二年三（？）月一日追封为延光陵，开元二十八年七月十八日诏改为启运陵]。

《元和郡县图志》一七（参阅《旧唐书》三九《地理志》，及《新唐书》三九《地理志》赵州昭庆县条）：

赵州。

昭庆县，本汉广阿县，属巨鹿郡。

皇十三代祖宣皇帝建初陵。高四丈，周回八十丈。

皇十二代祖光皇帝启运陵。高四丈，周回六十步。二陵共茔，周回一百五十六步。在县西南二十里。

《册府元龟》一《帝王部·帝系门》略云：

唐高祖神尧皇帝姓李氏，陇西狄道人。其先出自李暠，是为凉武昭王，薨，子歆嗣位，为沮渠蒙逊所灭。歆子重耳奔于江南，仕宋为汝南郡守，复归于魏，拜弘农太守，赠豫州刺史。生熙，起家金门镇将。后以良家子镇于武川，都督军戎百姓之务，终于位，因家焉。生天赐，仕魏为幢主，大统时赠司空。生太祖景皇帝虎，封赵郡公，徙封陇西公；周受魏禅，录佐命功，居第一，追封唐国公。生世祖元皇帝昞，在位十七年，封汝阳县伯，袭封陇西公；周受禅，袭封唐国公。高祖即元皇帝之世子，母曰元贞皇后，七岁袭封唐国公，义宁二年受隋禅。

今河北省隆平县[1]尚存唐光业寺碑，碑文为开元十三年宣义郎前行象城县尉杨晋所撰，中央研究院历史语言研究所藏有拓本，颇残缺不可读。兹取与黄彭年等修《畿辅通志》一七四《古迹略》所载碑文相参校，而节录其最有关之数语于下：

（上略）皇祖瀛州刺史宣简公谨追上尊号，谥宣皇帝，皇祖妣夫人张氏追上尊号，谥宣庄皇后。皇祖懿王谨追上尊号，谥光皇帝，皇祖妣妃贾氏谨追上尊号，谥光懿皇后。（中略）词曰：维王桑梓，本际城池。（下略）

按：李熙、天赐父子共茔而葬，即族葬之一证。光业寺碑颂词复有"维王

---

[1] 1947年，隆平县和尧山县合并为隆尧县，今属河北省邢台市。——编者注

桑梓"之语，则李氏累代所葬之地即其家世居住之地，绝无疑义，而唐皇室自称其祖留居武川之说可不攻自破矣。又据《魏书》一〇六上《地形志》南赵郡广阿县条、《隋书》三〇《地理志》赵郡大陆县条及《元和郡县图志》一七赵州昭庆县条等，知李氏父子葬地旧属巨鹿郡，与山东著姓赵郡李氏居住之旧常山郡壤地邻接，李虎之封赵郡公当即由于此也。又《汉书》二八《地理志》载中山国唐县有尧山，《魏书》一〇六上《地形志》载南赵郡广阿县即李氏父子葬地复有尧台。李虎死后，追封唐国公，盖止取义于中山、巨鹿等地所流传之放勋遗迹，并非如通常广义兼该太原而言也。至《大唐创业起居注》所云：

初，帝奉诏为太原道安抚大使，帝以太原黎庶陶唐旧民，奉使安抚不逾本封，因私喜此行以为天意。

则为后来依附通常广义之解释，殊与周初追封李虎为唐国公时暗示其与赵郡相关之本旨不同也。然则李唐岂真出于赵郡耶？若果为赵郡李氏，是亦华夏名家，又何必假称出于陇西耶？考《元和郡县图志》一五云：

邢州。
尧山县，本曰柏人，春秋时晋邑，战国时属赵，秦灭赵，属巨鹿郡，后魏改"人"为"仁"，天宝元年改为尧山县。

又同书一七云：

赵州。
平棘县，本春秋时晋棘蒲邑，汉初为棘蒲，后改为平棘也，属常山郡。
李左车墓在县西南七里。

赵郡李氏旧宅在县南二十里，即后魏以来山东旧族也，亦谓之三巷李家云。东祖居巷之东，南祖居巷之南，西祖居巷之西，亦曰三祖宅巷也。三祖李氏亦有地属高邑县。

元氏县，本赵公子元之封邑，汉于此置元氏县，属常山郡，西汉常山太守皆理于元氏。

开业寺，在县西北十五里，即后魏车骑大将军陕定二州刺史尚书令司徒公赵郡李徽伯之旧宅也。

柏乡县，本春秋时晋鄗邑之地，汉以为县，属常山郡，后汉改曰高邑，属常山国，齐天保七年移高邑县于汉房子县东北界，今高邑县是也。

高邑县故城在县北二十一里，本汉鄗县地也。

高邑县，本六国时赵房子之地，汉以为县，属常山郡。

赞皇县，本汉鄗邑县之地，属常山郡。

百陵岗，在县东十里，即赵郡李氏之别业于此岗下也，岗上亦有李氏茔冢甚多。

昭庆县，本汉广阿县，属巨鹿郡。

皇十三代祖宣皇帝建初陵。

皇十二代祖光皇帝启运陵，二陵共茔，在县西南二十里。

（昭庆县条前已引及，为便于解说起见，特重出其概略于此。）

《元和郡县图志》著者李吉甫出于赵郡李氏，故关于其宗族之先茔旧宅皆详载之，若一取其分布之地域核之，则赵郡李氏其显著支派所遗留之故迹，俱不出旧常山郡之范围。据此，则赵郡李氏显著支派当时之居地可以推知也。但其衰微支派则亦有居旧巨鹿郡故疆者，考《北史》三三《李孝伯传》末附载赵郡李氏世系一节（《新唐书》七二《宰相世系表》赵郡李氏条及邓名世《古今姓氏书辨证》二一同）云：

楷避赵王伦之难,徙居常山。楷子辑,辑子慎、敦,居柏仁,子孙甚微。

按:柏仁、广阿二县,后魏时俱属南赵郡,土壤邻接,实可视为一地域。赵郡李氏子孙甚微之一支,其徙居柏仁之时代虽未能确定,然李楷避西晋赵王伦之难,下数至其孙慎及敦,仅有二代,则李慎、李敦徙居柏仁,约在江左东晋之时。李熙父子俱葬于广阿,计其生时亦约当南朝宋齐之世,故以地域邻接及时代先后二者之关系综合推论,颇疑李唐先世本为赵郡李氏柏仁一支之子孙,或者虽不与赵郡李氏之居柏仁者同族,但以同姓一姓同居一地之故,遂因缘攀附,自托于赵郡之高门,衡以南北朝庶姓冒称士族之惯例,殊为可能之事。总而言之,据可信之材料,依常识之判断,李唐先世若非赵郡李氏之"破落户",即是赵郡李氏之"假冒牌"。至于有唐一代之官书,其记述皇室渊源间亦保存原来真实之事迹,但其大部尽属后人讳饰夸诞之语,治史者自不应漫无辨别,遽尔全部信从也。

又《魏书》九九《私署凉王李暠传》本不载重耳南奔始末,传世之《十六国春秋纂录》六《西凉录》亦无其事。而汤球之《十六国春秋辑补》转取唐修《晋书》之《凉武昭王传》添此一段蛇足(见汤书叙例),殊为无议。今敦煌本之《十六国春秋》残卷惜未得见,不知与此有关否?至于伪本《十六国春秋》载重耳事采自唐修《晋书》更不足辨论矣。

复次,《周书》四《明帝纪》(《北史》九《明帝纪》同)云:

二年三月庚申诏曰:"三十六国九十九姓,自魏氏南徙,咸称河南之民。今周室既都关中,宜改称京兆人。"

《隋书》三三《经籍志》史部谱序篇序云:

后魏迁洛,有八氏十姓,咸出帝族;又有三十六族,则诸国之从魏者,九十二(九?)姓世为部落大人者,并为河南洛阳人。其中国士人则第其门阀,有四海大姓、郡姓、州姓、县姓;及周太祖入关,诸姓子孙有功者,并令为其宗长,仍撰谱录,纪其所承,又以关内诸州为其本望。

据上引史文,严格解释,则《隋志》之文自"后魏迁洛"至"并为河南洛阳人"止一节,专指胡人而言,其本末见于《魏书》一一三《官氏志》等即魏孝文帝改胡姓为汉姓之事也。《周书》《北史》周明帝二年(558)三月庚申诏书亦指胡人而言,明帝二年在魏孝武帝入关之年(534)后二十四年,在西魏恭帝元年(554)改有功诸将姓为胡姓(事见《周书》二《文帝纪》下、《北史》九《周本纪》上)后亦四年,故从入关之迁洛诸胡族其改京兆郡望当在有功诸汉将改关内郡望之后也。

又《隋志》之文自"其中国士人"至"又以关内诸州为其本望"止一节,实专指汉人而言。然则李唐之称西凉嫡裔,即所谓"并令为其宗长,仍撰谱牒,纪其所承",其改赵郡郡望为陇西郡望,即所谓"又以关内诸州为其本望",岂非寅恪之假说得此史文而益证实耶?所不解者,昔人于此何以未尝留意?抑别有其他较胜之说耶?此则深愿求教于博识通人也。

复次,《唐会要》三皇后条(开元十三年光业寺碑文及巴黎图书馆藏敦煌写本伯希和号第二五〇四唐代祖宗忌日表等均同)云:

宣皇帝(熙)皇后张氏。

光皇帝(天赐)皇后贾氏。

景皇帝(虎)皇后梁氏。

元皇帝(昞)皇后独孤氏。

据此,张、贾皆是汉姓,其为汉族,当无可疑。梁氏如梁御之例,虽有出

隋唐时期

自胡族之嫌疑（见《周书》一九、《北史》五九《梁御传》，又《魏书》一一三《官氏志》云："拔列氏后改为梁氏。"），但梁氏本为汉姓，大部分皆是汉族，未可以其中有极少数出自胡族之故，遽概括推定凡以梁为氏者皆属胡族也。故李虎妻梁氏在未能确切证明其氏族所出以前，仍目之为汉族，似较妥慎。然则李唐血统其初本是华夏，其与胡夷混杂，乃一较晚之事实也。

兹依据上述资料，做一李唐皇室血统世系表，起自李熙，迄于世民，以备参考。至李重耳则疑本无其人，或是李初古拔之化身，故不列入，以示阙疑之意。凡女统确知为汉族者，标以 ☐ 符号；确知为胡族者，标以 ～～ 符号；虽有胡族嫌疑，但在未发见确证，仍可认为汉族者，则标以 ┄┄ 符号。

李熙　　天赐　　虎　　昞　　渊　　世民

张氏　　贾氏　　梁氏　　独孤氏　　窦氏　　长孙氏

兹依据上引资料及其解释，再将李唐世系先后改易之历程及胡汉文化问题加以说明。此世系改易之历程，实不限于李唐皇室一族，凡多数北朝、隋唐统治阶级之家，亦莫不如是，斯实中国中古史上一大问题，亦史学中千载待发而未发之覆也。

自鲜卑拓跋部落侵入中国统治北部之后，即开始施行汉化政策，如解散部落同于编户之类（见《北史》八〇、《魏书》八三上《外戚传·贺讷传》、《北史》九八、《魏书》一〇三《高车传》及《魏书》一一三《官氏志》等），其尤显著之例也。此汉化政策其子孙遵行不替，及魏孝文帝迁都洛阳，其汉化程度更为增高，至宣武、孝明之世，则已达顶点，而逐渐腐化矣。然同时边塞六镇之鲜卑及胡化之汉族，则仍保留其本来之胡化，而不为洛都汉化之所浸染。故中央政权所在之洛阳其汉化愈深，则边塞六镇胡化民族对于汉化之反动亦愈甚，卒酿成六镇之叛乱，尔朱部落乘机而起。至武泰元年（528）四月十三日河阴之大屠杀，遂为胡人及胡化民族反对汉化之公开表示，亦中古史划分时期之重要事变也。六镇鲜卑及胡化汉族既保持胡部特性，而不渐染汉化，则为一善战之民族，自不待言。此民族以饥馑及虐政之故激成叛乱，南向迁徙，其大部分辗转移入高欢统治之下（见《北齐书》一《神武纪》上、《北史》六《齐本纪》上、《隋书》二四《食货志》）。故欢之武力遂无敌于中原，终借此以成其霸业。其他之小部分，由贺拔岳、宇文泰率领西徙，割据关陇，亦能抗衡高氏，分得中国西北部之地，成一北朝东西并峙之局，此治史者所习知也。然宇文氏只分有少数之六镇民族，复局促于关陇一隅之地，终能并吞分有多数六镇民族及雄踞山东富饶区域之高齐，其故自非仅由一二君主之贤愚及诸臣材不材之所致，盖必别有一全部系统之政策，为此东西并立之二帝国即周、齐两朝胜败兴亡决定之主因，可以断言也。

大唐二元帝国

（618—755）

/ 雷海宗 /

一、疆土

唐代盛时，中国文化的地域完全统一，属国与半属国也达到汉所未达到的疆界。唐太宗时"其地东极海，西至焉耆，南尽林州（今越南境）南境，北接薛延陀界。凡东西九千五百一十里，南北万六千九百一十八里"（《旧唐书·地理志一》）。到唐玄宗"开元、天宝之际，东至安东，西至安西，南至日南（今越南义安），北至单于府"（《新唐书·地理志一》）。其疆域超过西汉盛期，是当时世界上版图最大、势力最强的帝国。

与汉代匈奴地位相等的突厥，不久就为唐所解决。唐朝初建之时，突厥曾一度构成相当大的威胁，唐自太宗以来就一直采取积极的进取政策，团结突厥的一部分和其他民族，驱逐突厥势力以维护唐朝的安全。直到天宝四年（745），回纥怀仁可汗兵击突厥，杀白眉可汗，后突厥汗国灭亡。突厥人，一部分归附唐朝，一部分迁中亚，大部分转入回纥国。

甚至中国实力绝难达到的地方，一半靠大唐的威名，一半靠一两位冒险家的勇敢，也居然令其感觉到大唐的可畏。如我们今天耳熟能详的"唐三藏"——玄奘高僧，远赴天竺（印度），就将唐太宗的事迹散布到那里。《西游记》中提到唐僧西行到一些小国，凭"大唐"的文牒多半畅通无阻并受到相当礼遇，也并非完全虚构。

大唐帝国可说是二元性的，天子对内为皇帝，对外为天可汗，虽然不能说内外完全平等，但不似过去与未来各帝国的过度内中国而外夷狄。唐太宗就曾说过"自古皆贵中华，贱夷狄，朕独爱之如一"的话。

二、外蕃之威抚与恩抚

唐对外蕃恩威并施。威抚的方法为设置羁縻府州与都护府。恩抚的方法为通商，鼓励外蕃子弟留学中国与外蕃的中国化，藩属人才的擢用，四方宗教的放任、保护与和亲等。因回纥信仰摩尼教（明教），所以唐朝为笼络回纥也放任摩尼教在唐朝的传播。摩尼教的寺庙在唐朝各地的兴建也曾有相当规模。后回纥式微，且摩尼教带来许多社会不稳定因素，所以唐统治者立刻改弦更张，弹压摩尼教。

和亲也可说是一种间接同化外蕃的方法。著名的文成公主入吐蕃，就是唐朝和亲政策成功的典型代表。

三、内政

除历史的时机成熟之外，唐太宗个人可说是唐所以为唐的主要原因。他是文武全才的人物，性情仁恕，肯行仁恕的政策，并且对各种人才都善于笼络任用。所以后世的人把"贞观之治"理想化，并非无因。玄宗继承前业，大致仍能维持盛时的旧状，但衰微的征兆渐渐明显。

玄宗于开元年间开创盛世不免志得意满，大抵骄横之主多不喜逆耳之忠言。在这点上，玄宗与太宗相比，少了很多虚怀若谷的胸襟。早先帮助玄宗开创盛世的张九龄、韩休等被他逐渐疏远，所谓"宫殿千门白昼开，三郎沉醉打球回。九龄已老韩休死，明日应无谏疏来"，就是对玄宗晚年怠政贪玩的真实写照。"亲小人、远贤臣"永远是昏君亡国的重要因素，张九龄等"贤人"离去后，自然有口蜜腹剑之李林甫和杨国忠等人围在玄宗的身旁，于是朝政越发混乱。

衰乱的引线就是自汉以下皇帝政治所永难避免的女祸——宫闱不正。不过，杨贵妃再有倾城之貌、倾国之姿，也终不至于是所谓的"红颜祸水"，祸国殃民。"马嵬驿兵变"也只不过是一场借诛杀杨氏而进行的争权夺利的斗争。可怜杨贵妃，成了主政者李隆基自己堕落导致山河破碎的替罪羊。

关中本位政策

/ 陈寅恪 /

宇文泰率领少数西迁之胡人及胡化汉族割据关陇一隅之地，欲与财富兵强之山东高氏及神州正朔所在之江左萧氏共成一鼎峙之局，而其物质及精神二者力量之凭借，俱远不如其东南二敌，故必别觅一途径，融合其所割据关陇区域内之鲜卑六镇民族，及其他胡汉土著之人为一不可分离之集团，匪独物质上应处同一利害之环境，即精神上亦必具同出一渊源之信仰，同受一文化之薰习，始能内安反侧，外御强邻。而精神文化方面尤为融合复杂民族之要道。在此以前，秦苻坚、魏孝文皆知此意者，但秦、魏俱欲以魏、晋以来之汉化笼罩全部复杂民族，故不得不亟于南侵，非取得神州文化正统所在之江东而代之不可，其事既不能成，仅余一宇文泰之新途径而已。此新途径即就其割据之土依附古昔，称为汉化发源之地（魏孝文之迁都洛阳，意亦如此，唯不及宇文泰之彻底，故仍不忘南侵也），不复以山东江左为汉化之中心也，其详具于拙著《隋唐制度渊源略论稿》，兹不赘论。此宇文泰之新途径今姑假名之为"关中本位政策"，即凡属于兵制之府兵制及属于官制之周官皆是其事。其改易随贺拔岳等西迁有功汉将之山东郡望为关内郡望,别撰谱牒,纪其所承(见前引《隋书》三三《经籍志》谱序篇序),又以诸将功高者继塞外鲜卑部落之后(见《周书》二《文帝纪》下及《北史》九《周本纪》上西魏恭帝元年条等),亦是施行"关中本位政策"之例证,如欲解决李唐氏族问题当于此中求之也。

  概括言之,宇文泰改易氏族之举,可分先后二阶段:第一阶段则改易西迁关陇汉人中之山东郡望为关内郡望,以断绝其乡土之思(初只改易汉人之山东郡望,其改易胡人之河南郡望为京兆郡望,则恐尚在其后,见前引《周书》四《明帝纪》及《北史》九《周本纪》上明帝二年三月庚申诏书),并附会其家世与六镇有关,即李熙留家武川之例,以巩固其六镇团体之情感。此阶段当在西魏恭帝元年(554)复魏孝文帝所改鲜卑人之胡姓及赐诸汉将有功者以胡姓之前,凡李唐改其赵郡郡望为陇西,伪托西凉李暠之嫡裔及称家于武川等,均是此阶段中所为也。第二阶段即西魏恭帝元年诏以诸将之有功者继承鲜卑三十六大部落及九十九小部落之后,凡改胡姓诸将所统之兵卒亦从其主将之胡姓,径取鲜卑部落之制以治军,此即府兵制初期之主旨(详见拙著《隋唐制度渊源略论稿》兵制章,兹不赘论)。李唐之得赐姓大野,即在此阶段中所为也。至周末隋文帝专周政,于大象二年(580)十二月癸亥回改胡姓复为汉姓,其结果只做到回复宇文氏第二阶段之所改,而多数氏族仍停留于第一阶段之中,此李唐所以虽去大野之胡姓,但仍称陇西郡望及冒托西凉嫡裔也。职是之故,北朝、隋唐史料中诸人之籍贯往往纷歧,如与李唐先世同列八大柱国之李弼一族,《周书》一五《李弼传》、《旧唐书》五三《李密传》(密为弼之曾孙)、一三〇《李泌传》(泌为弼之六代孙),及《新唐书》七二上《宰相世系表》俱以为辽东襄平人,而《北史》六〇《李弼及曾孙密传》、《文苑英华》九四八魏征撰李密墓志铭则以为陇西成纪人。盖公私著述叙及籍贯或仅据回复至第一阶段立言,或径依本来未改者为说,斯其所以彼此差异也。但隋唐两朝继承宇文氏之遗业,仍旧施行"关中本位政策",其统治阶级自不改其歧视山东人之观念(见《旧唐书》七八、《新唐书》一〇四《张行成传》)。故隋唐皇室亦依旧自称弘农杨震、陇西李暠之嫡裔,伪冒相传,迄于今日,治史者竟无一不为其所欺,诚可叹也(据《新唐书》七一下《宰相世系表》杨氏条，隋皇室自称为弘农杨震长子牧之后。此即《隋书·经籍志》所谓"令为其宗长，仍撰谱牒，纪其所承，又以关内诸州为其本望"者。以非本篇范围，故不详论，读者可以依据有关史料类推也）。

复次，汉人与胡人之分别，在北朝时代文化较血统尤为重要。凡汉化之人即目为汉人，胡化之人即目为胡人，其血统如何，在所不论。兹举二例以证明之：

《北齐书》二四《杜弼传》（《北史》五五《杜弼传》同）云：

显祖（高洋）尝问弼云："治国当用何人？"对曰："鲜卑车马客，会须用中国人。"显祖以为讥己。

夫高齐无论其母系血统属于何种，但其自称及同时之人均以为其家世出自渤海蓚县，固当日华夏之高门也。至于其所渐染者则为胡化，而非汉化。杜弼斥鲜卑，而高洋以为讥己，是汉人之受胡化者，即自命为胡人也。

又《北史》二八《源贺传》（参考《魏书》四一《源贺传》、《北齐书》五〇《恩幸传·高阿那肱传》，至《隋书》六六《源师传》删去"汉儿"二字，殊失当时语意矣）略云：

源贺，西平乐都人，私署河西王秃发傉檀之子也。傉檀为乞伏炽盘所灭，贺自乐都奔魏，太武素闻其名，谓曰："卿与朕同源，因事分姓，今可为源氏。"

（寅恪按：鲜卑秃发部即拓跋部，一语异译，故拓跋焘谓之同源也。）

〔玄孙〕师仕齐为尚书左外兵郎中，又摄祠部。后属孟夏，以龙见请雩。时高阿那肱为录尚书事，谓为真龙出见，大惊喜，问龙所在，云作何颜色。师整容云："此是龙星初见，依礼当雩祭郊坛，非谓真龙别有所降。"阿那肱忿然作色曰："汉儿多事，强知星宿。"祭事不行。

夫源师乃鲜卑秃发氏之后裔，明是胡人无疑，而高阿那肱竟目之为汉儿，此为北朝汉人、胡人之分别，不论其血统，只视其所受之教化为汉抑为胡而定之确证，诚可谓"有教无类"矣。

又此点为治吾国中古史最要关键，若不明乎此，必致无谓之纠纷。《资治通鉴》一七一陈宣帝太建五年，亦纪此事，胡注云：

诸源本出于鲜卑秃发，高氏生长于鲜卑，自命为鲜卑，未尝以为讳，鲜卑遂自谓贵种，率谓华人为汉儿，率侮诟之。诸源世仕魏朝贵显，习知典礼，遂有雩祭之请，冀以取重，乃以取诟。《通鉴》详书之，又一慨也。

梅磵之说固是，又其言别有所感，然于北朝汉胡种族文化之问题似犹不免未达一间也。

李唐皇室者唐代三百年统治之中心也，自高祖、太宗创业至高宗统御之前期，其将相文武大臣大抵承西魏、北周及隋以来世业，即宇文泰"关中本位政策"下所结集团体之后裔也。自武曌主持中央政权之后，逐渐破坏传统之"关中本位政策"，以遂其创业垂统之野心。故"关中本位政策"最主要之府兵制，即于此时开始崩溃，而社会阶级亦在此际起一升降之变动。盖进士之科虽创于隋代，然当日人民致身通显之途径并不必由此。及武后柄政，大崇文章之选，破格用人，于是进士之科为全国干进者竞趋之鹄的。当时山东、江左人民之中，有虽工于为文，但以不预关中团体之故，致遭屏抑者，亦因此政治变革之际会，得以上升朝列，而西魏、北周、杨隋及唐初将相旧家之政权尊位遂不得不为此新兴阶级所攘夺替代。故武周之代李唐，不仅为政治之变迁，实亦社会之革命。若依此义言，则武周之代李唐较李唐之代杨隋其关系人群之演变，尤为重大也。

武周统治时期不久，旋复为唐，然其开始改变"关中本位政策"之趋势，仍继续进行。迄至唐玄宗之世，遂完全破坏无遗。而天宝安史乱后又别产生一新世局，与前此迥异矣。夫"关中本位政策"既不能维持，则统治之社会阶级亦必有变迁。此变迁可分中央及藩镇两方叙述。其所以须有此空间之区别者，因唐代自安史乱后，名义上虽或保持其一统之外貌，实际上则中央政府与一部分之地方藩镇，已截然划为二不同之区域，非仅政治军事不能统一，即社会文化亦完全成为互不关涉之集团，其统治阶级氏族之不同类更无待言矣。盖安史之霸业虽俱失败，而其部将及所统之民众依旧保持其势力，与中央政府相抗，以迄于唐室之灭亡，约经一百五十年之久，虽号称一朝，实成为二国。史家述此，不得不分之为二，其理由甚明也。

又《旧唐书》一四《宪宗纪》上（参考《通鉴》二三七元和二年此条胡注及《唐会要》六三《修撰》条）云：

元和二年十二月己卯，史官李吉甫撰《元和国计簿》，总计天下方镇凡四十八，管州府二百九十五，县一千四百五十三，户二百四十四万二百五十四，其凤翔、鄜坊、邠宁、振武、泾原、银夏、灵盐、河东、易定、魏博、镇冀、范阳、沧景、淮西、淄青十五道凡七十一州，不申户口。每岁赋入倚办止于浙江东西、宣歙、淮南、江西、鄂岳、福建、湖南等八道，合四十九州，一百四十四万户。比量天宝供税之户则四分有一，天下兵戎仰给县官者八十三万余人，比量天宝士马，则三分加一，率以两户资一兵，其他水旱所损，征科发敛又在常役之外。吉甫都纂其事，成书十卷。

同书一九下《僖宗纪》略云：

〔光启元年三月〕丁卯车驾〔自蜀〕至京师，时李昌符据凤翔，王重荣据蒲陕，诸葛爽据河阳、洛阳，孟方立据邢洺，李克用据太原、上党，朱全忠据汴滑，秦宗权据许蔡，时溥据徐泗，朱据郓齐、曹濮，王敬武据淄青，高骈据淮南八州，秦彦据宣歙，刘汉宏据浙东，皆自擅兵赋，迭相吞噬，朝廷不能制。江淮转运路绝，两河、江淮赋不上供，但岁时献奉而已。国命所能制者，河西、山南、剑南、岭南四道数十州。大约郡将自擅，常赋殆绝，藩侯废置，不自朝廷，王业于是荡然。

寅恪按：李吉甫所撰《元和国计总簿》虽在元和初年，然自安史乱后起，迄于唐亡，其所列中央政府财赋取办之地域大致无甚殊异。唐代自安史乱后，长安政权之得以继续维持，除文化势力外，仅恃东南八道财赋之供给。至黄巢之乱既将此东南区域之经济几全加破坏，复断绝汴路、运河之交通，而奉长安文化为中心、仰东南财赋以存立之政治集团，遂不得不土崩瓦解。大唐帝国之形式及实质，均于是告终矣。

在此奉长安文化为中心、恃东南财赋以存立集团之中，其统治阶级为此集团所占据地域内之二种人：一为受高深文化之汉族，且多为武则天专政以后所提拔之新兴阶级，所谓外廷之士大夫，大抵以文词科举进身者也；一为受汉化不深之蛮夷，或蛮夷化之汉人，故其人多出自边荒区域。凡自玄宗朝迄唐亡，一百五十年间身居内廷，实握政治及禁军之权者皆属此族，即阉寺之特殊阶级是也。

自武则天专政破格用人后，外廷之显贵多为以文学特见拔擢之人。而玄宗御宇，开元为极盛之世，其名臣大抵为武后所奖用者（参考《旧唐书》一三九《陆贽传》、《新唐书》一五二《李绛传》、《陆宣公奏议》七《请许台省长官举荐状》及《李相国论事集》等）。及代宗大历时常衮当国，非以辞赋登科者莫得进用。自德宗以后，其宰相大抵皆由当日文章之士由翰林学士升任者也。请举史实以证之。

《通典》一五《选举典》三载沈既济之言略云：

初国家自显庆以来，高宗圣躬多不康，而武太后任事，参决大政，与天子并。太后颇涉文史，好雕虫之艺，永隆中始以文章选士。及永淳之后太后君临天下二十余年，当时公卿百辟无不以文章达，因循日久浸以成风。至于开元、天宝之中，太平君子唯门调户选，征文射策，以取禄位，此行己立身之美者也。父教其子，兄教其弟，无所易业，大者登台阁，小者任郡县，资身奉家，各得其足，五尺童子耻不言文墨焉。其以进士为士林华选，四方观听希其风采，每岁得第之人不浃辰而周闻天下，故忠贤隽彦、韫才毓行者咸出于是。而桀奸无良者或有焉，故是非相陵，毁称相腾，或扇结钩党，私为盟歃，以取科第，而声名动天下，或钩摭隐匿，嘲为篇咏，以列于道路，迭为谈訾，无所不至焉。

据此，可知进士之科虽设于隋代，而其特见尊重，以为全国人民出仕之唯一正途，实始于唐高宗之代，即武曌专政之时。及至玄宗，其局势遂成凝定，迄于后代，因而不改。故科举制之崇重与府兵制之破坏俱起于武后，成于玄宗。其时代之符合，决非偶然也。

但以事关府兵制度，兹不具论（见拙著《隋唐制度渊源略论稿》兵制章及《玉海》一三八《兵制》三所引《邺侯家传》）。至王定保以为进士之科"甲于贞观"（《唐摭言》一《述进士》上篇），及"进士科盛于贞观永徽之际"（同书同卷散序进士条），则稽之史实，有所未合。其言不及沈氏之可信，无待论也。

《旧唐书》一一九《常衮传》云：

尤排摈非辞赋登科者。

同书同卷《崔祐甫传》云：

常衮当国，非以辞赋登科者莫得进用。

同书四三《职官志》翰林院条略云：

玄宗即位，张说、张九龄等召入禁中，谓之翰林待诏。

四方进奏，中外表疏批答，或诏从中出，宸翰所挥，亦资其检讨，谓之视草。故尝简当代士人，以备顾问。至德已后，天下用兵，军国多务，深谋密诏皆从中出，尤择名士为翰林学士，得充选者，文士为荣。亦如中书舍人例置学士六人，内择年深德重者一人为承旨，所以独承密命故也。德宗好文，尤难其选，贞元已后为学士承旨者，多至宰相焉。

《元氏长庆集》五一《翰林承旨学士记》略云：

宪宗章武皇帝以永贞元年即大位，始命郑公（郑）为承旨学士，位在诸学士上。十七年间由郑至杜（杜元颖）十一人，而九参大政。

《白氏长庆集》五九《李留守相公（李绛）见过池上泛舟举酒话》及《翰林旧事因成四韵以献之诗》（参考《容斋续笔》二元和六学士条）云：

同时六学士，五相一渔翁。

据此，可知唐代自安史乱后，其宰相大抵为以文学进身之人。此新兴阶级之崛起，乃武则天至唐玄宗七八十年间逐渐转移消灭宇文泰以来胡汉六镇民族旧统治阶级之结果。若取《新唐书》《宰相表》及《宰相世系表》与列传所载其人之家世籍贯及出身等互相参证，于此三百年间外廷士大夫阶级废兴转移之大势尤易明了也。至此由文学科举进身之新兴阶级与魏晋、北朝以来传统旧士族之关系，则于论党派时详述之，兹不涉及焉。

藩镇与中央对立
/ 陈寅恪 /

唐代自玄宗后,政柄及君权渐渐转入阉寺之手,终至皇位之继承权归其决定,而内朝之禁军外廷之宰相,俱供其指挥,由之进退,更无论矣。其详当于论政治革命及党派分野时述之,兹仅略言其氏族所从出之一端于下:

《旧唐书》二〇下《哀帝纪》云:

天祐二年六月丙申敕:福建每年进橄榄子,此因阉竖出自闽中,牵于嗜好之间,遂成贡奉之典。虽嘉忠荩,伏恐烦劳。今后只供进蜡面茶,其进橄榄子宜停!

《新唐书》二〇七《宦者传·吐突承璀传》云:

是时诸道岁进阉儿,号私白,闽岭最多,后皆任事,当时谓闽为中官区薮。咸通中杜宣猷为观察使,每岁时遣吏致祭其先,时号"敕使墓户"。宣猷卒用群宦力，徙宣歙观察使。

《顾况古诗》（据《全唐诗》第十函）云：

囝一章。

囝哀闽也。（原注："囝"音"蹇"。闽俗呼子为囝。父为郎罢。）

囝生闽方。闽吏得之，乃绝其阳。为臧为获，致金满屋。为髡为钳，视如草木。天道无知，我罹其毒。神道无知，彼受其福。郎罢别囝，吾悔生汝。及汝既生，人劝不举。不从人言，果获是苦。囝别郎罢，心摧血下。隔地及天，及至黄泉，不得在郎罢前。

宦寺多冒养父之姓，其籍贯史籍往往不载，然即就两唐书宦官及《宦者传》中涉及其出生地域或姓氏稀异者观之，亦可知其梗概也。

《旧唐书》一八四《宦官传》云：

杨思勖本姓苏，罗州石城人，为内官杨氏所养，以阉从事内侍省。高力士，潘州人，本姓冯，少阉，与同类金刚二人圣历元年岭南讨击使李千里进入宫。则天嘉其黠慧，令给事左右。后因小过，挞而逐之。内官高延福收为假子，延福出自武三思家，力士遂往来三思第，岁余则天复召入禁中。

《新唐书》二〇七《宦者传》上云：

鱼朝恩，泸州泸川人也，天宝末以品官给事黄门。

刘贞亮本俱氏，名文珍，冒所养宦父姓，故改焉。

吐突承璀，闽人也，以黄门值东宫。

仇士良，循州兴宁人，顺宗时得侍东宫。

杨复光，闽人也，本乔氏，少养于内侍杨玄价家。

同书二〇八《宦者传》下云：

田令孜，蜀人也，本陈氏，咸通时历小马坊使。

据此，可知唐代阉寺多出自今之四川、广东、福建等省，在当时皆边徼蛮夷区域。其地下级人民所受汉化自甚浅薄，而宦官之姓氏又有不类汉姓者，故唐代阉寺中疑多是蛮族或蛮夷化之汉人也。

唐代中国疆土之内，自安史乱后，除拥护李氏皇室之区域，即以东南财富及汉化文化维持长安为中心之集团外，尚别有一河北藩镇独立之团体，其政治、军事、财政等与长安中央政府实际上固无隶属之关系，其民间社会亦未深受汉族文化之影响，即不以长安、洛阳之周孔名教及科举仕进为其安身立命之归宿。故论唐代河北藩镇问题必于民族及文化二端注意，方能得其真相所在也。兹先举二三显著之例，以见当时大唐帝国版图以内实有截然不同之二分域，然后再推论其种族与统治阶级之关系焉。

杜牧《樊川集》六《唐故范阳卢秀才墓志》云：

秀才卢生名霈，字子中，自天宝后三代或仕燕，或仕赵，两地皆多良田畜马，生年二十未知古有人曰周公、孔夫子者，击球饮酒，马射走兔，语言习尚无非攻守战斗之事。

《通典》四〇《职官典》末载杜佑建中时所上省用议（参《新唐书》一六六《杜佑传》）略云：

今田悦之徒并是庸璅，繁刑暴赋，唯恤军戎，衣冠仕（士）人遇如奴虏。

此可以代表河北社会通常情态，其尚攻战而不崇文教。质言之，即渐染胡化深而汉化浅也。当时汉化之中心在长安，以诗赋举进士致身卿相为社会心理群趋之鹄的。故当日在长安文化区域内有野心而不得意之人，至不得已时唯有北走河朔之一途。《昌黎集》二〇《送董召南游河北序》乃世所习诵之文，兹为阐明长安集团与河北集团政治文化对立之形势起见，仍多写之于下，并略诠释，以佐证鄙说。至韩退之不以董召南河北之行为然之意固极明显，不待解说也。其文云：

燕赵古称多感慨悲歌之士。董生举进士，连不得志于有司，怀抱利器，郁郁适兹土，吾知其必有合也。董生勉乎哉！

据此，可知在长安文化统治下之士人，若举进士不中，而欲致身功名之会者，舍北走河朔之外，则不易觅其他之途径也。

其文又云：

夫以子之不遇时，苟慕义强仁者皆爱惜焉，矧燕赵之士出乎其性哉！然吾尝闻风俗与化移易，吾恶知其今不异于古所云邪？聊以吾子之行卜之也，董生勉乎哉！

据前引杜牧之《唐故范阳卢秀才墓志》"语言习尚无非攻守战斗"之句及此序"风俗与化移易"之语，可知当日河北社会全是胡化，非复东汉、魏晋、北朝之旧。若究其所以然之故，恐不于民族迁移一事求之不得也，请俟后论之。

其文又云：

吾因子有所感矣，为我吊望诸君之墓！而观于其市，复有昔时屠狗者乎？为我谢曰："明天子在上，可以出而仕矣！"

然则长安天子与河北镇将为对立不同之二集团首领，观此数语，即可知矣。又《全唐诗》第五函《李益小传》（参《旧唐书》一三七、《新唐书》二〇三《文艺传》下《李益传》、《唐诗纪事》三〇、《全唐诗话》二、辛文房《唐才子传·李益传》）云：

李益字君虞，姑臧人，大历四年登进士第，授郑县尉，久不调，益不得意。北游河朔，幽州刘济辟为从事。尝与济诗，有怨望语。宪宗时召为秘书少监集贤殿学士，自负才地，多所凌忽，为众不容。谏官举幽州诗句，降居散秩。

考益之《献刘济诗》云：

草绿古燕州，莺声引独游。雁归天北畔，春尽海西头。向日花偏落，驰年水自流。感恩知有地，不上望京楼。

据此，又可知虽已登进士第之李益以不得意之故犹去京洛，而北走范阳；则董召南之游河北盖是当日社会之常情，而非变态。然于此益见大唐帝国之后半期其中含有两独立敌视之团体，而此二团体之统治阶级，其种族文化亦宜有不同之点在也。

今试检《新唐书》之《藩镇传》，并取其他有关诸传之人其活动范围在河朔或河朔以外者以相参考，则发见二点：一为其人之氏族本是胡类，而非汉族；一为其人之氏族虽为汉族，而久居河朔，渐染胡化，与胡人不异。前者属于种族，后者属于文化。质言之，唐代安史乱后之世局，凡河朔及其他藩镇与中央政府之问题，其核心实属种族文化之关系也。夫河北之地，东汉、曹魏、西晋时固为文化甚高区域，虽经胡族之乱，然北魏至隋其地之汉化仍未见甚衰减之相，何以至玄宗文治灿烂之世，转变为一胡化地域？其故殊不易解。兹就安史叛乱发源之地域及其时代先后之关系综合推计，设一假说，以俟更详确之证明。即使此假说一时难以确定成立，但安史叛乱及其后果即河朔藩镇之本质，至少亦可因此明了也。

宋元时期

宋元时期

宋朝的开国和开国规模
/ 张荫麟 /

一

后周世宗以三十四岁的英年，抱着统一中国的雄心，而即帝位。他即位不到一个月，北汉主刘崇联合契丹入寇，他便要去亲征。做了四朝元老的长乐老冯道极力谏阻。世宗说："从前唐太宗创业，不是常常亲征的吗？我怕什么？"冯道却说："唐太宗是不可轻易学的。"世宗又说："刘崇乌合之众，王师一加，便好比泰山压卵。"冯道却怀疑道："不知道陛下作得泰山吗？"世宗看他的老面，不便发作，只不理睬，径自决定亲征。周军在高平（即今山西高平）遇到敌人。两军才开始交锋，周军的右翼不战而遁，左翼亦受牵动，眼见全军就要瓦解。世宗亲自骑马赶上前线督战，并且领队冲锋，周军因而复振，反把敌军击溃，杀到僵尸弃甲满填山谷。在凯旋道中，世宗齐集将校，大排筵席来庆祝，那些临阵先逃的将校也行无所事地在座。世宗突然声数他们的罪状，喝令他们跪下受刑。说着，壮士们便动手，把七十多个将校霎时斩讫，然后论功行赏。接着他率军乘胜直取太原，却无功而还。

经这一役，世宗深深感觉到他的军队的不健全。回到汴京后不久，便着手整军。这里我们应当略述后周的军制。像唐末以来一般，这时州郡兵为藩镇所私有，皇室不能轻易调遣。皇室所有的军队即所谓禁军。禁军分为两部：一，殿前军；二，侍卫亲军。两部之上，不置总帅。侍卫亲军虽名为亲，其实比较和皇帝亲近的却是殿前军。侍卫亲军分马、步两军，而殿前军则无这样的分别。大约前者是量多于后者，而后者则质优于前者。世宗一方面改编全部禁军，汰弱留强；一方面向国内各地招募豪杰，不拘良民或草寇，以充实禁军。他把应募的召集到阙下，亲自试阅，挑选武艺特别出众、身材特别魁伟的，都拨入殿前军。

世宗不独具有军事的天才，也具有政治的头脑。他奖励垦荒，均定田赋。他曾为经济的理由，废除国内大部分的寺院，并迫令大部分的僧道还俗。他以雷霆的威力推行他的政令，虽贤能有功的人也每因小过而被戮，但他并不师心自用。他在即位次年的《求言诏》中甚至有这样的反省："自临宸极，已过周星。至于刑政取舍之间，国家措置之事，岂能尽是？须有未周。朕犹自知，人岂不察？而在位者未有一人指朕躬之过失，食禄者曾无一言论时政之是非！"他又曾令近臣二十余人，各作《为君难为臣不易论》一篇和《平边策》一篇，供他省览。"平边"是他一生的大愿。可惜他的平边事业只做到南取南唐的淮南江北之地，西取后蜀的秦、凤、阶、成四州，北从契丹收复瀛、莫二州，便赍志而殁，在位还不到六年，遗下两个七岁以下的幼儿和臣下对他威过于恩的感想。

世宗死于显德六年（959）六月，在临死的一星期内，他把朝内外重要的文武职官，大加更动。更动的经过，这里不必详述，单讲他对禁军的措置。殿前军的最高长官是正副都点检，其次是都指挥使。侍卫亲军的最高长官是正副都指挥使，其次是都虞候。世宗对禁军要职的最后"人事异动"，可用表显示如下：

职位		原任	更定	附注
殿前军	都点检	张永德	赵匡胤	
	副都点检	慕容延钊	慕容延钊	此据《旧五代史·周恭帝纪》，《宋史》本传误
	都指挥使	赵匡胤	石守信	
侍卫军	都指挥使	李重进	李重进	
	副都指挥使	未详（或缺员）	韩通	
	都虞候	韩通		

其中最可注意的是张永德的解除兵柄和赵匡胤的超擢。张永德是周太祖的驸马（世宗是周太祖的内侄兼养子），智勇善战，声望久隆，显然世宗不放心他。赵匡胤是洛阳人，与其父弘殷俱出身军校，在周太祖时，已同隶禁军。高平之役，匡胤始露头角，旋拜殿前都虞候。其后二年，以从征淮南功，始升殿前都指挥使。他虽然年纪略长于张永德（世宗死时匡胤三十四岁），勋望却远在永德之下。但他至少有以下的几件事，给世宗很深的印象。他从征淮南时，有一次驻兵某城，半夜，他的父亲率兵来到城下，传令开城。他说："父子固然是至亲，但城门的启闭乃是王事。"一直让他的父亲等到天亮。从征淮南后，有人告他偷运了几车财宝回来，世宗派人去检查，打开箱笼，尽是书籍，一共有几千卷，此外更无他物。原来他为人沉默寡言，嗜好淡薄，只是爱书，在军中是时常手不释卷的。南唐对后周称臣讲好后，想离间世宗对他的信任，尝派人送他白银三千两，他全数缴呈内府。从殿前都点检的破格超升，可见在这"易君如置棋"的时代，世宗替他身后的七岁幼儿打算，认为在军界中再没有比赵匡胤更忠实可靠的人了。

二

世宗死后半年，在显德七年（960）的元旦，朝廷忽然接到北边的奏报，说北汉又联合契丹入寇。怎样应付呢？禁军的四巨头中，李重进（侍卫都指挥使，周太祖的外甥）是时已领兵出镇扬州；绰号"韩瞠眼"的韩通（侍卫副都指挥使）虽然对皇室特别忠勤，却是一个毫无智谋的老粗，难以独当一面。宰相范质等不假思索，便决定派赵匡胤和慕容延钊（副都点检）出去御敌。

初二日，慕容延钊领前锋先行。是日，都城中突然喧传明天大军出发的时候，就要册立赵点检做天子。但有智识的人多认为这是无根的谣言。先前也有人上书给范质说赵匡胤不稳，要加提防。韩通的儿子，绰号韩橐驼的，也劝乃父及早设法把赵匡胤除掉。但是他做都点检才半年，毫无不臣的痕迹，谁能以小人之心度君子之腹呢？但这一天不知从何而来的关于他的谣言，却布遍了都城，有钱的人家纷纷搬运细软，出城躲避。他们怕什么？稍为年长的人都记得：恰恰十年前，也是北边奏报契丹入寇，也是派兵出征；约莫一个月后，出征的军队掉头回来，统兵的人就做了皇帝（即周太祖）。他给部下放了三天假，整个都城几乎被抢掠一空。现在旧戏又要重演了罢？

初三日，赵匡胤领大军出发。城中安然无事，谣言平息。

初四日上午，出发的军队竟回城了！谣言竟成事实了！据说队伍到了陈桥，当天晚上军士忽然哗变，非要赵点检做天子不可，他只得将就。但出乎大家意料的，这回军士却严守秩序，秋毫无犯。在整个变局中，都城里只发生过一次小小的暴行。是日早朝还未散，韩通在内廷闻变，仓皇奔跑回家，打算调兵抵抗，半路给一个军校追逐着，才到家，来不及关门便被杀死；那军校把他全家也屠杀了。都城中已没有赵匡胤的敌人了。一切仪文从略。是日傍晚，赵匡胤即皇帝位。因为他曾领过宋州节度使的职衔，定国号为宋；他便是宋太祖。

在外的后周将帅中，不附宋太祖的，唯有镇守扬州一带的李重进和镇守潞州一带的李筠。四月，李筠结合北汉（占今山西全省除东南隅及雁门关以北）首先发难。

李重进闻讯，派人去和他联络，准备响应。那位使人却偷到汴京，把扬州方面的虚实告诉了宋太祖，并受了密旨，回去力劝重进不可轻举。重进听信了他，按兵不动。北汉和后周原是死对头，而李筠口口声声忠于后周，双方貌合神离。他又不肯用谋士的计策：急行乘虚西出怀孟，占领洛阳为根据，以争天下；却困守一隅，坐待挨打。结果，不到三个月，兵败城破，赴火而死。九月，李重进在进退两难的情势下勉强起兵。他求援于南唐，南唐反把他的请求报告宋朝。他还未发动，亲信已有跳城归宋的。他在狐疑中，不问皂白，把三十多个将校一时杀掉。三个月内，扬州也陷落，他举家自焚而死。

三

宋太祖既统一了后周的领土，进一步便着手统一中国。是时在中国境内割据自主的区域，除宋以外大小有八，兹按其后来归入宋朝的次序，列表如下：

区域	今地	统治者名义	入宋年
荆南	湖北江陵以西及四川峡道	宋荆南节度使	公元963年
湖南	略当湖南省	宋武平节度使	公元963年
蜀	四川省除峡道	称帝	公元965年
南汉	两广全部及湖南一部分	称帝	公元966年
南唐	苏皖的长江以南区、湖北东南部（包武昌）、江西全部及福建西部	称唐主奉宋正朔	公元975年
闽南	福建漳泉一带	唐清源节度使	公元978年
吴越	浙江全部、福建东北部及江苏苏松区	称吴越王奉宋正朔	公元978年
北汉	山西全省除东南隅及雁门关以北	称帝	公元979年

太祖的统一工作，大致上遵守着"图难于其易"的原则。荆南、湖南皆地狭兵寡，不足以抗拒北朝，过去只因中原多故，或因北朝把它们置作后图，所以暂得苟全。太祖却首先向它们下手。他乘湖南内乱，遣军假道荆南去讨伐。宋军既到了荆南，却先把它灭掉，然后下湖南，既定两湖，便西溯长江，南下阁道，两路取蜀。蜀主孟昶是一纨绔少年，他的溺器也用七宝装成。他的命运，可用他的一个爱妃（花蕊夫人）的一首诗来交代：

君王城上竖降旗，妾在深宫那得知！
十四万人齐解甲，宁无一个是男儿？

这些解甲的军士中，至少有二万七千被屠，而宋兵入蜀的只有三万。次取南汉。南汉主刘比孟昶更糟，是一变态的糊涂虫，成日只在后宫同波斯女之类胡缠，国事委托给宦官；仅有的一二忠臣良将，因随便的几句谗言，便重则族诛，轻则赐死。他最后的办法是把珍宝和妃嫔载入巨舶，准备浮海。这些巨舶却给宦官盗走，他只得素衣白马，叩首乞降。次合吴越夹攻南唐。南唐主李煜是一绝世的艺术天才。在中国文学史中，五代是词的时代，而李煜（即李后主）的词，凄清婉丽，纯粹自然，为五代冠。读者在任何词的选本中都可以碰到他的作品。他不独爱文学，也爱音乐、书画以及其他一切雅玩；也爱佛理，更爱女人。在一切这些爱好的沉溺中，军事、政治、俗务的照顾，只是他的余力之余了。他遇着宋太祖，正是秀才遇着兵，其命运无待龟蓍。以下是他在被俘入汴途中所作的词：

帘外雨潺潺，春意阑珊。罗衾不耐五更寒。梦里不知身是客，一晌贪欢。
独自莫凭栏！无限江山，别时容易见时难。流水落花春去也，天上人间！

和李煜的文雅相称，宋军在南唐也最文明，至少在它的都城（今南京）是如此。"曹彬下江南，不妄杀一人"，历史上传为美谈。但江州城（今九江）为李煜坚守不降，后来陷落，全城被屠，横尸三万七千。

南唐亡后次年，太祖便死，寿仅五十，遗下吴越、闽南和北汉的收拾工作给他的继承者，他的胞弟赵匡义，即宋太宗。吴越王钱俶一向以对宋的恭顺和贿赂做他的地位的保障。南唐亡后，他亲自入朝。临归太祖交给他一个黄包袱，嘱咐他，在路上拆看。及拆阅，尽是群臣请扣留他的奏章，他为之感激涕零。太宗即位后，他又来朝，适值闽南的割据者自动把土地献纳，他恐惧，上表，请除去王号和其他种种优礼，同时求归。这回却归不得了！他只得照闽南的办法，也把土地献纳。最后，宋朝可以用全副精神和全部力量图谋北汉了。北汉地域虽小，却是一个顽敌，因它背后有契丹的支持。自从太祖即位以来，它曾屡次东侵，太祖也曾屡加讨伐——有两次兵临太原（北汉都城）城下。其中一次太祖并且亲征。但太祖终于把它放过了。太祖是有意暂时放过它的。他有这样的考虑：北汉北接契丹，西接西夏；北汉本身并不怎样可怕，它存在，还可以替宋朝作西北的缓冲；它若亡，宋朝和这两大敌的接触面便大大增加，那是国防上一个难题。但这难题可暂避而不能终免。吴越归地后不到一年，太宗便大举亲征北汉。契丹照例派兵去救，前军到达白马岭（今山西孟县东北）与宋军只隔一涧。主帅主张等后军到齐，然后决战，监军却要尽先急击，主帅拗不过他，结果契丹军渡涧未半，为宋军所乘，大溃，监军及五将战死，士卒死伤无算。宋军进围太原城。在统一事业中，这是九仞为山的最后一篑之功了。军士冒犯矢石，奋勇争先地登城，甚至使太宗怕死伤过多，传令缓进。半月，城陷，北汉主出降。太宗下令毁太原城，尽迁其居民于榆次，军士放火烧城，老幼奔赴城门不及，烧死了许多。（唐、五代之太原，在今太原西南三十里，太宗毁太原城后，移其州治，即今省会太原。）

四

太祖、太宗两朝对五代制度的因革损益，兹分三项述之如下：（1）军制与国防，（2）官制与科举，（3）国计与民生。

五代是军阀的世界。在稍大的割据区域内，又分为许多小割据区，即"节度使"的管区。节度使在其管区内尽揽兵、财、刑、政的大权，读者从不久以前四川"防区"的情形，便可以推想五代的情形。太祖一方面把地方兵即所谓厢兵的精锐，尽量选送到京师，以充禁军；又令厢兵此后停止教练。这一来厢兵便有兵之名无兵之实了。厢兵的编制是每一指挥管四五百人；每大州有指挥使十余员，次六七员，又次三四员；每州有一马步军都指挥使，总领本州的厢兵，而直隶于中央的侍卫司，即侍卫亲军的统率处。在另一方面，太祖把节度使的行政权和财权，逐渐移归以文臣充任的州县官。这一来"节度使"在宋朝便成为一种荣誉的空衔了。

禁军的组织，大体上仍后周之旧，唯殿前正副都点检二职经太祖废除；殿前和侍卫的正副都指挥使在太宗时亦缺而不置，后沿为例，因此侍卫军的马、步两军无所统属而与殿前军鼎立，宋人合称之为"三衙"。禁军的数目太祖时约有二十万，太宗时增至三十六万。禁军约有一半驻屯京城及其附近；其余一半则分成边境和内地的若干重镇（禁军外戍分布的详情是一尚待探究的问题）。其一半在内而集中，另一半在外而分散。这样，内力永远可以制外，而尾大不掉的局面便无法造成了。太祖又创"更戍法"：外戍各地的禁军，每一或二年更调一次。这一来，禁军可以常常练习行军的劳苦而免怠惰；同时镇守各地的统帅不随戍兵而更动，因此"兵无常帅，帅无常师"，军队便无法成为将官的私有了。

厢军和禁军都是雇佣的军队。为防止兵士逃走，他们脸上都刺着字。此制创自后梁，通行于五代，而宋朝因之。兵士大多数是有家室的。厢兵的饷给较薄，不够他们养家，故多营他业。禁兵的饷给较优，大抵勉强可够养家。据后来仁宗庆历间一位财政大臣(张方平)的报告,禁军的饷给"通人员长行(长行大约是伕役之类)用中等例(禁军分等级,各等级的饷类不同):每人约料钱(每月)五百,月粮两石五斗,春、冬衣绢六匹,绵十二两,随衣钱三千。……准例(实发)六折";另外每三年南郊,大赏一次,禁兵均每人可得十五千左右。除厢、禁军外,在河北、河东(今山西)及陕西等边地,又有由农家壮丁组成的民兵。平时农隙受军事训练,有事时以助守御,而不支官饷。

  这里我们应当涉及一个和军制有关的问题,即首都位置的问题。宋都汴梁在一大平原中间,四边全无险阻可资屏蔽,这是战略上很不利的地形。太祖曾打算西迁洛阳,后来的谋臣也每以这首都的地位为虑。为什么迁都之议始终没有实行,一直到了金人第一次兵临汴梁城下之后,宋帝仍死守这地方等金人第二次到来,而束手就缚呢?我们若从宋朝军制的根本原则,从主要外敌的所在,从经济地理的形势各方面着想,便知道宋都有不能离开汴梁的理由。第一,在重内轻外的原则下,禁军的一半以上和禁军家属的大部分集中在京畿,因此军粮的供应和储蓄为一大问题。随着禁军数量的增加,后来中央政府所需要于外给的漕粮,每年增至六七百万石,而京畿的民食犹不在内。在这样情形下,并在当时运输能力的限制下,政治的重心非和现成的经济的重心合一不可。自从唐末以来,一方面因为政治势力由西而东移,一方面因为关中叠经大乱的摧毁和水利交通的失理,汉唐盛时关中盆地的经济繁荣和人口密度也移于华北平原。汴梁正是这大平原的交通枢纽,经唐、五代以来的经营,连渠四达,又有大运河以通长江。宋朝统一后,交通上的人为限制扫除,它便随着成为全国的经济中心了。第二,宋朝的主要外敌是在东北,它的边防重地是中山(今河北定县)[1]、河间[2]、太原三镇,而在重内轻外的原则下,平时兵力只能集中在京畿,

---

  [1] 今为河北省定州市。——编者注

  [2] 今为山西省河间市。——编者注

而不能集在其他任何地点。因此，都城非建筑在接近边防重镇且便于策应边防重镇的地点不可。汴梁正适合这条件。

五

中央政府的组织，大体上沿袭后周。唐代三省和御史台的躯壳仍然保存，但三省的大部分重要职权，或实际上废除，如门下省的封驳（"封"谓封还诏书，暂不行下；"驳"谓驳正台议），或移到以下几个另外添设的机关：（1）枢密院（创始于后唐）掌军政，与宰相即"同中书门下平章事"所主的政事堂对立，并在禁中，合称二府。院的长官（或称"枢密使"，或"知枢密院事"，或"签书枢密院事"）的地位也与宰相抗衡。（2）三司使司（创始于后唐）掌财政，三司使下辖盐铁、度支和户部三使，宋初以参知政事（即副宰相，太祖时创置）或宰相兼领，后置专使。（3）审官院（不知创于何时，后分为审官东院与流内铨）掌中下级文官的铨选，其上级文官的铨选则归中书省。（4）三班院（不知创于何时，后分为审官西院与三班院）掌中下级武官的铨选，其上级武官的铨选则归枢密院。（5）审刑院（创始于太宗时）主复核刑部奏上的重案。枢密院分宰相及兵部之权，三司便分户部之权，审官院分吏部之权，三班院再分兵部之权，审刑院分刑部之权。

地方行政的区域有三级，自下而上是：（1）县；（2）府、州、军、监，通称为郡；（3）路。在郡的四类中，府是经济上或军事上最重要的区域，其数目最少，其面积却最大。通常州所管辖的县数较府为少。军次之，至多只三县，少则一县。监则尽皆只占一县。设监的地方必定是矿冶工业或国家铸钱工厂等所在的地方，监的长官兼管这些工业的课税和工厂的事务。宋初在郡县制度上有两项重要的变革。一是郡设通判（大郡二员，小郡一员，不满万户的郡不设），以为郡长官的副贰；郡长官的命令须要他副署方能生效；同时他可以向皇帝上奏，报告本郡官吏的良劣和职事的修废。因为通判的权柄这样大，郡的长官就很不好做。宋人有一传为话柄的故事如下：有一杭州人，极好食蟹。他做京朝官做腻了，请求外放州官（宋朝京官得请求外放并且指明所要的郡县），有人问他要哪一州。他说我要有蟹食而没有通判的任何一州。二是县尉（县尉制始于汉朝）的恢复。在五代，每县盗贼的缉捕和有关的案件，由驻镇的军校管理，县政府无从过问。宋初把这职权归还县政府，复设县尉以司之。路的划分在宋代几经更改，这里不必详述。太宗完成统一后将全国分为十路，其后陆续于各路设一转运使，除总领本路财赋外，并得考核官吏，纠察刑狱，兴利除弊，实于一路之事无所不管。后来到真宗（太宗子）时，觉得转运使的权太大，不放心，又于每路设一提点刑狱司，将转运使纠察刑狱之权移付之。宋人称转运使司为漕司，提点刑狱司为监司。

宋在变法以前的科举制度，大体上沿袭唐朝进士科独尊以后的规模。但有以下的更革：（1）唐朝每年一举进士，每举以一二十人为常，至多不过三四十人；宋朝每四年一举进士，在太宗时每举常一二百人，后来有多至五六百人的。（2）唐朝进士考试不弥封，不糊名，考官亦不专凭试卷去取，而可以参考举子平日的声誉。因此举子在考试之前，照例把自己的诗赋或其他著作向权要投献，望他们赏识、延誉，以至推荐。宋朝自真宗（一说太宗）时，定糊名制以后，试官于举子只能凭试卷去取了。（3）唐朝进士经礼部录取后，即算及第。宋朝则礼部录取后，还要到殿庭复试，由皇帝亲自出题，这叫作"殿试"。及第与否和及第的等次，是在殿试决定的（仁宗某年以后，殿试只定等次，不关去取）。（4）唐朝进士及第后，如想出仕，还要经吏部再定期考选。"吏部之选，十不及一"，因此许多及第的进士等到头白也得不到一官。宋朝的进士，一经及第，即行授职，名次高的可以得到通判、知县或其他同等级官职。（5）宋朝特定宗室不得参与科试。

从上面所述科举制度的更革，已可以看出宋朝对士大夫的特别优待。但宋朝士大夫所受的优待还不止此。像"官户"免役、免税及中上级官吏"任子"（子孙不经"选举"，特准宦仕）的特权，固然沿自前代（汉代），但宋朝官吏"任子"的权利特别大。台省官六品以上，他官五品以上，每三年南郊大礼时，都有一次"任子"

的机会，每次品级最低的荫子或孙一人；品级最高的可荫六人，不拘宗人、外戚、门客以至"医人"（家庭医生）。此外大臣致仕时有"致仕恩泽"，可荫若干人，死后有"遗表恩泽"，可荫若干人。因为科举名额之多，仕途限制之宽和恩荫之广，宋朝的闲职冗官特别多，且日增无已，到后来官俸的供给竟成为财政上的大问题了。更有一由小可以见大的优待士大夫的制度：太祖于每州创立一"公使库"，专以款待旅行中的士大夫。据一个曾受其惠的人的记录："公使库……遇过客（自然不是寻常的过客）必馆置供馈……使人无旅寓之叹。此盖古人传食诸侯之义。下至吏卒（随从）批支口食之类，以济其乏食。承平时士大夫造朝，不赍粮，节用者犹有余以还家。归途礼数如前，但少损。"太祖还有一个远更重大的优待士大夫的立法。他在太庙藏一传诸子孙的密约："誓不杀大臣及言事官。"规定以后每一皇帝于即位之前，在严重的仪式下，独自开阅这誓约。这誓约对宋代政治的影响，读者以后将会看到。

六

宋初财政收入的详细条目，太过烦琐，这里不能尽述，举其重要的如下：（1）"两税"（分夏、秋两季征纳的田赋和资产税）沿唐旧制，而大致仍五代加重的额数，约为唐代的六倍。其中田赋一项，通常每亩产谷十五石而抽一斗（依当时度量），但因为逃税的结果（上官册的田只占实垦田实额约十分之三），大多数豪强或显达田主实纳的田赋远较上设的比率为轻。（2）政府专卖的物品，除沿自唐季的盐、茶、酒，沿自五代的矾外，又有自外海输入的香料。此外，苛税之沿自五代的有（3）通过税（即近代的厘金），每关抽货价的百分之二（现款亦照抽）；又有（4）身丁钱，即人头税。此税只行于江淮以南，迄于闽广（四川除外），因为五代以来本是如此。这种税的负担，加上别的原因，使得这区域的贫民无法维持他们所不能不继续滋生的人口，因而盛行杀婴的习俗。宋朝大文豪苏东坡于这习俗有一段很深刻的描写。他写给一位鄂州知州的一封信道：

昨……王殿直天麟见过，……言鄂、岳间田野小人，例只养二男一女。过此，辄死之。尤讳养女。……辄以冷水浸杀之。其父母亦不忍，率常闭目背面，以手按之水盆中，咿嘤良久乃死。……天麟每闻其侧近有此，辄驰救之，量与衣服、饮食，全活者非一。……鄂人有秦光亨者，今已及第，为安州司法。方其在母也，其舅陈遵梦一小儿挽其衣，若有所诉。比两夕辄见之，其状甚急。遵独念其姊有娠将产，而意不乐多子。岂其应是乎？驰往省之，则儿已在水盆中矣。救之得免。

这是宋朝的黄金时代的一斑。

人民除赋税的负担外，还有差役的负担。差役有四种：一是押运官物，二是督征赋税，三是逐捕盗贼，四是在州县衙门供使唤或管杂务。民户分九等，上四等服役，下五等免役。押运（即所谓衙前）和督赋（即所谓里正），最是苦差，当者要负赔偿损失的责任，每至倾家荡产，并且坐牢。宋朝名将韩琦当知并州时，在一封论及役法的奏疏里有这样的描写：

州县生民之苦，无重于里正衙前。自兵兴以来，残剥尤甚，至有孀母改嫁、亲族分居。或弃田与人，以免上等。或非命求死，以就单丁。规图百端，苟脱沟壑之患。

这是宋朝的黄金时代的又一斑。

在五代，一方面军阀横行，一方面豪强的兼并也变本加厉。军阀是给太祖兄弟以和平的手段解决了，但豪强的兼并并不妨碍他们的政权，所以他们也熟视无睹。宋初豪强兼并的程度有下列几事为证：

（1）在太宗淳化四年至至道元年（993—995）间，四川成都附近发生一次贫民（也许大部分是农民）的大暴动。他们的领袖李顺的口号，据宋朝国史的记载，是"吾恨贫富不均，吾为汝均之"！他们把官吏杀掉，拿来示众。他们把富人的财产，除了足供养家的一部分外，尽数充公，拿来赈济贫困。他们竟"号令严明，所到一无所犯"，但他们终于一败涂地。

（2）同时在四川盛行着一种沿自五代的"旁户"制度。旁户是隶属于豪家的贫户，豪家所领的旁户，每有数千之多。他们向领主纳租外，并供领主役使，如奴隶一般。当李顺乱起时，有些豪家反率领旁户去响应他。后来事定，太宗想把旁户制度废除，终因怕引起更大的扰乱而止。

（3）同时在江淮以南迄于闽广（即身丁钱制施行的区域），又有一沿自五代的特殊法律：佃户非得田主的许可并给予凭证，不许迁移。这一来，佃户便成了附着于田土的农奴，如欧洲中古时代的情形。这特殊的法律到太宗的孙仁宗时始行废除。仁宗之所以为"仁"，于此可见。

北宋的外患与变法

/ 张荫麟 /

一

自从石晋末年（947），契丹退出汴梁后，它的极盛时代已成过去。白马岭之战使太宗觉得契丹易与。太原攻下之后，他便要一劳永逸地乘胜直取燕云。这十六州的国防要区一天不收回，他的帝国一天不能算是"金瓯无缺"。但是他的部下，上自大将下至兵卒都指望太原攻下之后，可以暂息汗马之劳，同时得到一笔重赏，回家去享享太平福。太宗却不这样想。将士有了资财，哪里还肯卖力去打仗？不如等燕云收复后才给他们一起颁赏也不迟。而将士贪赏求逸的隐衷又怎能向皇帝表示？在迅速的"宸断"之下，太宗便领着充满了失望心情的军队向东北进发。一路所经，易州和涿州的契丹官将先后以城降，不到一月便抵达幽州城（今北平）下，附近的契丹官将又络绎来降。宋军围幽州城三匝，城内空虚，自分无幸。契丹主也准备放弃这重镇。独有一大将（舍利郎君），自告奋勇，请兵赴援，他领兵贪夜兼程，从间道兜到宋军的后方，席卷而北。宋军仓促应战于今北平西直门外的高梁桥（下为高梁河）一带，立时大败，四散逃窜。幸而契丹主帅受了重伤，不能穷追。败军复集后找寻太宗不得，只当他已死。正议拥戴太祖的儿子继位间，却发现了他，只身乘驴车遁归，大腿上中了两箭。十八年后他就因这伤的发作而死。

高梁桥之战（太平兴国四年，即979年）以后，宋辽边境上的冲突，断断续续地拖了二十几年，彼此都无大进展（京戏中有名的《杨家将》就是在这时代出现的）。太宗于死前三年（994），正当李顺乱事未平之际，曾两次遣使往契丹议和，都为所拒绝。真宗咸平六年（1003），宋殿前都虞候王继忠孤军力战，为契丹所俘。他本是真宗藩邸的亲信，骁勇著名。契丹摄政太后萧氏，很器重他，授以高官，配以贵女。他既荷新宠，又感旧恩，一心要促成宋辽的和好。萧太后和她朝中的领袖们对于边境的拉锯战也未尝不感厌倦，但怎肯平白休兵？次年，他们率领倾国的军队南下，同时由王继忠出面与宋朝通书约和，真宗用宰相寇准的定策，一面严密布置守御，并亲至澶渊（今河北濮阳县[1]西南）督师，一面遣使赴契丹议和。契丹攻瀛州城不下，而其进迫澶渊的前锋的统帅（即去年擒王继忠者）又中伏弩死。两方且战且议的结果便是所谓"澶渊之盟"。构和的条件载于两方交换的誓书内。兹将宋方的誓书录下：

维景德元年，岁次甲辰，十二月庚辰朔，七日丙戌，大宋皇帝谨致誓书于大契丹皇帝阙下：共遵成信，虔奉欢盟，以风土之宜，助军旅之费。每岁以绢二十万匹，银一十万两，更不差使臣专往北朝，只令三司差人搬送至雄州交割。沿边州军，务守疆界；两地人户，不得交侵。或有盗贼逋逃，彼此无令停匿；至于垄亩稼穑，南北勿纵惊骚。所有两朝城池，并可依旧存守，淘濠完葺，一切如常。即不得创筑城隍，开拔河道。誓书之外，各无所求。必务协同，庶存

---

[1] 今为河南省濮阳市。——编者注

悠久。自此保安黎献，慎守封陲。质于天地神祇，告于宗庙社稷。子孙共守，传之无穷。有渝此盟，不克享国。昭昭天鉴，当共殛之！……

据说，宋方的使人临行时，真宗吩咐他道："若不得已，许与契丹的岁币，不妨添到一百万。"寇准却把使人召来，对他说："虽有御旨，若许过三十万，我便砍你的头。"其后使人定约回来，真宗正在幕内用膳，不及召见，先差太监去探问。使人在幕外，不便扬声，只把三个指头向额上一点。那太监当为三百万禀报。真宗听了道："太多，也罢，姑且了事。"

二

澶渊之盟后，宋朝边境保持了三十年完全的和平，而有西夏赵元昊之患。西夏原初的地域大略包括今陕北的无定河以西、延水之北和绥远的鄂尔多斯。这区域在唐以来为羌族所散布。唐末，这区域的守将拓跋氏（北魏之后）割据自主，传世至宋。太宗时，西夏叛而复附，附而复叛。澶渊之盟前一年，西夏攻占灵州（今宁夏灵武县[1]西南），盟后二年，又复就抚。是时西夏之于宋边，还不过是癣疥之患。至仁宗明道元年（1032），赵元昊（赵是太宗时赐姓）继位，而形势大变。元昊从小就是一个异凡的人物，不独精娴武事，并且通蕃（盖指藏族）汉文字，从法律书、兵书，以至佛典，无所不读；又能绘画，能出新意创制器物。他劝其父不要臣属中国。其父说："我们三十年来，周身锦绮，都是宋朝所赐，怎好负恩？"他说："穿兽皮，勤力牧畜，是蕃人的天性。大丈夫要为王为霸，锦绮算什么？"在继位之前，他曾领兵西征回鹘，连取了甘州和西凉府（并在今甘肃省河西地）。既继位，模仿宋朝制度，改革政府组织。自创西夏字根，命人演成西夏文字，又命人拿来译《孝经》《尔雅》《论语》等书（西夏文译的佛经和其他西夏文书现在还有留存）。

---

[1] 今为宁夏回族自治区灵武市。——编者注

他有蕃汉兵十五六万，仍都兴州（今宁夏银川）；西取回鹘的沙、瓜、肃三州（并在今甘肃河西），东南寇宋。他继位之初已私自改元，第七年（1038），便正式称帝，定国号为大夏。此后，宋在今陕西黄河近岸、延水流域，以迄甘肃的环县、庆阳、泾川、固原一带的边境上，和西夏展开四年的苦战。宋方的主要将帅是安阳人韩琦和苏州人范仲淹。范之参与这次军事，原是由韩的举荐，但初时二人的战略根本不同。韩主张集中兵力，深入进攻，一举击破敌主力。他也知道这是冒险的事，但他以为"大凡用兵，当置胜败于度外"。范却以为"承平岁久，无宿将精兵，一旦兴深入之谋，国之安危，未可知也""为今之计，宜严戒边城，使持久可守；实关内（即关中），使无虚可乘；若寇至边城，清野不与大战。关中稍实，〔敌〕岂敢深入？二三年间，彼自困弱"。他又主张军事与外交并用，亲自作书，劝元昊罢兵称臣，时人多以他为怯。庆历元年（1041），韩琦巡边至镇戎军（今甘肃固原），派兵数万，深入敌后，窥取羊牧隆城（今甘肃隆德附近）。所遣的统领官贪利轻进，陷入敌人的大包围中，全军尽覆。兵士阵亡的，据当时边庭低折的报告，也有一万零三百人。这是宋与西夏战役中最惨的败仗，中外为之震撼。契丹乘这机会，蠢蠢欲动，次年便向宋朝提出割地的要求。宋朝只得增加岁币银十万两、绢十万匹（加原额三分之二），以为宽免割地的代价。经这一役的教训，韩琦只得接受范仲淹的清野固守政策。从此二人同心协力，作持久计。二人皆名重一时，人心归向，又皆号令严明，爱抚士卒，对近边的羌人部落，也推诚相与，恩威并用。士卒用命，羌人感畏，边境渐安。边民为之歌唱道：

军中有一韩，西贼闻之心胆寒！

军中有一范，西贼闻之惊破胆！

这两位使西贼"心胆寒""惊破胆"的大将可都不是雄赳赳的武夫，而是温雅雍容的儒者。那羌人尊称为"龙图老子"（因为他带"龙图阁直学士"衔）的范公，

并且是一代的作手,他这时在军中的歌咏,为宋人所传诵的,兹录一首如下:

塞下秋来风景异,衡阳雁去无留意。四面边声连角起,千嶂里,长烟落日孤城闭。

浊酒一杯家万里,燕然未勒归无计。羌管悠悠霜满地,人不寐,将军白发征夫泪。

宋朝虽守住了西北边境,却谈不到犁庭扫穴。因为宋取防堵的战略,需要兵力特别多。自对西夏用兵以来,禁军从四十余万增至八十余万,军队的维持费自然照这比率增加,而战时的非常支出还不算。政府虽把税收入增到无可再增(例如以较真宗景德时,商税、酒税皆增四倍余,盐税增一倍余),仍不敷甚巨,只得把太祖、太宗以来的储蓄,拿来支用。到西夏事定时,"百年之积,惟存空簿"了。朝廷对元昊自始就没有关闭和平的路,只要罢兵称臣,在相当限度内,银绢是不吝惜的。元昊见宋边无隙可乘,又适值国内发生严重的天灾,便于庆历三年(1043)遣使来讲和。两方所争的只是元昊称呼,来使所持元昊的文书自称"男邦尼定国兀卒上书父大宋皇帝"。兀卒是他自取的名,意思是"我的祖宗"。继后他的文书,竟直用汉译作"吾祖"。但这不过是一种讨价的刁难,次年元昊便答应取消这个怪名,而对国内自称夏国王,对宋称臣。宋朝则答应每年"赐"他绢十万匹,银七万两,茶四万斤。和议成后四年,元昊因为占夺新娶的媳妇,为其子所杀,年四十六。

三

范仲淹自从读书应举时,便"以天下为己任"。他常说:"士当先天下之忧而忧,后天下之乐而乐。"远在仁宗天圣三年(1025),即元昊僭号之前十三年,当他任大理寺丞(年三十七,登进士第后十年)时,他已看见国家隐伏的危机,上书朝廷,倡言改革。书中最精警的一段道：

圣人之有天下也，文经之，武纬之，此二道者，天下之大柄也……相济而行，不可斯须而去焉。……《道经》曰："祸兮福所倚，福兮祸所伏。"又曰："防之于未萌，治之于未乱。"圣人当福而知祸，在治而防乱。……我国家……自真宗皇帝之初，犹有旧将旧兵，多经战敌，四夷之患，足以御防。今天下休兵余二十载，昔之战者，今已老矣。今之少者，未知战事。人不知战，国不虑危，岂圣人之意哉？而况守在四夷，不可不虑。古来和好，鲜克始终。……今自京至边，并无关险。其或恩信不守，衅端忽作，戎马一纵，信宿千里。若边少名将，则惧而不守，或守而不战，或战而无功，再扣澶渊，岂必寻好？未知果有几将，可代长城？伏望圣慈……与大臣论武于朝，以保天下。先命大臣密举忠义有谋之人，授以方略，委以边任；次命武臣密举壮勇出群之士，任以武事，迁其等差……列于边塞，足备非常。……至于尘埃之间，岂无壮士？宜复唐之武举，则英雄之辈，愿在彀中。此圣人居安虑危之备，备而无用，国家之福也。

除了国防整顿外，仲淹于官吏的选任、人才的储养、直谏之奖励、文风浮薄之救正、君德之修省，皆有所规陈。但他这封富于预言性的奏书，竟未曾发生一点实际的影响。

庆历三年(1043)，当元昊使来，西事大定之后，仲淹被召入朝为枢密副使，旋任参知政事，一时朝野倾心瞩目。他于就职的次月，上了一封"万言书"，条陈兴革事宜十项。这十项中除关于民生的两项(厚农桑，减徭役)外，其余大旨不出天圣三年的建议的范围，不过比从前更为周详、更为具体罢了。现在把其中比较重要的六项归入四纲领，节述如下：

（一）关于国防建设的。恢复唐朝的府兵制："先于畿内并近辅州府召募强壮之人，充京畿卫士，得五万人，以助正兵，足为强盛，三时务农……一时教战。……候京畿近辅召募卫兵已成次第,然后诸道效此渐可施行。"

（二）关于民生的。（甲）厚农桑:"请每岁之秋,降敕下诸路转运司,令辖下州军吏民各言农桑之间可兴之利,可去之害,或合开河渠,或筑堤堰坡塘之类,并委本州运选官计定工料,每岁于二月间兴役半月而罢,仍具功绩闻奏。"（乙）减徭役:省并户口虚少的县份,使这些县民繁重的徭役可以减轻（因人民须服役于县衙,县多户少,则役重）。

（三）关于科举制度的。"请诸路州郡有学校处奏举通经有道之士,专于教授,务在兴行。……重定外郡发解条约,须是履行无恶、艺业及等者方得解荐,更不弥封试卷。……其考较进士,以策论高、词赋次者为优等,策论平、词赋优者为次等。诸科,经旨通者为优等,墨义通者为次等。……进士、诸科,并以优等及第者放选注官,次等及第者守本科选限。"

（四）关于用人行政的。（甲）明黜陟:是时成例,"文资三年一迁,武职五年一迁,谓之磨勘。……虽愚暗鄙猥,人莫齿之,而……坐至卿监丞郎者历历皆是"。仲淹请严定考绩之法,使无功不擢,有善必赏。（乙）抑侥幸:自真宗以后,恩荫愈滥,"两省至知杂御史以上,每遇〔三〕年南郊并〔每年〕圣节（皇帝生日）各奏子充京官,少卿监奏一子充试衔……其大两省等官……复更（例外）每岁奏荐。……假有任学士以上官,经二十年者,则一家兄弟子孙出京官二十人,仍接次升朝"。仲淹请废圣节恩荫之例,其余恩荫的优待,亦大加减损。

仲淹任参知政事不满一年,便在怨谤丛集之下,不安于位而去。他所提出的改革方案中,复府兵一项,因其他大臣一致反对,谈不到实施;变科举一项,已完全实行,但他去职后不久,旧制又被恢复;其他各项,若不是未及着手,便是才开了一点端绪,便因他的去职而停息。他去职后,出巡西北边,其后历知州郡，八年而殁（1053[1]），谥文正。

仲淹字希文，二岁丧父，其母携他改嫁长山（在今山东）朱氏。初从朱姓，名说。至二十九岁，始复本姓，定今名。年二十一，中"学究"科。继后读书于长山的山寺中。这时他的生活很清苦，每日煮一锅粥，划为四块，早晚取两块，加上几茎荠菜和一些盐便算一餐。年二十三，得知自己的身世，立即带着琴剑，离开朱家。其母派人追及他，他说："十年后，等我中了第，再来迎接母亲。"他投入南京（宋以商丘为南京）的府立学舍，在学舍中更加贫乏，有时连粥也不饱，夜间被盖不够，就和衣而睡。真宗巡幸南京，学舍生徒皆往观看，他独不出。南京留守的儿子和他同学，见他的情形和留守谈及。留守命人送了他好些肴馔，他收下，却一直等到腐败也不动。留守的儿子问故，他说："并非不感谢厚意，可是食粥已久，安之若素，一旦享受了这佳肴，以后吃粥还吃得下吗？"年二十七，登进士第。初仕为广德军司理参军（法官），常为断狱事和郡长官争是非。长官每盛怒临他，他一点也不摇动，归去便把和长官往来辩论的话记在屏风上，等到满任，整副屏风都写满了。后来知开封府时，有一宦官，倚势作威，中外畏惧，他独抗疏弹劾；自知此事危险，疏上之后，嘱咐诸儿子，他若不幸，以后他们不可做官，但在他墓旁设馆，教书度日。他虽显贵，常以节约表率家人。非宴客，食不重肉。每夜就寝前，自计一日间自奉的费用和所做的事，若觉得两者可以相当，便熟睡，否则终夜不安，次日必设法做一有益于人的事以为抵补。他为次子娶妇，听说妇家以纱罗给她做帷幔，便怒道："罗绮岂是做帷幔之物？我家一向清俭，怎得乱我家法？若敢拿来我家，必把它当众烧掉。"他的起人景慕的遗闻逸事，可以写一本书，这里选择的只代表他的不移于贫贱、不淫于富贵、不屈于威武的性格，即孟子所谓"大丈夫"的性格。

仲淹死后八年，当仁宗嘉祐五年（1060），王安石（时年四十）自江东提点刑狱，

---

[1] 关于范仲淹的去世年份，现多认为是1052年。——编者注

任满应召，赴阙也上了一封"万言书"[1]，他也觉得国家的现状非变革不可，但他认为变法的先决问题是人才的问题。照他的人才的标准，这时无论在中央或在地方，在位或在野，都缺乏人才。"今以一路数千里之间，能推行朝廷之法令，知其所缓急，而一切能使民以修其职事者甚少，而不才苟简贪鄙下人至不可胜数。……朝廷每一令下，其意虽善，在位者尤不能推行，使膏泽加于民，而吏辄缘之为奸，以扰百姓。"为什么人才这样缺乏呢？他以为由于"教之、养之、取之、任之"不得其道。什么是"教之"之道呢？他以为国家应自都城以至乡镇，遍设学校，凡优秀的青年都取入学校，由国家供养，严选教师，教以"朝廷礼乐刑政之事"。所谓"刑政"之事，包括军事。"先王之时，士之所学者文武之道也。士之才有……大小。……至于武事则随其才之大小无有不学者也。故其大者居则为六官之卿，出则为六军之将也。其次则比、闾、族、党之师，亦皆卒两师旅之帅也。"什么是"养之"之道呢？他以为国家于取入学校和仕于政府的士人，应当"饶之以财，约之以礼（自婚、丧、祭、养、燕享，以至服食器用皆有定制），裁之以法"。什么是"取之"之道呢？他说"取人必于乡党，于庠序，使众人推其所谓贤能，书之以告于上而察之，〔试之以事〕诚贤能也，然后随其德之大小、才之高下而官使之"。至于"任之"之道，则任期要久，职责要专，并待以严格的考绩之法。简单地说：要变法，积极方面当从政治和军事教育的普及化做起；消极方面当首先废除以文辞和记诵取士的科举制度。他认为这是逼切的需要。他警告仁宗以下面一类故事：

昔晋武帝，趣过目前而不为子孙长远之谋。当时在位亦皆偷合苟容，而风俗荡然，弃礼义，捐法制。上下同失，莫以为非。有识者固知其将必乱矣。而其后果海内大扰，中国列于夷狄者二百余年。

---

[1] 关于王安石上奏"万言书"的时间还有一说是嘉祐三年（1058）。——编者注

但他这封书的效果和三十五年前（天圣三年）范仲淹所上的那封书一样。

四

仁宗在位四十二年，无子，以从侄继，是为英宗。英宗在位四年，其子继，是为神宗。

神宗即位时才二十岁（以足岁计还未满十九）。他做皇子时，谦恭好学，优礼宾师，很得士林的称誉。他是感觉异常敏锐的人。他即位之初，和朝臣谈到太宗的死状，至于堕泪。他立志要兴振中国，收复燕云的失地，湔雪祖宗的耻辱。以稚年临御，承积弱之后，而发奋图强，在这一点上，他和汉武帝正相符同（他即位时比武帝长三四岁）。他一生的事业也似乎隐隐以武帝为榜样。但他的福命不如武帝：武帝寿六十九，他寿仅三十八。他所处的时代也和武帝所处的大不相同。武帝初年，当长期休息之后，公家的财力绰裕盈溢；而神宗即位时，不独府库虚竭，国计也濒于入不敷出了。武帝承景帝深文酷法、繁刑严诛的余风，其时主威赫铄，法为国是，令出必行；而宋太祖"誓不杀大臣及言事官"的家法和真、仁两朝过度的宽柔，寖假造成政治上一种变态的离心力：以敌视当权为勇敢，以反对法令为高超，以言事得罪为无上的光荣。政府每有什么出乎故常的施为，必遭受四方八面寻瑕抵隙的攻击，直至它被打消为止。范仲淹的改革就是在这样的空气里失败的。英宗朝因为追尊皇帝本生父的名号的小小问题（即所谓"濮议"，英宗本生父原为濮王），笔舌的战争就闹得天翻地覆。到神宗即位时，这种政治上变态的离心力久已积重难返了。再者，汉初去春秋战国"军事中心"的时代不久，尚武之风未泯，右文之政未兴，故将才易求，斗士易得，图强易效。宋初惩五季军人恣横之弊，一意崇文抑武，三衙实际的长官爵不过四品至六品，唐朝的武举制度也废而不行，军为世贱，士耻言兵，结果良将勇士，两皆寥落。神宗朝重大的战役多委之宦者李宪，其时军事人才的缺乏可想见了。

神宗做皇子时，对王安石久已心仪神往。他即位时，安石方以前知制诰的资格,闲住在金陵。他正月即位,闰三月便命安石知江宁府,九月便命安石为翰林学士。其后三年间,安石遂历参知政事而至宰相。这王安石是江南西路临川县人。其父历知韶州及江宁府通判。他少年时代的优裕顺适和范仲淹恰成对照。据说他的"眼睛如龙",读书过目不忘。他二十四岁便登进士第,本取第一,因赋卷中语犯忌讳改置第四。可是他一生从没有和人谈及这件得意的失意事。他的诗文在文学史上都属第一流,并且为当代文宗欧阳修深所心折。欧初识他时,赠他的诗有"翰林风月三千首,吏部文章二百年"之句,直以李白、韩愈相拟。他不独以文名,德行、政事也无不为侪辈所推服。他官知制诰时,他的夫人给他买了一个妾,那是当时达官应有的事。安石见了她,就问:"哪里来的女子?"答道:"夫人叫我来伺候舍人的。"问她的来历,原来她的丈夫是一个军校,因运米损失,家产入官,还不够赔,便把她卖掉,得价九十万钱。安石立即命人把她的丈夫找来,让他们复为夫妇。他官知制诰后,居母丧,年已四十余,却尽极哀毁,在厅堂里以槁枯席地,坐卧其上。有一天,某知府给他送一封信,那差人看了他的样子,只当他是一个老仆,叫他递入内宅。他在槁席上拿了信就拆。那差人嚷骂道:"舍人的信,院子也拆得的吗?"左右告诉差人那就是舍人!他于书卷外,一切嗜欲都异常淡薄,对衣食住都漠不关心。后来毁他的人便说他"囚首垢面而谈诗书"。他于荣禄也未曾表现过一点兴趣。宋朝的"养馆职"("三馆"是国家的图书馆和史馆)是朝廷储才待用的机关,地位极清高,也是仕宦上进必由之路。照例进士名列前茅的,初仕任满后可以请求考试馆职,他却不去请求。再经两任(三年一任)外官之后,大臣荐他去考试馆职,他也不赴。再历一任外官之后,朝廷直接授他馆职,他也不就。再经一任外官之后,朝廷又授他以更高的馆职,他于屡辞之后,才勉强俯就。但他不是没有办事的才能。他在政治上的好处,后来的史家极力埋没,但我们于他早年的政绩还可以找得一例:他知鄞县任满后,县人就给建立生祠。这样一个德行、文章、政事的全人,他在仕途上愈懒于进取,朝野的有心人愈盼望他进取。当他给仁宗上"万言书"

的时候，他久已声满天下。可是到了他由江宁知府，而翰林学士，而参知政事，而宰相，一直猛跳的时候，到了天爵和人爵极备于他一身的时候，先进和后进的同僚，包括那正人君子的领袖司马光，都不免对他侧目而视了。

五

我们读史有时可于异中见同。汉武帝初年，财政和军备都没有问题，所以他的事业的第一步是开边；到了后来因兵事的耗费，财政不足，才施行新经济政策。神宗即位时的情形正正相反，所以他的事业的第一步是经济、军事，以至教育上种种建设和改革；后来这些兴革有了相当成效，才着手开边。两人事业的程序是"易地则皆然"的。

神宗在王安石的辅导下所行的新法，现在择其重要的，分经济、军事、教育三类，每类依颁行的次序述之如下。

（一）经济

（甲）青苗法[熙宁二年（1069）九月颁布]。其法：各地方政府，每年两次举行放款，听人民自由请贷（第一等户每次所贷不得过钱十五贯，以下递减），半年为期，取息二分。这种贷款叫作"青苗钱"，因每年第一次散放是在苗青的时候。此法初行时，官吏邀功，每强迫富人称贷，这叫作抑配，后立法严禁。二分的利息，现在看来，似乎不轻，但在当时，因为通货稀少，民间的利息很高，以五分为常，甚至有一年倍本的。此法固然是政府的生财之道，也是感觉青黄不接之苦的农民的一大福音。以重利盘剥为业的豪强对此法的痛恨是很容易了解的，但司马光所代表的一班士大夫对此法之原则上的反对是比较不容易了解的。

（乙）农田利害条约（熙宁二年十一月颁布）。这法令原文的节略如下：

凡有能知土地所宜种植之法，及修复陂湖河港；或元无陂塘、圩埠、堤堰、沟洫，而可以创修；或水利可及众，而为人所擅有；或田去河港不远，为地界所隔，可以均济流通者。县有废田旷土，可纠合兴修。大川沟渎，浅塞荒秽，合行浚导。及陂塘堰埭，可以取水灌溉，若废坏可兴治者。各述所见，编为图籍，上之有司。其土田迫大川，数经水害；或地势汙下，雨潦所钟；要在修筑圩埠、堤防之类，以障水涝；或疏导沟洫、畎浍，以泄积水。县不能办，州为遣官。事关数州，具奏取旨。民修水利，许贷常平钱谷给用。

这法令的实效是：截至熙宁九年（1076）止，全国兴修的水利田共三十六万余顷。但反对党在这事实下注上一句道："民给役劳扰。"

（丙）募役法［熙宁三年（1070）十二月颁布］。其法要点：是令本来有徭役义务的人民，输钱代替，这叫作"免役钱"；官户（即仕宦之家）、寺观、女户等等，本来没有徭役义务的也令出"助役钱"，其数比免役钱减半。免役和助役钱的征收率，按各地方政府雇役的需要和资产的等级（分五等）而定；于免役和助役钱的本项外，加征二分，叫作免役或助役宽剩钱，此款原定以备凶荒之用，后来解归国库。募役法对平民是有史以来一大解放，唯官户不免因之蒙受一点小小的损失，其遭受士大夫的反对是势有必至的。

募役法为安石经济政策中最先急的项目。安石曾对神宗说（熙宁四年二月）："今所以未举事者，凡以财不足，故臣以理财为方今先急，未暇理财而先举事，则事难济。臣固尝论天下事如弈棋，以下子先后当否为胜负，又论理财以农事为急，农以去其疾苦、抑兼并、便趣农为急，此臣所以汲汲于差役之法也。"

（丁）市易法（熙宁五年三月颁布）。此即汉武帝时的平准法的扩大。平准法只行于京师，市易法则推行于京师以外。隶属于京师市易务的分支市易务，设置于下列各处：杭州、黔川（今四川彭水县[1]）、成都、广州、郓州（今山东东平县西北）。反对党反对此法的理由是："与商贾争利。"

---

[1] 今属重庆市。——编者注

（二）军事

（甲）保甲法。此法实即旧有乡兵制的改良和扩大，其实行有四个重要的步骤。第一步（熙宁三年十二月）：编民户十家为一保，五保为一大保，十大保为一都保；保有保长，大保有大保长，都保有都保正和副都保正，各选本组织内才勇为众所服的主户（地主或自耕农）人丁充当；家有两丁以上的，选一人为保丁，两丁以外的余丁亦选其壮勇的充保丁。每大保每夜轮派五人警盗，同保有犯强盗、杀人、放火等重罪而知情不举的坐罪，保内有容留强盗三人以上过三日以上者，其邻舍虽不知情亦坐罪。此法先行于畿内，以次推及全国。第二步（熙宁四年）：奖励畿内保丁习武，每年于农隙分地举行会试，试骑步射法，上等的当授官职，以次至四等予赏有差。第三步（熙宁五年）：许畿内主户保丁"上番"（即赴各县巡检司服巡警之役），十日一换；月给口粮和薪菜钱。第四步［元丰二年至四年（1079—1081）］：予保甲长及保丁以严格的武艺教练，先以禁军的教头教大保长，三年艺成，乃以大保长为教头，教保丁。此法先行于畿内，次及河北、河东、陕西三路。到了熙宁四年，这三路共有受训完毕的保丁约七十万人。第四步的开始施行已在王安石去位后三年。

与保甲法约略同时实行的是募兵的裁减，但所裁减的，厢兵居多（其数不详），禁兵较少。计禁军总数在英宗末年为六十六万余，在熙宁间为五十六万余，在元丰间为六十一万余。在安石的军事计划中，保甲法原是恢复府兵制以代替募兵制的准备。在施行保甲法第一步之前，安石已与神宗讲论府兵之制，打算以渐复行之。关于此事，安石在所撰《熙宁奏对日录》中曾有记载，此书已佚（此书百二十卷为我国历史文件中稀有之宝，佚去太可惜，幸大部分已为李焘采入《续通鉴长编》中，但经删修，本来面目已失，唯宋人陈瓘《四明尊尧集》引五十余则，可于此见其内容一斑）。兹据朱熹所引，摘录如下：

余……为上言募兵之害，终不可经久。上以为如此。

余曰："今养兵虽多，及用则患少，以民与兵为两故也。又五代祸乱之虞，终不能去；以此等皆本无赖奸猾之人故也。"

上因问府兵之制曰："何处言府兵最备？"

余曰："李邺侯传言之详备。"

上曰："府兵与租庸调法相须否？"

余曰："今上番供役，则以衣粮给之，则无贫富皆可以入卫出戍。虽未有租庸调法，亦可为也。但义勇不须刺手背。刺手背何补于制御之实？今既以良民为之，当以礼义奖养。刺手背但使其不乐，而实无补也。又择其乡间豪杰为之将校，量加奖拔，则人自悦服。今募兵为宿卫，乃有积官至刺史防团者。移此与彼，固无不可。况不至如此费官禄，已足使人乐为之。陛下审择近臣，使皆有政事之材，则他时可令分将此等军。今募兵出于无赖之人，尚可为军厢主，则近臣以上岂不可及此辈？此乃先王成法，社稷之大计也。"

上良以为然。

随后安石即奏上记载唐府兵法最详的《邺侯家传》。此奏原稿曾为朱熹所藏。朱熹说："〔予〕独爱其纸尾三行，语气凌厉，笔势低昂，尚有以见其跨越古今、斡旋宇宙之意。疑此非小故也。"又说："抑公此纸，词气激烈，笔势低昂，高视一时，下陋千古，而版本文集所载，乃更为卑顺容悦之意，是必自疑其亢厉已甚，而抑损之，其虑深矣。然论其实似不若此纸之云，发于邂逅感触之初，尤足以见其胸怀本趣之为快也。夫以荆公之得神祖，可谓千载之一时矣，顾乃低徊若此，而犹未免有郁郁之怀。君臣之际，功名之会，呜呼难哉！"

神宗到底认府兵制为不可复行，故安石罢政后，不再谈及，其旨似以保甲为防守的辅助力，而战斗的主力仍任募兵。

（乙）保马法（熙宁五年，元丰七年）。此与汉武帝时之"马复令"（许人民养官马以减免徭役）相近。其法：于畿内及京东、京西、河北、河东、陕西五路许人民领官马自养，或领官钱买马自养，每户不过两匹；养官马之家，公家给以钱帛，并免除其捐税的一部分（后来畿内不给钱帛），同时养户自然得使用所养官马。属三等以上的养户十家为一保，属四等以下的养户十家为一社；一保之内，马有死者，十家共偿其值；一社之内，马有死者，十家共偿其值之半。后来又令京东、京西两路保甲户一律养马，而免除其教阅及此外若干保甲的职责。

（丙）更戍法的废除（熙宁七年至元丰四年）。更戍法本以防止兵为将有，但结果"兵不知将，将不知兵，临事应变，精神散漫，指挥不灵"；禁军之不振，这是其原因之一。神宗和安石有鉴于此，逐渐于各路的军略要地取消更戍法，而设置固定的驻防禁军，由固定的主将，就地训练。这种驻防军的设置，当时称为"置将"。"将"是当时军队新编制中的一种单位，一将约有三千人上下，仿佛现在的一师。

（三）教育

（甲）变科举。熙宁四年，罢进士以外的"诸科"（诸科是专考记诵的），令除曾应考"诸科"不第的人外，不得参加此种考试；增加进士的名额；进士试废诗赋，专用经义策论；所试群经，但取《易》《诗》《书》《周礼》《礼记》及《论语》《孟子》，而废弃旧有的《春秋》和《仪礼》（同时太学教授及经筵进讲亦废之）。

（乙）变学制，兴学校。（1）宋初的太学只是品官子弟考"取解"（取解即取得应进士试的资格，平民在本州取解）的机关，有学校之名而无肆学之实。至仁宗皇祐末，在湖州大儒胡瑗的管领下，太学才成为一真正讲学的机关，但其时学生不过二百人，胡瑗去后，又渐复原状。神宗即位，增太学生额为三百人，后又增为九百人。熙宁四年分太学为三舍，外舍生无定员，新生充之（太学生仍限品官子弟）；外舍生经考选入内舍，内舍生额三百人，内舍生经考选入上舍，上舍生额百人；上舍生考取优等的荐于中书，授以官职。元丰二年，增太学生额外舍二千，内舍三百，上舍一百；规定除月考外，每年各舍总考一次，决定外、内舍生的升舍，上舍生的等第。上舍生考上等的等于进士及第，即授官职；中等的免进士的礼部试；下等的免取解。（2）仁宗庆历四年，当范仲淹为参知政事时，曾"令州各县皆立学〔校〕，本路使者选部属官为教授，员不足，取于乡里宿学有道业者"。但当时诸州奉行的不多，其后又限旧时节度使所领州方得立学。熙宁四年，复令各路、州、府立学，每郡给田十顷以赡养学生。其后又派定诸路的州府学教授凡五十三员。（3）仁宗庆历间，胡瑗曾建议兴武学（即中央军官学校），朝议格而不行。熙宁五年始行其议。

（丙）"三经新义"的纂修和颁行。所谓三经是《周官》《书经》《诗经》，新义始修于熙宁六年，颁行于熙宁八年，主纂的人物为王安石、其子王雱和安石最得力的助手吕惠卿。"三经新义"乃安石对付敌党的思想武器，也是他所谓"一道德、同风俗"的工具。自从新法开始颁行以来，所有元老重臣和清流名士一致反对；在朝的谤议汹起，在外任的百方阻挠，使新党辩护穷于辩护，神宗谪黜穷于谪黜。反对党的最后论据，可用三朝元老文彦博的话代表。熙宁四年三月，他论新法道："祖宗法制具在，不须更张，以失人心。"神宗问："更张法制，士大夫诚多不悦，但于百姓何所不便？"彦博道："为与士大夫治天下，非与百姓治天下也。"神宗和安石的坚毅到底战胜了一般士大夫的口舌，而贯彻了新法的推行。但为巩固国是的心理基础，他们不得不在经典中替新法找寻或制造理论的根据。"三经新义"便是这种工作的结果。群经中最可为新法掩护的莫如《周官》，故安石也特别推重《周官》。"新义"三种中唯独《周官》一种是安石亲自属笔的，也唯独此种流传至今。"新义"自从颁行以后，在五十余年间，除了短期的被掩蚀外，支配了整个的思想界；太学和州县学校用为主要的课本，科举考试用为绝对的准绳；"新义"以外，三经的一切其他注疏，都无人过问了。

后来宋朝贬斥王安石最力的学者，也公认"新义"富于新颖而确当的解释，不容废弃。我们现在读《周官新义》，很容易注意到的却是安石解经的特殊作风，一种奇怪的拆字法。例如他解"遂"字道："豖八而则遂。"又例如他解"夫"字道："夫之字与天皆从一从大，夫者妻之天故也；天大而无上，故一在大上；

夫虽一而大，然不如天之无上，故一不得在大上。"又例如他解"卿"字道："卿之字从卩，卩奏也；从卩，卩止也；左从卩，右从卩，知进止之意（卩 古节奏字）；从皀，黍稷之气也；黍稷地产，有养人之道，其皀能上达；卿虽有养人之道而上达，然地类也，故其字如此。"在字形的渊源上都是毫无根据的。但安石确信这种拆字法不独可以得到造字的本意，并且可以得到一切关于人事和天道的重要真理。后来他应用这方法，著了一部二十四卷的字典，名曰《字说》。此书也曾经神宗颁行，其后来的作用和影响与"三经新义"等。此书可惜现在已佚，但从后人所引，还可以看见它的片段。撰此书时安石已罢政，但在书中还念念不忘统一思想；书中解"同"字道："彼亦一是非也，此亦一是非也，物之所以不同；冂一口，则是非同矣。"

以上分类略述神宗的新政见。此外还有一要项为这三类所不能包括的，即元丰三年新官制的颁行。这新官制的内容这里不能细述，大要是恢复唐代台省寺监的实权，而裁减宋朝在这组织外所加的上层机构。新制以尚书左右仆射同中书门下平章事为宰相，以尚书左右丞代替参知政事，枢密院仍保存。

六

神宗在熙宁七年以前对边境的经营，从是年三月间韩琦所上的一封奏疏可见大略。在这奏疏里他列举神宗所为足以引起契丹疑心的凡七事："高丽臣属北方，久绝朝贡，乃因商舶诱之使来，契丹知之，必谓将以图我，一也；强取吐蕃之地，以建熙河，契丹闻之，必谓行将及我，二也；遍植榆柳于西山，冀其成长，以制蕃骑，三也；创团保，四也；河北诸州筑城凿池，五也；又置都作院，颁弓刀新式，大作战车，六也；置河北三十七将，七也。"

第二项所谓熙河，略当今甘肃洮河流域之地。此地东北邻接西夏，为羌族所分布，久属吐蕃。德安（江西）人王韶建议招降诸蕃部，抚有其地，以为图谋西夏的初步。先是王安石子王雱十三岁时，闻陕西边卒说洮河事，以为此可以规取，若西夏得之，则国家之患无穷。至是安石力赞王韶之说。神宗便派王韶主持开熙河事。王韶于熙宁四年到边，三年之间，剿抚兼施，并击败吐蕃军，遂定其地。有一次捷书到，神宗解所佩玉带赐安石，以赏其功。其后韶入朝，以宦者李宪继之，史（《宋史·韶传》）称韶"用兵有机略。临出师，召诸将授以指，不复更问。每战必捷。当夜卧帐中，前部遇敌，矢石已及，呼声振山谷，侍者股栗，而韶鼻息自如，人服其量"。韶因熙河功，擢枢密副使，后以与安石不协去职。

熙河抚定的次年，契丹忽然蠢动，侵入边境，并遣使来求割所据之地。上文所引韩琦的奏疏就是为此事而发的。宋与契丹往复谈判，经二年之久，至八年秋，神宗终用王安石"将欲取之必固与之"之说，割河东边地东西七百里以与契丹。

次年有交趾之役。交趾本先南汉节度州，南汉亡，名受宋册封，实自主。太宗时曾乘其内乱，遣军进取，无功而还。至是分三路入寇，陷邕、钦、廉等州，屠邕民五万八千。神宗命老将郭逵往讨，逵派别将收复失地，自领主力，攻其后路，进至富良江，交人以精兵乘船迎战，宋军砍树作炮机，发炮石如雨，尽坏敌船，又设伏邀击，杀敌数千并其王太子，交王恐惧乞降。而宋军八万冒暑行瘴地，也死亡过半。

神宗开边的第一个目标，原是西夏。自从庆历四年宋与西夏和议成后，西北的边境平静了二十余年。到英宗末年，西夏又开始寻衅。自此年至熙宁四年间（1066—1071），西夏三次入寇，宋两次反击，互有胜负。但其中熙宁四年西夏最后一次的攻侵是大获胜利的。元丰四年夏，西夏内变，国主为母后所囚。神宗认为这是进攻西夏的最好时机。经三个多月的布置，然后发动。这一役的意义，从他八月底给熙河路军帅李宪和鄜延路军帅种谔的诏书可以看出。前一封诏书里说："今来举动，不同凡敌，图人百年一国，甚非细事。苟非上下毕力，将士协心，曷以共济？须不惜爵赏，鼓励三军之气。……朝廷唯务灭贼，其他固无爱惜。"后一封诏书里说："朝廷昨于诸路大发师徒,本候齐集与逐路遣兵并力,择时鼓行,覆贼巢穴。"总之,神宗要一举荡平西夏,要把他十数年来富国强兵的成绩,做一次壮烈的表现。同知枢密院事孙固却不赞成此举,他以为"举兵易,解祸难"。神宗说："西夏有隙可乘,我不取,便为辽人所有,时机不可失。"其后孙固又对神宗说："现在五路进兵,却无总帅,即使成功,也怕有内乱。"神宗说："总帅确是难得合适的人。"知枢密院事吕公著道："既然没有合适的人,何不罢乎?"九月底,河东路军帅王中正（宦者）领兵六万自麟州出发;鄜延路种谔领兵九万三千自绥德城出发;环庆路高遵裕领兵八万七千自庆州出发;泾原路刘昌祚领兵三万自泾州出发;先是李宪已收复古兰州城,至是领本路及秦凤路军七军（数未详）并吐蕃兵三万自兰州出发：约定五路会师于兴、灵（兴州今宁夏省会,西夏首都；灵州今灵武县）。刘昌祚军首先到达灵州城下,高遵裕军继之,两军沿路皆有大捷。昌祚本受遵裕节制,而遵裕疾恶之,屡加凌侮。两军不协,围灵州城十八日不下,而饷道已断绝。夏人决水灌其营,乘其避水而追击之,宋军溃乱,死已无算,遂退。种谔沿无定河而进,连破银（今陕西米脂一带）、石（今地未详）、夏州（今陕西横山一带）;自夏州继进,粮饷断绝,又遇大雪,士卒死亡十之二三,溃散南奔的亦十之四五,遂退。王中正屠宥州城（今陕西靖边东）,继进,粮尽,士卒死二万人,遂退。李宪东进至泾原边境,稍有斩获,时诸路已退,亦于十一月中奉诏撤归熙河。是役,西夏的战略是坚壁清野,纵敌人深入,而聚精兵保兴、灵,以轻骑抄截敌人的饷道。是役,宋军虽不能达到原来的目的,却恢复了沦陷百余年的银、夏、宥等州。这新占领区的设防是一大问题。次年秋,经边将对这问题反复讨论后,神宗决定建筑永乐城（今陕西米脂西北）。这城才建筑成,西夏便派三十万大军来攻夺。这城依山,下临无定河。城中无泉无井,给水全靠城外。既被包围,临渴掘井,得到的水只够将领之用。兵士绞马粪汁充饮,渴死大半。而援兵和馈饷皆为敌人所阻截,城遂陷。将校死数百人,兵士和伕役死二十余万人;辎重的损失,不可计算。神宗得讯,悲愤不食，临朝痛哭。他想到吕公著和孙固的话，有点后悔了。

七

我们若更把神宗和汉武帝做一对比，则永乐之役恰相当于征和三年贰师之役。后者是武帝一生事业的收场，前者是神宗一生事业的收场。贰师之役后三年而武帝死，永乐之役后也恰恰三年而神宗死。神宗死后一年余王安石亦死。

安石自熙宁三年杪进位宰相后，诋诬怨谤，矢集一身，平昔亲交，尽成政敌。似乎为减少新法的阻力计，并为劳极少休计，他于七年四月，请求解职，奏六上乃得请，归居金陵。临去，他荐吕惠卿等自代（惠卿旋擢参知政事），并答应他日可以重来。次年二月，神宗召他复位，他即兼程而至，但复位不到两年，便又坚请退休，从此不复问政。他最后告退的原因，是宋史的一个谜。据反对党的记载，那是因为他和吕惠卿起了内讧，惠卿把他的私信中有一封说过"毋使上知"的，缴呈神宗，神宗从此对他失了信任，他不得不去。安石复位后不久，便与惠卿失和，那是事实，但发私书一事，并无确据。安石与惠卿交恶的原因也是宋史的一个谜。这一段历史安石在《熙宁奏对日录》的后四十卷中原有详细的记载，但这四十卷给他的女婿蔡卞抽毁掉，不传于世。据吕惠卿家传（李焘引），二人的冲突是由于安石恶惠卿擅政，改了他所定的"三经新义"，并听信了左右的谗间。这当然只是一面之词。至于安石引退的原因，我们在加以推测时，不可忘却此事前三个月他所受的一生最大的打击：他的独子王雱的英年（卅三）摧折。这时他已五十六岁了。他退休后隐居金陵十年而死。

  自古功名亦苦辛，行藏终欲付何人？
  当时黮暗犹承误，末俗纷纭更乱真。
  糟粕所传非粹美，丹青难写是精神。
  区区岂尽高贤意，独守千秋纸上尘。

从安石这首诗看来，他身后的遭遇，自己是预料到的。

安石死迟神宗一年余是他的大不幸。神宗死后，长子（即哲宗）继位，年才十岁，太皇太后（英宗后高氏）垂帘听政。她一向是司马光的同志，认祖宗家法为神圣不可侵犯的。她一听政，便开始废除新法，旋起用司马光。一个被宫墙圈禁了五十年的老妇人（她是自幼养在宫中的）和一个被成见圈禁了二十年的老绅士，同心合力，挥着政治的锄头，期年之间，硬把神宗和安石辛苦营构的成绩芟除得根株尽绝。

宋之积弱与变法失败
（960—1085）

/ 雷海宗 /

一、兵制

宋代的统一只能说是长期大乱后的消极治平时代，对内对外实际上都无办法。宋太祖集中兵权，似可矫正时弊。但他所招的兵太多，分子杂滥，甚至往往以招兵为救荒的方法。

赵匡胤在登上皇帝位后的第二年，免除握有重兵的慕容延钊和韩令坤的殿前都点检的职务，"罢为节度使"。禁军殿前都点检被取消，由皇帝控制禁军。同一年，在一次酒宴中，赵匡胤"劝"大将石守信等人交出兵权，说此后他们可以购置田宅，多置歌儿舞女，"日夕饮酒相欢，以终天年"。大将在利诱胁迫之下，一个个交出了兵权，这就是"杯酒释兵权"。

北宋把禁军分而为三，由"三衙"统领。其将领的名位较低，大权实际上由皇帝掌握。北宋设枢密院，枢密使有调动军队的权力。而实际领兵作战的将领往往是临时委派，没有调动军队的权力，"有握兵之重，而无发兵之权"。同时，宋朝的募兵制有很强的以职业兵身份养穷苦老百姓的色彩。每一地灾荒，政府即招兵，意为常有乱民而少有乱兵。北宋一朝，很多农民军起义后迅速被招安，摇身一变成为朝廷军队，就赖宋朝养兵政策。兵权过于集中于上，导致将领临敌少有独断之权，不能权宜行事，而且养兵政策使得军队很难形成有效的战斗力。

同时朝廷对军将过于姑息，不加督责。将既如此，兵又如彼，难怪宋代对外始终不能振作。

二、财政与民生

宋初集中财政，并谋增进民生。北宋初年于各路设置转运使，将地方上财赋收入，除一小部分留做"诸州度支经费"外，要全部送至京师。中央还派京官去地方上监收。但赋役的分配过于不均，以致占人口大多数的小农与贫民无法谋生。宋代建朝后，不但不抑制兼并，反而纵容功臣、大将们兼并土地。太祖要石守信等交出兵权时，便鼓励他们去购置田产。土地买卖与典卖相当普遍，土地集中的趋势加速，农民失去土地，客户的数字在增加，"富者有弥望之田，贫者无卓锥之地。有力者无田可种，有田者无力可耕"（《续资治通鉴长编》卷二十七）。

役法的不良尤其使人民感受痛苦。宋代的居民有主户和客户之分。主户分成五等，乡村上三等户为"上户"，是各类地主。四、五等户称为"下户"，有少量的土地。客户是没有土地的农民，占总户数百分之三十五左右。五等户和客户都要租种土地，地租根据具体的情况或对半分成，或四六分成，没有耕牛的佃户要把六成以上的收成交给地主。宋代名义上虽对没有土地的客户不征税，但是客户租种大户的土地，国家收税越重，则主户想方设法的盘剥手段就越多。一切负担几经辗转，又全压到了穷苦百姓的身上。

财政与民生是任何国家对内的主要问题,这个问题宋代也始终未能解决。

三、科举

由唐至宋,科举制度在外表上没有多少变化。但科举的内容日益空洞,最后只余下浮华的赋论与大言不惭的经义,因而所产生的人才都是些与实际完全脱离关系、能说不能行的书生。

宋代科举考试依据的是儒家经典,但是很长一段时间内,对儒家经典注释不一,还不能达到统一思想的目的。王安石创立的"新学"派,是新兴的"宋学"中体系相对完整的学派。宋神宗对王安石说:"今谈经者人人殊,何以一道德,卿所著经,其以颁行,使学者归一。"以王安石为首的改革派以"新学"派的观点撰注《诗义》《书义》《周礼义》,合称《三经新义》,于熙宁八年(1075)颁布学校,作为教科书。此后,《三经新义》成为科举考试的依据,以此选拔拥护改革的官员。(《宋史·选举志三》)

绍兴末年以前,科举虽仍以"新学"学说解释经义为主,但"理学"在秦桧、赵鼎扶植下,在科举考试中也逐渐得势。高宗末孝宗初,"理学"遂与"新学"并为显学,科举中随权臣及主考官的倾向而变化。宁宗中期以后,理学派在科举中逐渐占优势,至理宗淳祐元年(1241)后,理学成为统治思想,新学、蜀学在科举中遂完全被排斥。可见,宋代科举无论形式如何变化,归根结底,在于选拔听话之官吏,这与后世所诟病的明朝八股取士没有多大区别。

法制不良,犹可改善;人才缺乏,最无希望。这至少也是宋代对内对外始终无办法的一个重要原因。

四、缠足

在宋代各方面的积弱之下,妇女缠足的风气也渐渐普遍。缠足除对身体的戕害之外,在心理方面也代表一种变态的审美观。男子既不能当兵,又不成人才,女子又故意地加以摧残，整个民族不知不觉间都进入麻木昏睡的状态。

五、国防生命线之始终缺乏

以往中国在统一时代总有藩属，积弱不振的宋朝不只没有对外发展的能力，连中国本部的国防要地也不能占有。

东北的燕云仍为辽侵中国的根据地。燕云之地历来为农耕民族防备游牧民族南侵的重要屏障，历代长城必须依燕、云、幽等地的险峻地形方能起到金汤之作用。自石敬瑭割燕云十六州之后，辽国铁骑毫无阻挡，而中原军队北进却又难上加难。雍熙北伐宋军由胜转败，失却地利实为重要的原因。而澶州之战，辽国轻易逼近宋京，实也是因没有抵御的屏障。

西北的边地始终是西夏的势力。西北宁夏、陕北地区，是北方游牧民族南侵的又一个通道，尤其是中原王朝之政治中心在长安之时，此地比幽、云还要重要。如今此两大重要通道为辽、夏所据，则战争的主动权就掌握在了彼方手中。

并且宋须每年向两国输纳重币，方能维持和平，这也是宋代财政困难的一个原因。

六、王安石

王安石是宋代的非常人物。他曾于嘉祐四年（1059）上《言事书》，列举时政弊端及改革意见，虽未被采纳，却代表了要求改革者的共同意志，声望日益高涨。神宗即位时，王安石已经独负天下盛名多年，司马光也说大家都认为只要王安石当政，"则太平可立致，生民咸被其泽"（《司马温公文集》卷六十《与王介甫书》）。他看出中国积弱的情形，认为非改革不可，并且断定当时的基本问题就是人才问题。

七、王安石变法

神宗给王安石一个彻底改革的机会。新法的目的是要解决财政与民生的问题，使国家有可用的兵，使读书的人能真正明理，成为有用的人才。正如王安石所说，"修吾政刑，使将吏称职，财谷富，兵强而已"（《宋会要辑稿》食货一之二十八）。熙宁二年（1069）二月，王安石任参知政事，首先创设变法改革的指导机构"制置三司条例司"，由王安石和枢密副使韩绛兼领，吕惠卿任"检详文字"，章惇为编修三司条例官，曾布任检正中书五房公事。同年七月至十一月先后颁布实行均输法、青苗法（常平法）、农田水利法。熙宁三年五月，废"制置三司条例司"，并其职权归中书（宰相府），司农寺成为推行新法的机构，吕惠卿改任判司农寺。同年十二月，王安石与韩绛同时拜相，变法一直在守旧派的攻击和变法派内部意见不一致的艰难情况下进行。熙宁七年四月，王安石在实行免行法时，受到神宗和曾布的联合抵制，辞相就任江宁知府，吕惠卿升任参知政事。八年二月王安石复相，受到吕惠卿的攻击，神宗对王安石的意见也多不从。加上爱子王雱病死，王安石精神受到重大打击，遂力请辞相。同年十月王安石第二次罢相，出任判江宁府，次年六月又辞官闲居江宁，元祐元年（1086）四月去世。

新法未得尽量推行。但兵制改革之后，虽对辽、夏仍无进展，对蛮人方面却相当的成功。王安石变法的兵制改革包括将兵法、保马法、保甲法、团教法等，其中保甲法等依靠民间乡村基层单位为兵员来源地的方法为后世所效法。

八、变法失败

一般以正人君子自居的人保守成性，对新法用种种正当与不正当的方法诋毁攻击，附和新法的又多是些动机不纯的人，所以人才以至人格的缺乏使新法没有一个好好施行的机会。不过，王安石过于激进，很多措施也并不符合当时的客观实际。特别是他为追求变法效果，对地方官员勒逼过紧，许多地方官疲于应付，只得弄虚作假。这种上有政策、下有对策的做法，使得王安石变法所背负的恶名越来越多。

旧党上台之后，不顾利害，在可能的范围内把新法几乎全部推翻。当时苏轼还算比较清醒，他既反对王安石的暴风骤雨式的改革，也反对司马光等人对王安石变法不分青红皂白地全盘否定，结果遭到了新旧两党的共同排挤。

王安石虽不免抱负过高，但他认为中国把千载一时的机会白白放过，并非全是一时痛愤的论调。

宋亡
（1086—1279）

/ 雷海宗 /

一、北宋灭亡

王安石变法失败之后，新旧党争变成夺取政权的工具。宋神宗死后，曾经和王安石一起变法的人如吕惠卿、蔡确、章惇等都遭到打击。司马光死后，朝中又展开内部的争斗。程颐等为"洛党"，苏轼、吕陶等是"蜀党"，刘挚及刘安世、梁焘等为"朔党"。在这之后，朝政日益混乱，所谓新法旧规，完全成为一种旗号。到了宋徽宗亲政之时，再复新政。这时的变法，已经走了样，推行变法的人实际上是在争权夺利，当时蔡京、高俅等人完全凭自己的意愿划分新旧之党，稍有拂逆己意之人，便攻击其为旧党。还有人借着变法之名，行搜刮之实。政治日益腐败，以致引起严重的民变。当时就有今天我们耳熟能详的宋江等人领导的梁山泊起义。时睦州青溪（今浙江淳安）人方腊，因不满朝廷盘剥，利用摩尼教（明教）号召民众，组织起义。方腊起义军先后攻下六州五十二县之地。

为镇压方腊起义，宋徽宗命童贯带领十五万大军包围起义军。方腊寡不敌众，起义失败。当时金国兴起，相约北宋一起攻辽，北宋朝中意见不一，相当一部分人认为应靠辽国牵制后起之金国。但是宋徽宗认为这是收回失地的好时机，遂命童贯带镇压方腊之兵北上攻打燕京。不过，辽军虽在金国攻势下屡战屡败，在燕京城下打击宋军却是节节胜利。童贯黔驴技穷，只得请求金国代劳，最终燕京被金军攻破。后来，金国借口宋不守盟约，大举攻宋。宋徽宗惊慌失措，慌忙让位于钦宗。但是这二人最终都在东京城破之际，被金军掳走。这就是著名的"靖康之变"。中原于是第二次陷于外族。

二、南宋

自宋室南渡之后，中国政治社会的黑暗通史就成了永久固定的状态。这种情形自唐末以下渐渐明显，宋虽统一，政治社会的基础仍不健全，王安石的改革计划也大体失败。从此之后，大家都安于堕落，并不觉得有彻底改良的需要。南宋是在风雨飘摇中建立起来的，但是这个偏安江左的朝廷，仍是醉生梦死，对百姓继续进行残酷的压榨和剥削。土地兼并加剧，大批农民失去土地成为无地的客户。长江中下游的圩田多被皇室、大官僚、文臣武将所占领。

人才的缺乏与吏治的腐败是这个没落社会中最惹人注意的现象。暴政是常事，善政几乎成了梦想不到的奇迹。南宋统治者在生死存亡的关头，内部的斗争一直没有停止过。高宗时由秦桧把持朝政，打击、迫害不同意见的人，实行文化专制政策，贿赂公行。到了宁宗、理宗、度宗，一直到南宋的灭亡，政治异常黑暗。史弥远、丁大全以后又有贾似道，在这些奸相控制下，政出私门，奢侈腐化，卖官鬻爵，人民的生活更加痛苦，社会的危机更为严重。这样的社会当然没有强盛的可能。宋自认为金的属国，方得偏安江南，但最后仍不能自保，以致整个的中国亡于异族。

1276年，元朝军队攻破临安，南宋灭亡。1279年，张世杰、陆秀夫等拥立的南宋小朝廷被元军追击到厓山（今广东南海[1]）。经过一番挣扎后，南宋最后的一点象征随着陆秀夫背着小皇帝跳海而结束。

三、金

金朝盛衰的经过与汉人自创的朝代大致相同，也有朝廷草创时的励精图治，也有诸如完颜亮这样的暴君，也有金哀宗作为末世皇帝的悲伤与无奈。金朝占据中原之后，不久就完全汉化。虽也有人感到此事的危险，但这似乎是不可避免的命运。汉化的程度越深，兵力越发不振，最后甚至与宋同样没有可用之兵。最堪玩味的，就是连亡国时的可怜状态也与宋的两次亡国如出一辙。

蒙古军南下，金朝内部分裂为抵抗与投降两派。金宣宗屈辱求和，蒙古军暂自中都（今北京）撤退。宣宗弃中都迁汴（今河南开封），金朝从此走上灭亡的道路。中都北京（今内蒙古巴林左旗东南）失陷，官员、地主纷纷叛金降蒙或自立。张鲸、耶律留哥、蒲鲜万奴称王，标志着各族以及女真族内部的分裂。1229年，窝阔台继汗位，继续征讨金朝。1231年，窝阔台亲自带领中路军伐金，同时命令东路军直指济南，西路军假道宋汉中，直下汉水，再进而入金境。次年三月，汴京被围，金人坚持斗争，最后粮尽援绝，金哀宗逃至归德。1233年初，金军的守将投降，蒙古军占汴京。金哀宗又由归德逃往蔡州（今河南汝南[2]）。南宋与蒙古约定联合攻金，这是北宋联金灭辽的故技重演。这一年的七月，南宋将领孟珙出兵消灭了金人的一支重兵，与蒙古军包围了蔡州。宋理宗端平元年（1234），蔡州城破，金哀宗自杀，金灭。

---

[1] 今为广东省江门市新会县南。——编者注

[2] 今为河南省驻马店市。——编者注

元朝的迅速衰败
/ 雷海宗 /

一、非中国重心之欧亚大帝国

这里所讲元朝的疆域,是指元朝直辖地区,不包括后来走上独立发展道路的钦察汗国、察合台汗国、窝阔台汗国、伊利(又译伊儿)汗国。史载,元朝疆域"北逾阴山,西极流沙,东尽辽左,南越海表"(《元史·地理志一》)。史称汉唐为盛,但"幅员之广,咸不逮元""元东南所至不下汉唐,而西北则过之"(《元史·地理志一》)。唐朝时期边疆地区的羁縻州县,在元朝几乎都同于内地,以往由少数民族政权统治的地区,也正式划入元朝的版图。

大元是横亘欧亚的大帝国,并不以中国为重心。这是与前此外族统治中国大不相同的一点。政治中心原在上都,全在中国本部的范围之外。后来虽迁都燕京,但这是事实的问题:中国虽无意间成为大元帝国的主要部分,在蒙古人心目中他们仍是以外族入主中国,始终不肯与中国同心同德。国家用人并不限于汉族,更不限于儒生,例如元朝的著名宰相耶律楚材便是原契丹贵族。由于李璮之乱牵涉到忽必烈倚信的王文统，使忽必烈极为震动，以致他对许多藩府旧臣和汉人军阀产生很大的猜忌。平灭李璮之乱后的一系列措施，既有加强中央集权的意义，同时也是出于对汉人的防范之心。王文统被杀后，忽必烈转而重用出身回回的察必皇后宫帐侍臣阿合马，把他"超擢"为中书平章政事。凡是帝国以内甚至帝国以外的人都可擢用。所以蒙古人多不习汉文。他们不只不想汉化，甚至鼓励汉人蒙古化。汉族中为荣利心所驱使也确有不少与蒙古同化的人。

二、种族与阶级

因为蒙古人始终以征服者自居，所以种族间有很严的阶级分别。在官制上，总是蒙古人为长；在刑法上，蒙、汉两族的待遇也不相同。忽必烈把各地的人分为四等，即蒙古人、色目人、汉人和南人。这种区划，便于忽必烈的分而治之，但是它加深了各民族之间的矛盾。各民族在政治和经济上的地位很不平等。在政府机构中，重大权力为蒙古人和色目人的贵族所掌握，高级官员主要由蒙古人和色目人担任。汉人的地位次一等。而南人在南宋灭亡后的一个时期内几乎没有在中央担任要职。地方上，也主要是蒙古人掌握大权。按规定，达鲁花赤由蒙古人担任，同知由色目人担任，汉人做总管。

元朝法律明显地反映出民族压迫的性质。蒙古人因争斗或者醉酒杀汉人者不处死刑，只是罚凶犯出征，征烧埋银。法律还规定汉人和南人不能收藏兵器。土地的占有状况同样反映了阶级压迫剥削和民族上的差异与不平等。蒙古贵族在消灭南宋的过程中，没收各种官田，占有大量的无主荒田，侵夺民产。元朝皇帝赐给皇亲、贵戚、勋臣、大将以及各种寺观田产的数量相当惊人。如忽必烈赐给撒吉思益都田达一千顷，元文宗以平江的三百顷田赐给安西王阿剌忒纳失里。

三、兵制与驻军

蒙古自己行征兵制，对汉人也行半征兵制，兵的数目一定很大。但元对汉人始终歧视，军机重务汉人不得参与，所以元兵的数目至今无从稽考。驻军各地，镇压汉人，以便永久维持蒙古族的统治地位；但蒙古人虽不肯汉化，却不能避免腐化，统治中国的时期比金朝尚为短促。元朝末年，天下纷乱，很多蒙古军人在镇压各地起义中，总是诛杀无辜百姓以邀功，当真正的起义军出现时，他们却又作鸟兽散。

四、财政与纸币

元的财政政策，目的并不在压迫人民。只因不能量入为出，结果也成了暴政之一。财政困难，于是就大规模地推行钞法，以致物价腾贵，公私的生活都受损害。至元二十二、二十三年(1285—1286)，元政府发行的交钞分别高达三百万锭。这表明由于国家财政陷入崩溃，迫使政府靠多印钞票来平衡收支。后来虽想改革，也未收效，最后交钞成为废纸，社会临时又返回到以货易货的停顿状态。

至元二十四年(1287)初，为挽救财政的恶化，忽必烈复置尚书省，以藏人桑哥为平章政事，主持财政。桑哥执政后，发行至元钞以救钞制之混乱，开浚会通河以利漕粮北运，增加盐茶酒醋的税额，遍行钩考追征逋负偷漏。他的理财措施在稳定国家财政方面是有收效的。桑哥时规定的总税额，此后维持数十年之久，说明没有过分超出当时社会所能承受的范围。不过到了元末，由于社会混乱，元朝的财政总崩溃，百姓于绝望之中纷纷加入起义军中反抗元朝统治。

五、喇嘛教

喇嘛教至少是导致元代财政困难的主因之一。蒙古诸帝，或出于政策，或由于半开化民族的宗教热忱，或兼由于两种原因，对喇嘛教极量推崇。喇嘛教，最少八思巴个人，对蒙古文化确有很大的贡献。只因宗教的狂热程度太深，喇嘛对国家财政成了一种危险的寄生虫,对人民成了一种强暴的压力。元朝在各地大肆兴建吐蕃佛教寺院,这些寺院拥有着大面积的良田,很多番僧招摇过市、欺男霸女,十分嚣张。元朝法律规定凡是与番僧斗殴者砍断手指,争吵者割断舌头。所以有一种说法叫"元之天下,半亡于僧"。

六、元亡

元为整个的中国初次陷于外族,又是唯一不肯与中国同化且想同化中国的外族,所以中国人对其反抗也最烈。同时蒙古本身并不十分健全,帝位承继的问题始终未得解决,当继位的人很少得立。此种情形,加以种种有意无意的暴政,再逢严重的天灾,就很自然地引起民变。

元成宗以后,继位的是海山,即元武宗。武宗以后,是爱育黎拔力八达,也就是元仁宗。武宗是依靠爱育黎拔力八达的拥立而登上帝位的,他精通军事,而昧于政事。他一登位,立即任用亲信,遥授官职,排斥世祖忽必烈时代的旧臣,造成朝政紊乱。由于滥封滥赏和无节制地建佛寺、崇佛事,财政危机加深。武宗即位后四个月,就已开支银四百二十万锭。连年灾荒,农民破产,流离失所。武宗即位的第二年正月,绍兴、台州、庆州等六路,发生饥荒,死者甚众,饥户达四十六万。六月,山东、河南大饥,有父食其子者。第三年蝗灾遍及南北各地,黄河在归德府决口。他在位期间,灾害没有间断过。自至正二年(1342)后,黄河连年泛滥成灾。脱脱复相后,贾鲁被任命治河。至正十一年(1351),黄河决口。元政府修河,发动民工十五万,另外还有在庐州各地的军队两万人。命贾鲁以工部尚书充河防使,开凿新河道二百八十里引黄河汇合淮河入海。经过五个多月,"河复故道"。但由于连年的灾荒,人民流离失所,修河的官吏从中舞弊,政治上的危机加深。所以黄河开凿之日,成了大起义爆发之时。

最初起事的人一方面利用历代必有的妖言,一方面利用深入人心的排外复国的心理。颍州（今安徽阜阳）人刘福通和栾城（今河北栾城[1]西）人韩山童等以白莲教积极组织起义。他们宣传"弥勒下生""明王出世"，同时，散布民谣："莫道石人一只眼，此物一出天下反。"并且把凿好的一个独眼石人，埋在黄陵岗（山东曹县西南）附近黄河的河道上。民工开河道时掘出这个石人，远近的百姓都轰动了。至正十一年（1351），韩山童、刘福通等于颍州的颍上（今安徽颍上）聚集三千多人，准备起义。起义者宣称韩山童是宋徽宗的八世孙，发布文告说，要"重开大宋之天"。此后，起义的烽火点燃元朝各地，最后由朱元璋创建了二百五十年来所未有的汉人自治的一统帝国。

---

[1] 今为河北省石家庄市栾城区。——编者注

明清时期

明之复国与政治文化之停顿
（1368—1528）

/雷海宗/

一、科举与八股

科举制度到明代已发展到逻辑的尽头，士子大半只知读国家颁行的程朱课本，尤下的甚至只知背诵程文墨卷。程朱理学被设为官学，考生唯马首是瞻，学术争鸣的风气完全荡尽。

初设科举时，初场考经义，二场试论，三场试策。所谓经义，就是从古代经书中拿出一两句话做题目，让考生发挥成一篇文章。论策就是政论文，考查考生对政事时务的看法和建议。文章的形式是"八股"，即使用八个对偶句来写，不多不少。以成化年间会试题目"乐天者保天下"为例，开篇先提三句，讲"乐天"，四股；中间过接四句，再讲"保天下"，也是四股；末尾四句，作为总结。每四股之中，一反一正，一虚一实，一浅一深，它实际上就是一种文字游戏。总之，科举与八股严重束缚了思想，从此人才的来源几乎完全堵塞，政治文化的发展也陷于绝境。

二、政治设施——专制之深刻化

帝制的专制程度到明代日益深刻，秦汉所创的制度，在坏的方面可说已发展到逻辑的尽头。皇帝现在根本不承认一般臣民人格的存在，因此产生了连前此受半开化的外族统治时都没有的野蛮刑制——廷杖和诏狱。廷杖之刑，始于太祖朝，大臣得咎，在殿上予以杖打，每朝都有因此而毙命的。嘉靖初年，群臣因世宗皇帝给生父上封号的事发生争执，谓之"大礼议"，皇帝怒，廷杖一百多人，打死十六人。诏狱，即锦衣卫狱，明太祖设锦衣卫，实为特务机构，他们直接听命于皇帝，可以逮捕任何人，进行不公开的审讯，制造了无数冤狱。

明初对文人尤其对功臣的极量屠戮更是千古未有的惨案。明朝文字狱盛行，很多人以文取祸。如浙江府学教授林元亮，在上表中有"作则垂宪"的话，便被诛杀，因为"则"与"贼"音近，有讥讽朱元璋早年"做贼"之嫌。杀人最多的当数"胡蓝之狱"。朱元璋借口丞相胡惟庸与大将蓝玉谋反，大肆株连杀戮功臣宿将，受牵连而死者四万五千余人，几乎将明初的开国功臣诛杀殆尽。但最不人道的还要推明成祖对待建文遗臣的方法，朱棣夺权成功后，将齐泰、黄子澄等建文朝臣五十余人全部族诛，妻女发教坊司，即充为官妓，姻亲全部流放戍边。

只有一个已经堕入难以自拔的深渊中的民族能够想象同时又能容忍这种方法。

八股文已使人才难以产生，国家对一些或真或假的人才与他们的家族又想尽方法去摧残或屠杀，这是一个民族与文化的自杀行动。

三、政治设施——宦官之始终当权

明朝初建时，明太祖以历史上宦官祸国乱政为鉴戒，极力防止宦官弄权，他曾感慨地说："吾见史传所书，汉唐末世皆为宦官败蠹，不可拯救，未尝不为之惋叹。"因此他对宦官做了种种限制，明确规定不许宦官读书识字，宦官不得兼外臣文武衔，不得穿戴外臣衣服、帽子，官阶不得超过四品，政府各部门不得与宦官公文往来，等等。朱元璋仍不放心，又特地在一块铁牌上刻"内臣不得干预政事，预者斩"这十一个大字，以示震慑。

但自成祖以下，宦官权力渐成气候，英宗朝的王振、武宗朝的刘瑾、熹宗朝的魏忠贤，都把持朝政。在宦官的特权中，与诏狱性质相近的东厂尤其是他们用以排除异己的便利工具。东厂设于明成祖时，由亲信宦官主掌。在与锦衣卫的关系上，东厂后来居上。由于东厂厂主与皇帝的关系密切，又身处皇宫大内，更容易得到皇帝的信任。锦衣卫向皇帝报告要具疏上奏，东厂可口头直达。东厂监视政府官员、社会名流、学者等各种政治力量，一时人人自危，道路以目。

皇帝既用种种的野蛮方法摧残臣民，使有志的人也下贱化，又将大权交与心理不健全、大多残酷的宦官贱人，宋以下的民族堕落至此很显然地又加深了一层。

四、兵制与军事

明代于外表上模仿唐的府兵制，但实际上军士都是世袭的职业兵，与半征兵的府兵制相差甚远。

朱元璋统一全国后，在全国建立卫所，控扼要害。设立中央都督府，为最高军事机关，掌管全国卫所军籍。征讨、镇戍、训练等则听命于兵部。遇有战事，兵部奉皇帝旨意调军，任命领兵官，发给印信，率领从卫所调发的军队出征。战争结束，领兵官缴印于朝，官军各回卫所。这种统军权与调军权分离和将不专军、军不私将的制度，旨在保证皇帝对全国军队的控制。在地方，设都指挥使司（简称都司），置指挥使，为地方统兵长官。都司之下，在冲要地区的府、县置卫或设所。一般卫由卫指挥使率领，辖五个千户所，共五千六百人。洪武二十六年（1393），定全国都司、卫所，共设都司十七个、行都司三个、留守司一个、内外卫三百二十九个、守御千户所六十五个。兵额最多时达二百七十余万人。

卫军实行屯田制。但明中期以后，由于大批屯田被豪右、将校侵占，军卒生活无着而大批逃亡，卫所制逐渐崩溃。英宗时发生"土木之变"，京军覆没。为保卫京师，朝廷派官四处募兵以应急，大规模推行募兵制，募兵逐渐成为军队主力。

明代只在太祖、成祖的短期内兵力较强，此后对外大致只能守而不能攻。外患一在北边，就是蒙古；一在沿海，尤其东南一带，就是倭寇。这两个问题明朝始终都没有能力完全解决。

五、海外扩张与汉族闽粤系之兴起

在明代的漆黑一团中尚有一线的光明，就是闽粤系的汉族向海外发展的运动。闽粤虽在秦代就已划为郡县，成为中国文化本体的一部分，却需要长时期的孕育酝酿。粤人至今自称为唐人或可证明闽粤地到唐代才与中国本部完全同化，最少闽粤人对中国文化开始有贡献是在唐代。至于闽粤人能独当一面去发展，是到明代方才实现的事。汉人本是大陆民族，闽粤人的舞台却在海外，这是汉族转变方向的纪元大事。

郑和奉成祖之命，七下西洋，庞大的船队最远到达红海海口和非洲东岸，并且越过了赤道。其冒险工作是闽粤人海外扩张的引线，最少是一种增进海外发展的助力，但最重要的还是新兴的闽粤人能够并且乐意大规模地向海洋中开拓前所未有的新途径。

据赵翼《廿二史札记·海外诸番多内地人为通事》载，成化五年（1469），"琉球贡使蔡璟，言祖父本福建南安人，为琉球通事，擢长史，乞封赠其父母，不许"。

当时又有福建人谢文彬，入暹罗国（今泰国），做到了坤岳，相当于明朝的大学士，作为国使来朝。三佛齐国（位于今苏门答腊岛）为爪哇所占，改名旧港，闽粤人多据之。吕宋（今菲律宾）距离福建较近，闽人商贩在此聚居者数万人，子孙后代在此繁衍。

明太祖之建国与开国规模

/吴 晗/

一

蒙古人在中国所施的种族压迫政策引起了汉族的反感,发生一场战争,二十年的民族革命,终于被逐回蒙古去。这教训,明太祖是很记得的。他北征时的口号虽然是"驱逐胡虏",但其意义只限于推翻异族的统治权,对蒙古人、色目人并不采歧视的态度。在北征檄文中并特别提出这一点说:

如蒙古、色目虽非华夏族类,然同生天地之间,有能知礼义,愿为臣民者,与中国之人抚养无异。(王世贞:《弇山堂别集》卷八五)

即位以后,蒙古、色目的官吏和汉人同样登用,中央官如以鞑靼指挥安童为刑部尚书,以咬住为副都御史,以忽哥赤为工部右侍郎(《明太祖实录》卷一九九),以高昌安为吏部侍郎(《明太祖实录》卷二〇二)。外官如以高昌安为河东盐运司同知，以脱因为兼州知府，以道同为番禺知县（《明史》卷一三八《周祯传》；卷一四〇《道同传》）。

军官如以鞑靼酋长字罗帖木儿为庐州卫指军佥事，仍领所部鞑官二百五十人（《明太祖实录》卷一九〇）。即亲军中亦有蒙古军队，如洪武五年（1372）之置蒙古卫亲军指挥使司，以答失里为佥事（《明太祖实录》卷七一）。洪武二十二年（1389）特设泰宁、朵颜、福余三卫于兀良哈之地，以居降胡（《明太祖实录》卷一九六）。时蒙古人、色目人多改为汉姓，与汉人无异，有求仕入官者，有登显要者，有为富商大贾者（《明太祖实录》卷一〇九）。洪武三年（1370）曾一度下诏禁止擅改汉姓：

四月甲子禁蒙古、色目人更易姓氏，诏曰：朕尝诏告天下，蒙古诸色人等皆吾赤子，果有材能，一体擢用。比闻入仕之后，或多更姓名。朕虑岁久，其子孙相传，昧其本源，诚非先王致谨氏族之道。中书省其告谕之，如已更易者听其改正。（《明太祖实录》卷五〇）

但此项法令不久即自动取消：

永乐元年九月庚子，上谓兵部尚书刘俊曰："各卫鞑靼人多同名，无姓以别之，并宜赐姓。"于是兵部请如洪武中故事，编置勘合，给赐姓名，从之。（《明成祖实录》卷三三）

可知在洪武时代已有编置勘合、给赐姓名之举。其唯一的限制为特立一条蒙古人、色目人的婚姻法：

凡蒙古、色目人听其与中国人为婚姻，务要两相情愿。不许本类自相嫁娶，违者杖八十，男女入官为奴。其中国人不愿与回回、钦察为婚姻者，听从本类

自相嫁娶，不在禁例。（《明律》卷六，《户律》）

这禁例的用意一面是要同化蒙古人、色目人，一面是防止其种类之繁殖。法令虽然颁布，可是实行的程度，也许和禁改汉姓一样，实际上并不发生效力。在生活习俗方面，太祖登基后立刻下令将衣冠恢复如唐制，并禁止生活习惯之蒙古化：

洪武元年二月壬子，诏复衣冠如唐制。其辫发、椎髻、胡服（男袴褶窄袖及辫线腰褶，妇女衣窄袖短衣，下服裙裳）、胡语、胡姓，一切禁止。（《明太祖实录》卷三〇）

元制尚右，吴元年（1367）十月令百官礼仪尚左（《明史》卷一，《太祖本纪》）。元人轻儒，至有九儒十丐之谣，谢枋得记：

滑稽之雄以儒为戏者曰：我大元制典，人有十等，一官二吏，先之者贵之也，贵之者，谓有益于国也。七匠八娼九儒十丐，后之者贱之也，贱之者，谓无益于国也。嗟乎卑哉！介乎娼之下丐之上者今儒也。（《叠山集》卷六，《送方伯载归三山序》）

郑思肖说：

鞑法：一官二吏三僧四道五医六工七猎八民九儒十丐。（《心史》卷下，《大义略》）

这虽都是宋末遗老的话，但元人也有同样记载，余阙《贡泰父文集序》：

至元初奸回执政，乃大恶儒者，因说当国者罢科举，摈儒士。其后公卿相师，皆以为当然，而小夫贱隶亦以儒为嗤诋。当是时士大夫有欲进取立功名者，

皆强颜色，昏旦往候于门，媚说以妾婢，始得尺寸。（《青阳文集》卷四）

可见儒者在元代之被摈斥。而明则在太祖初起时已重儒者，建国以后，大臣多用儒生，后来流弊至以科举为入官之唯一途径。反之，元人重吏：

国初有金、宋，天下之人，惟才是用，无所专主，然用儒者为居多也。自至元以下始浸用吏，虽执政大臣亦以吏为之。自是中州小民，粗识字能治文书者，得入台阁供笔札，累日积月皆可以致通显。（《青阳文集》卷四，《杨君显民诗集序》）

方孝孺《林君墓表》也说：

元之有天下，尚吏治而右文法。凡以吏仕者捷出取大官，过儒生远甚。（《逊志斋集》卷二二）

因法令极繁，案牍冗泛，故吏得恣为奸利，为弊最甚。明典即革此弊，从简、严法令下手：

吴元年十一月壬寅，上谓台省官曰：近代法令极繁，其弊滋甚。今之法令正欲得中，毋袭其弊。如元时条格极繁冗，吏得夤缘出入为奸，所以其害不胜。今立法正欲矫其旧弊，大概不过简、严下手，简则无出入之弊，严则民知畏而不敢轻犯。（《明太祖实录》卷二七）

洪武十二年（1379）又立案牍减繁式颁示诸司：

初元末官府文移案牍最为繁冗，吏非积岁莫能通晓，欲习其业，必以故吏为师。凡案牍出入，惟故吏之言是听。每曹自正吏外，主之者曰主文，附之者曰帖书曰小书生，觚文繁词，多为奸利。国初犹未尽革。至是吏有以成案进者，上览而厌之曰：繁冗如此，吏焉得不为奸弊而害吾民也。命廷臣议减其繁文，著为定式，镂版颁之，俾诸司遵守。（《明太祖实录》卷一二六）

自后吏员遂为杂流，其入仕之途唯外府、外卫、盐运司首领官，中外杂职、入流未入流官，由吏员、承差等选（《明史》卷七一，《选举志》）。这是一个大变化，一面用严法重刑来肃清元代所遗留的政治污点，《明史》说：

太祖惩元纵弛之后，刑用重典。凡官吏人等犯枉法赃者不分南北，俱发北方边卫充军。

采辑官民过犯，条为《大诰》《续诰》，后又增为《三编》，诸司敢不急公而务私者，必穷搜其原而罪之。凡所列凌迟、枭示、种诛者无虑千百，弃市以下万数。《三编》稍宽容，然所记进士、监生罪名自一犯至四犯者犹三百六十四人，幸不死还职，率戴斩罪治事。郭桓之狱，直省诸官吏系死者数万人：

郭桓者户部侍郎也。帝疑北平二司官吏李彧、赵全德等与桓为奸利，自六部左、右侍郎下皆死，赃七百万，词连直省诸官吏，系死者数万人。核赃所寄借遍天下，民中人之家，大抵皆破。

空印之狱，也施行了一次官吏的大屠杀：

十五年，空印事发。每岁布政司、府州县吏诣户部核钱粮、军需诸事，以

道远，预持空印文书，遇部驳即改，以为常。及是，帝疑有奸，大怒，论诸长吏死，佐贰榜百戍边。（《明史》卷九四，《刑法志》）

由此中外官吏均重足凛息以"不保首领"为惧，以生还田里为大幸（《明史》卷一三八，《杨靖传》附《严德珉传》）。

二

元的统治虽然被推翻，但是元统治机构的组织方式却大部分被保存下来，这是因为元的统治机构组织方式基本上因袭唐、宋，便于镇压人民。最明显的是官制和教育制度，一直沿用到朱元璋统治集团内部发生矛盾，展开剧烈的斗争以后才放弃了旧的机构，建立新的统治机构。

中央的官制，在洪武十三年（1380）以前，大抵依据元制，行政最高机关为中书省，置左、右丞相，平章政事，左、右丞，参知政事等官，下设吏、礼、户、兵、刑、工六部为执行机关。监察最高机关则为御史台，置御史大夫、御史中丞等官。军政最高机关改元之枢密院为大都督府，置左、右都督，同知都督等官。洪武十三年胡惟庸党案发生后，更改官制，提高皇权，集中军政庶务一切权力在皇帝个人手中。废中书省不设，提高六部地位，使得单独执行政务，改御史台为都察院，分大督府为五军都督府，均直隶于皇帝。地方行政则置行中书省，设行省平章政事等官，改路为府，设知府，州设知州，县设知县。洪武九年（1376）改浙江、江西、福建、北平、广西、四川、山东、河南、陕西、湖广、山西诸行省俱为承宣布政使司，后增设云南、贵州为十三布政使司（北平后改为京师，与南京称为两京，直隶中央），置布政使参政、参议诸官；司法则仍元制，置各道提刑按察司，设按察使及副使、佥事领之。军政则置都指挥使司十三（北平、陕西、山西、浙江、江西、山东、四川、福建、湖广、广东、广西、辽东、河南），行都指挥使司三（陕西、山西、福建），后增都司三（云南、贵州、万全，北平改为大宁），行都司二（四川、湖广），置都指挥使领之，掌一方军政（《明史》卷七六，《职官志》）。

在兵制方面，元代内廷设左、右、前、后、中五卫，卫设都指挥使，下设镇抚所、千户所、百户所，以总宿卫诸军。又因各族兵设阿速、唐兀、贵赤、蒙古、西域、钦察诸卫亲军都指挥使司。外则万户之下置总管，千户之下置总把，百户之下置弹压，立枢密院以总之。军士则蒙古壮丁无众寡尽签为兵，汉人则以户出军，定入尺籍伍符，不可更易，死则役次丁，户绝别以民补之（《元史》卷九八，《兵志》；卷八六，《百官志》）。明兴后，中外皆用卫所制，亲军都尉府（后改为锦衣卫）统左、右、前、后、中五卫，其下有南、北镇抚司。又别置金吾前、后，羽林左、右，虎贲左、右，府军左、右、前、后十卫，以时番上，号亲军。外则革诸将，袭元旧制枢密、平章、元帅、总管、万户诸官号，度要害地，系一郡者设所，连郡者设卫，大率五千六百人为卫，千一百二十人为千户所，百有十二人为百户所。所设总旗二，小旗十，大小联比以成军。卫以指挥使领之，外统之都指挥使司，内则统于五军都督府。这是依元亲军制扩充的。征伐则命将充总兵官，调卫所军领之。既旋则将上所佩印，官军各回卫所，将无专兵，兵无私将。这又是模仿唐代的府兵制度（《明史》卷八九，《兵志》）。其内军之分配训练则又略近汉制，刘献廷说：

明初军制仿佛汉之南、北军。锦衣等十二卫卫宫禁者，南军也。京营等四十八卫巡徼京师者，北军也。而所谓春秋班换，独取山东、河南、中都、大宁者，则又汉调三辅之意也。（《广阳杂记》卷一）

军士则行垛集令，民出一丁为军。三丁以上，垛正军一，别有贴户，正军死，贴户丁补。外又有从征，有归附，有谪发。从征者，诸将所部兵，既定其地，因为留戍。归附则是元和陈友谅、方国珍、张士诚的降兵。谪发以罪迁隶为兵者。其军皆世籍（《明史》卷九〇，《兵志》）。

在教育制度方面,元制于京师立国子学、蒙古国子学、回回国子监,教授汉、蒙、回学术。监设祭酒、监丞、博士、助教,教授生徒。地方则诸路、府、州、县皆置学,其他先儒过化之地,名贤经行之所,与好事之家出钱粟赡学者并立为书院。凡师儒之命于朝廷者曰教授,路府上中州置之。命于礼部及行省、宣慰司者曰学正、山长、学录、教谕,路州县及书院置之。又有医学及阴阳学教授专门人才。生徒皆廪饩于官,诸学皆有学田。各行省设儒学提举司,提举凡学校之事(《元史》卷八一,《选举志·学校》)。明代完全接受这制度,于京师设国子监,府、州、县、卫、所皆建儒学,生员各地皆有定额。生员考试初由地方官吏主持,后特设提举学政官以领之。士子未入学者通谓之童生,入学者谓之诸生(有廪膳生、增广生、附学生之别),三年一次考试,以诸生试之直省曰乡试,中试者为举人。次年以举人试之京师曰会试,中试者再经皇帝亲自考试曰殿试,分三甲,一甲只三人,曰状元、榜眼、探花,赐进士及第;二甲若干人,赐进士出身;三甲若干人,赐同进士出身。状元授修撰,榜眼、探花授编修,二、三甲考选庶吉士者皆为翰林官。其他或授给事、御史、主事、中书、行人、评事、太常、国子博士,或授府推官、知州、知县等官。举人、贡生不第、入监而选者,或授小京职,或授府佐及州县正官,或授教职。由此入仕必由科举,而科举则必由学校,《明史》说:

盖无地而不设之学,无人而不纳之教,庠声序音,重规叠矩,无间于下邑荒徼,山陬海涯,此明代学校之盛,唐、宋以来所不及也。(《明史》卷六九,《选举志》)

学校的教育和科举的范围,元初许衡即提议罢诗赋,重经学。皇庆二年(1313)中书省臣言:

夫取士之法,经学实修己治人之道,词赋乃摛章绘句之学。自隋、唐以来,取人专尚词赋,故士习浮华。今臣等所拟,将律赋省题诗小义皆不用,专立德行明经科,以此取士,庶可得人。帝然之。(《元史》卷八一,《选举志·科目》)

由此专重经学,"四书""五经"成为学者的宝典,入仕的津梁。至明更变本加厉,专取"四书""五经"命题取士,又特定一种文体,略仿宋经义,然代古人语气为之,体用排偶,通谓之制义(《明史》卷七〇,《选举志》)。解述指定限于几家的疏义,不许发挥自己见解。文章有一定的格式,思想又不许自由,这是明代科举制度的特色。学校和科举打成一片,官吏的登用必由科举,而科举则必由学校,政治上一切人物均由学校产生,而训练这些未来政治人物的工具,却是过去几千年前的古老经典,这些经典又不许用自己的见解去解释去研究。选用这一些政治人物的方法,却是一种替古代人说话,替古代人设想,依样画葫芦的八股文。这个办法从元传到明,明传到清,束缚了多少人的聪明才智,造成了无量数的八股政治家,是一个消磨民族精力的最大损失。

红军之起,是要求经济的、政治的、民族的地位之平等,就政治的和民族的要求来说,目的是达到了。在经济方面,虽已推翻了蒙古人、色目人对汉族的控制特权,但就汉族和各族人民而说,地主对农民的剥削压迫却完全没有改变。

三

元末的地主是拥护旧政权的,在混乱的局面之下,他们要保存自己的地位,便用尽可能的力量组织私军来抵抗农民的袭击。等到新政权建立,事实证明能够保持地方秩序的时候,他们便毫不犹疑地参加了新政权,竭力拥护。同时一大批新兴的贵族、大臣、官吏获得了大量的田地,成为新的地主。新兴的政权和旧政权一样是为地主服务的。虽然在表面上不能不对农民做了一些让步,以便恢复和发展生产,巩固自己的统治。但在实质上,依然骑在农民的头上,吮吸农民的血汗。但是在革命的过程中，他们又不得不靠地主的财力和他们合作。在这矛盾的关系之下，产生了对地主的双重矛盾政策。他们一面仍旧和地主合作，让地主参加政治，如登用富户，《明史·选举志》：

俾富户耆民皆得进见，奏对称旨，辄予美官。（《明史》卷七一，《选举志》）

洪武八年（1375）特下诏举富民素行端洁达时务者（《明史》卷二，《太祖本纪》）。如用地主为粮长：

洪武四年九月丁丑，上以郡县吏每遇征收赋税，辄侵渔于民。乃命户部令有司科民田土，以万石为率。其中田土多者为粮长，督其乡之赋税。且谓廷臣曰：此以良民治良民，必无侵渔之患矣。（《明太祖实录》卷六八）

《明史》记：

粮长者，太祖时令田多者为之，督其乡赋税。岁七月州县委官偕诣京师勘合以行。粮万石长、副各一人，输以时至，召见语合，辄蒙擢用。（《明史》卷七八，《食货志·赋役》）

但在另一方面，则又极力排除地主势力。排除的方法第一是迁徙，如初年之徙地主于濠州：

吴元年十月乙巳，徙苏州富民实濠州。（《明太祖实录》卷二六）

建国后徙地主实京师，《明史》记：

太祖惩元末豪强侮贫弱，立法多右贫抑富。尝命户部籍浙江等九布政司、应天十八府州富民万四千三百余户，以次召见，徙其家以实京师，谓之富户。（《明史》卷七七，《食货志》）

第二是用苛刑诛灭，方孝孺《采苓子郑处士墓碣》：

妄人诬其家与权臣（胡惟庸）通财。时严党与之诛，犯者不问实不实，必死而覆其家。当是时浙东西巨室故家多以罪倾其宗。（《逊志斋集》卷二二）

不问实不实，必诛而覆其家，这是消灭地主的另一手段。

对农民方面，在开国时为了应付农民过去的要求和谋赋税之整顿，曾大规模地举行土地丈量：

元季丧乱，版籍多亡，田赋无准。明太祖即帝位，遣周铸等百六十四人复浙西田亩，定其赋税。复命户部核实天下土田。（《明史》卷七七，《食货志》）

以后每平定一地后，即派人丈量土地，如：

洪武五年六月乙巳，命户部遣使度四川田，以蜀始平故也。（《明太祖实录》卷七四）

洪武十九年（1386），又再丈量一次，方孝孺《贞义处士郑君墓表》：

洪武十九年，诏天下度田，绘疆畛为图，命太学生莅其役。（《逊志斋集》卷

二）

量度田亩方圆，次以字号，悉书主名及田之丈尺，编类为册，状如鱼鳞，号曰鱼鳞图册。另一方面则调查人口，编定黄册：

洪武十四年诏天下编赋役黄册。以一百一十户为一里，推丁粮多者十户为长，余百户为十甲，甲凡十人。岁役里长十人，甲首一人，董一里一甲之事，先后以丁粮多寡为序。

黄册以户为主，详具旧管、新收、开除、实在之数为四柱式。而鱼鳞图册以土田为主，诸原阪、坟衍、下隰、沃瘠、沙卤之别毕具。以鱼鳞图册为经，土田之讼质焉；黄册为纬，赋役之法定焉。凡买卖田土，备书税粮科则，官为籍记之，毋令产去税存，以为民害（《明史》卷七七，《食货志》；梁方仲：《明代鱼鳞图册考》，载《地政月刊》，第8期）。这法度虽然精密，可是地主舞弊的方法也随之而进步，农民仍然和过去一样，要负几重义务，生活之困苦，并不因政权之转换而稍减（吴晗：《明代之农民》，载《盖世报史学》，第12～13期）。

最后，元代滥发交钞的结果，财政破产，民生困瘁。《元史》记：

至正十一年置宝钞提举司，掌鼓铸至正通宝钱，印造交钞，令民间通用。行之未久，物价腾踊，价逾十倍。又值海内大乱，军储供给，赏赐犒劳，每日印造，不可数计。舟车装运，轴轳相接，交钞之散满人间者无处无之。昏软者不复行用，京师料钞十锭易斗粟不可得。既而所在郡县皆以物货相贸易，公私所积之钞，遂俱不行，人视之若弊楮，而国用由是遂乏矣。（《元史》卷九七，《食货志·钞法》）

原来在初行钞法时，钞本和钞相权印造，钞本或为丝，或为银，分存在中央和地方，所以钞和物货能维持稳定的比率，流通无阻。到末年钞本移用一空，却一味印发，用多少就印多少，自然物价愈高，钞价愈跌，导致不能行使市面了。明兴以后，仍沿其弊。洪武初年铸大中通宝钱，商贾用钞惯了，都不愿用钱。洪武七年(1374)设宝钞提举司，造大明宝钞，命民间通行，分六等，曰一贯、曰五百文、四百文、三百文、二百文、一百文。每钞一贯，准钱千文，银一两，四贯准黄金一两。禁民间不得以金银物货交易，违者罪之。可是并无钞本，政府唯一的准备是允许用钞交纳赋税，初期凭政治的威力，虽然滥发，钞法尚通，后来钞价渐跌，钱重钞轻，一贯只值钱一百六十文，物价愈贵，政府虽屡次想法改进钞的价值，严禁其他货币行使，可是仍不相干。宣德初年米一石至用钞五十贯，成化时钞一贯至不值钱一文。这是蒙古人传给明代的一个最大祸害。

在这样一个局面之下，农民并没有从革命中得到什么好处，也许比从前还更糟，可是新的统治权并不因此而发生动摇。这有两个原因可以解释，第一是已经经过几十年的战争，农民已经厌倦了，不能再忍受那样的生活了，暂时能够苟安一下，虽然还是吃苦，也比在兵火之下转侧强一点。并且壮丁多已死亡，新统治者的军力超过旧政府远甚，农民只好屈服。第二是战争的结果，天然地淘汰了无数千万的人口，空出了大量无人耕种的土地，人口比过去少，土地却比过去多，农民生活暂时得到一个解决。元末残破的情形试举一例：

丁酉(1357)十一月甲申，元帅缪大亨取扬州克之。青军元帅张明鉴降。明鉴日屠城中居民以为食，至是按籍，城中居民仅余十八家。知府李德林以旧城虚旷难守，乃截城西南隅而守之。(《明太祖实录》卷五)

这是至正十七年(1357)的事，扬州是江南最繁富的地方，几年的战争，便残破如此，其他各地的情形可想而知。土地空旷的情形也举一例：

洪武三年（公元1370年）六月丁丑，济南府知府陈修及司农官上言：北方郡县近城之地多荒芜，宜召乡民无田者垦辟，户率十五亩，又给地二亩，与之种蔬。有余力者不限顷亩，皆免三年租税。其马驿、巡检司、急递铺应役者各于本处开垦，无牛者官给之。守御军在远者亦移近城。若王国所在，近城存留五里以备练兵牧马，余处悉令开耕。从之。（《明太祖实录》卷五三）

可是一过几十年，休养生息，人口又飞快地增加，土地又不够分配，同时政府的军力也逐渐衰敝，政治的腐化，政府和地主的苛索，又引起了接连不断的农民革命。

靖难之役与迁都北京(节选)
/ 吴 晗 /

一、明太祖的折中政策

自称为淮右布衣,出身于流氓而做天子的朱元璋,在得了势力称王建国之后,最惹他操心的问题:第一是怎样建立一个有力的政治中心,建立在何处。第二是用什么方法来维持他的统治权。

明太祖在初渡江克太平时(至正十五年六月,1355),当涂学者陶安出迎:

太祖问曰:"吾欲取金陵,何如?"安曰:"金陵古帝王都,取而有之,抚形胜以临四方,何向不克?"太祖曰:"善!"(《明史》卷一三六《陶安传》)

至正十八年(1358)叶兑献书论取天下规模:

今之规模,宜北绝李察罕(元将察罕帖木儿),南并张九四(吴张士诚),抚温、台,取闽、越，定都建康，拓地江、广，进则越两淮以北征，退则画长江而自守。夫金陵古称龙蟠虎踞，帝王之都，藉其兵力资财，以攻则克，以守则固。（《明史》卷一三五，《叶兑传》）

部将中冯国用亦早主定都金陵之说：

洪武初定淮甸，得冯国用，问以天下大计。国用对曰："金陵龙蟠虎踞，真帝王之都，愿先渡江取金陵，置都于此。然后命将出师，扫除群寇，倡仁义以收人心，天下不难定也。"上曰："吾意正如此。"（孙承泽《春明梦余录》卷一，《明史》卷一二九《冯胜传附冯国用传》）

参酌诸谋士的意见，经过了长期的考虑后，以至正二十六年（1366）六月拓应天城，做新宫于钟山之阳，至次年九月新宫成。这是吴王时代的都城。同月灭吴张士诚，十月遣徐达等北伐。十二月取温、台，降方国珍，定山东诸郡县。

至正二十八年（1368）正月吴王称帝，改元洪武，汤和平福建，四月平广东、河南。七月广西平。八月徐达率师入大都，元帝北走。十二月山西平。二年八月陕西平，南北一统。四年夏明升降，四川平。十五年平定云南。二十年元纳哈出降，辽东归附，天下大定。在这一长时期中，个人的地位由王而帝，所统辖的疆域由东南一隅而扩为全国。元人虽已北走，仍保有不可侮的实力，时刻有南下恢复的企图。同时沿海倭寇的侵轶也成为国防上的重大问题。在这样的情形之下，帝都的重建和国防的设计是当时朝野所最瞩目的两大问题。

基于天然环境的限制，东南方面沿海数千里时时处处有被倭寇侵犯的危险，东北方面长城外即是蒙古人的势力，如不在险要处屯驻重兵，则黄河以北便非我有。防边须用重兵，如以兵权付诸将，则恐尾大不掉，有形成藩镇跋扈的危险。如以重兵直隶中央，则国都必须扼驻边界，以收统辖指挥之效。东南是全国的经济中心，东北为国防关系，又必须成为全国的军事中心。国都如建设在东南，则北边空虚，不能防御蒙古人的南侵；如建设在北边，则国用仍须仰给东南，转运劳费，极不合算。

在政治制度方面，郡县制和封建制的选择，也成为当前的难题。秦、汉、唐、宋之亡，没有强藩屏卫是许多原因之一。周代封建藩国，则又枝强干弱，中央威令不施。这两者中的折中办法，是西汉初期的郡国制。一面设官分治集大权于中央，一面又封建子弟，使为国家捍御。这样一来，设国都于东南财赋之区，封子弟于东北边防之地，在经济上，在军事上，在统治权的永久维持上都得到一个完满的解决。这就是明太祖所采用的折中政策。

二、定都南京

明太祖定都南京（旧名建业、建康、金陵，元为集庆，明太祖克集庆后以为应天府，洪武二年以为南京。十一年改为京师，成祖北迁后以为南京，以北京为京师。文中为行文便利计，除引原文处仍其原称外，一律称南京。）的重要理由是受经济环境的限制。第一因为江、浙富饶为全国冠，所谓"财赋出于东南，而金陵为其会"（丘濬：《大学衍义补·都邑之建》）。第二是吴王时代所奠定的宫阙，不愿轻易弃去。且若另建都邑，则又须重加一层劳费。第三从龙将相都是江、淮子弟，不愿轻去乡土。洪武元年四月取汴梁后，他曾亲到汴梁去视察，觉得虽然地位适中，可是四面受敌，形势还不及南京（刘辰：《国初事迹》）。而在事实上则西北未定，为转饷屯军计，不能不有一个军事上的后方重地，以便策应。于是仿成周两京之制以应天（金陵）为南京，开封为北京。二年八月陕西平。九月以临濠（安徽凤阳）为中都，事前曾和廷臣集议建都之地：

上召诸老臣问以建都之地，或言关中险固，金陵天府之国。或言洛阳天地之中，四方朝贡道里适均。汴梁亦宋之旧京。又言北平元之宫室完备，就之可省民力。上曰："所言皆善，惟时有不同耳。长安、洛阳、汴京实周、秦、汉、魏、唐、宋所建国。但平定之初，民力未苏息，朕若建都于彼，供给力役悉资江南，重劳其民。若就北平，要之宫室不能无更，亦未易也。今建业长江天堑，龙蟠虎踞，江南形胜之地，真足以立国。临濠则前江后淮，以险可恃，以水可漕，朕欲以为中都。何如？"群臣称善。至是始命有司建置城池宫阙，如京师之制焉。

（黄光昇：《昭代典则》）

在营建中都时，刘基曾持反对的论调，以为"凤阳虽帝乡，非建都地"（《明史》卷一二八，《刘基传》）。

洪武八年（1375年）四月罢营中都（《明史》卷二，《太祖本纪》）。

洪武十一年（1378）以南京为京师（《明史》卷四〇，《地理志》）。太祖对于建都问题已经踌躇了十年，到这时才决定。可是为着要控制北边，仍时时有迁都的雄心。选定的地点仍是长安、洛阳和北平。当时献议都长安的有胡子祺：

洪武三年以文学选为御史，上书请都关中。帝称善，遣太子巡视陕西。后以太子薨，不果。（《明史》卷一四七，《胡广传》）

他的理由是："天下形胜地可都者四。河东地势高，控制西北，尧尝都之，然其地苦寒。汴梁襟带河、淮，宋尝都之，然其地平旷，无险可凭。洛阳周公卜之，周、汉迁之，然嵩、邙非有都函、终南之阻，涧、瀍、伊、洛非有泾、渭、灞浐之雄。夫据百二河山之胜，可以耸诸侯之望，举天下莫关中若也。"（《明史》卷一一五，《兴宗孝康皇帝传》）皇太子巡视陕西在洪武二十四年。则太祖在十一年定都南京以后仍有都长安之意。皇太子巡视的结果，主张定都洛阳：

太祖以江南地薄，颇有迁都之意。八月命皇太子往视关、洛。皇太子志欲定都洛阳，归而献地图。明年四月以疾薨。（姜清：《姜氏秘史》卷一）

郑晓记此事始末，指出迁都的用意在控制西北：

国朝定鼎金陵，本兴王之地。然江南形势终不能控制西北，故高皇时已有都汴、都关中之意，以东宫薨而中止。（郑晓：《今言》卷二七四）

《明史》记：

太子还，献陕西地图，遂病。病中上言经略建都事。（《明史》卷一一五，《兴宗孝康皇帝传》）

是则假使太子不早死，也许在洪武时已迁都到洛阳或长安了。又议建都北平：

逮平陕西，欲置都关中。后以西北重地非自将不可，议建都于燕，以鲍频力谏而止。（孙承泽：《春明梦余录》卷一）

何孟春记鲍频谏都北平事说：

太祖平一天下，有北都意。尝御谨身殿亲策问廷臣曰："北平建都可以控制边塞，比南京何如？"修撰鲍频对曰："元主起自沙漠，立国在燕今百年，地气天运已尽，不可因也。南京兴王之地，宫殿已完，不必改图。传曰：'在德不在险也'"。（何孟春：《余冬录》卷二）

明太祖晚年之想迁都，次要的原因是南京新宫风水不好。顾炎武记：

南京新宫吴元年作。初大内填燕尾湖为之，地势中下南高而北卑。高皇帝后悔之。二十五年祭光禄寺灶神文曰："朕经营天下数十年，事事按古有绪。维宫城前昂后洼，形势不称，本欲迁都。今朕年老，精力已倦。又天下新定，不欲劳民，且兴废有数，只得听天。惟愿鉴朕此心，福其子孙。"（《天下郡国利病书》卷一三，《江南一》）

由此看来，从洪武初年到二十四年这一时期中，明太祖虽然以南京作国都，可是为了控制北边的关系，仍时时有迁都的企图。迁都到北边最大的困难是漕运艰难，北边硗瘠，如一迁都，则人口必骤然增加，本地的粮食不能自给，必须仰给东南，烦费不资。次之重新创建城地宫阙，财力和人力耗费过多。懿文太子死后，这老皇帝失去勇气就从此不再谈迁都了。

三、封建诸王

洪武二年四月编《祖训录》，定封建诸王之制（《明史》卷二，《太祖本纪》）。在沿边要塞，均置王国：

明兴，高皇帝以宋为惩，内域削弱，边围勿戒，使胡人得逞中原而居闰位。于是大封诸子，连亘边陲。北平天险，为元故都，以王燕。东历渔阳、卢龙、出喜峰，包大宁，控塞葆山戎，以王宁。东渡榆关，跨辽东，西并海被朝鲜，联开原，交市东北诸夷，以王辽。西按古北口，濒于雍河，中更上谷、云中，巩居庸，蔽雁门，以王谷代。雁门之南，太原其都会也，表里河山，以王晋。逾河而西，历延、庆、韦、灵，又逾河北，保宁夏，倚贺兰，以王庆。兼殽、陇之险，周、秦都圻之地，牧圳之野，直走金城，以王秦。西渡河领张掖、酒泉诸郡，西扃嘉峪，护西域诸国，以王肃。此九王者皆塞王也，莫不敷险陋，

控要害，佐以元戎宿将，权崇制命，势匹抚军，肃清沙漠，垒帐相望。（何乔远：《名山藏》卷一，《分藩记》）

沿古长城线，东起辽阳，西到甘肃，建设了辽、宁、燕、谷、代、晋、庆、秦、肃九个王国，组成一条对蒙古的反包围防线。在内地则有"周、齐、楚、潭、鲁、蜀诸王，护卫精兵万六千余人，牧马数千匹，亦皆部兵耀武，并列内郡"（何乔远：《名山藏》卷一，《分藩记》）。

诸王国皆设重兵，洪武五年（1372）置亲王护卫都指挥使司，每王府设三护卫（《明史》卷九〇，《兵志·卫所》）。护卫甲士少者三千人，多者至万九千人（《明史》卷一一六，《诸王传序》）。此为直属于亲王之军力，此外边地诸王国内，中央所派之守镇兵亦得归王调遣：

凡王国有守镇兵，有护卫兵。其守镇兵有常选指挥掌之。其护卫兵从王调遣。如本国是险要之地，遇有警急，其守镇兵、护卫兵并从王调遣。（《皇明祖训·兵卫条》）

中央调发守镇兵，除御宝文书外并须得王令旨方得发兵：

凡朝廷调兵须有御宝文书与王，并有御宝文书与守镇官。守镇官既得御宝文书，又得王令旨，方许发兵。无王令旨，不得发兵。（《皇明祖训·兵卫条》）

扼边诸王尤险要者，兵力尤厚。如宁王所部至"带甲八万，革车六千，所属朵颜三卫骑兵皆骁勇善战"（《明史》卷一一七，《宁王传》）。洪武十年又以羽林等卫军益秦、晋、燕三府护卫（《明史》卷二，《太祖本纪》）。时蒙古人犹图恢复，屡屡南犯。于是徐达、冯胜、傅友德诸大将数奉命往北平、山西、陕西诸地屯田练兵，为备边之计。又诏诸王近塞者每岁秋勒兵巡边（《明史》卷九一，《兵志·边防》），远涉不毛，校猎而还，谓之肃清沙漠（祝允明：《九朝野记》卷一）。诸王封并塞居者皆预军务，而晋、燕二王尤被重寄，数命将兵出塞及筑城屯田，大将如宋国公冯胜、颍国公傅友德皆受节制制（《明史》卷一一六，《晋恭王传》）。洪武二十六年（1393）三月诏二王军务大者始以闻（《明史》卷三，《太祖本纪》），由此军中事皆得专决。一方面又预防后人懦弱，政权有落于权臣和异姓人之手的危险，特授诸王以干涉中央政事之权。诸王有权移文中央索取奸臣：

若大臣行奸，不令王见天子，私下傅致其罪而遇不幸者，到此之时，天子必是昏君。其长史司并护卫移文五军都督府索取奸臣，都督府捕奸臣奏斩之，族灭其家。（《皇明祖训·法律条》）

甚至得举兵入清君侧：

如朝无正臣，内有奸恶，则亲王训兵待命。天子密诏诸王统领镇兵讨平之。（《皇明祖训·法律条》）

又怕后人变更他的法度，把一切天子亲王大臣所应做和不应做的事都定为祖训，叫后人永远遵守。洪武二十八年九月正式颁布《皇明祖训条章》于中外，并下令后世有言更祖制者以奸臣论（《明史》卷三，《太祖本纪》）。由此诸王各拥重兵，凭据险厄，并得干涉国事，在军事上和政治上都握大权，渐渐地酿成了外重内轻之势。

分封过制之害，在洪武九年叶伯巨即已上书言之。他说：

先王之制，大都不过三国之一，上下等差，各有定分，所以强干弱枝，遏乱源而崇治本耳。今裂土分封，使诸王各有分地，盖惩宋、元孤立，宗室不竞之弊。

而秦、晋、燕、齐、梁、楚、吴、蜀诸国,无不连邑数十,城郭宫室亚于天子之都,优之以甲兵卫土之盛。臣恐数世之后,尾大不掉,然后削其地而夺之权,则必生觖望,甚者缘间而起,防之无及矣……愿及诸王未之国之先,节其都邑之制,减其卫兵,限其疆理,亦以待封诸王之子孙。此制一定,然后诸王有贤且才者入为辅相,其余世为藩屏,与国同休。割一时之恩,制万世之利,消天变而安社稷,莫先于此。(《明史》卷一三九,《叶伯巨传》)

书上以离间骨肉坐死。其实这时诸王止建藩号,尚未就国,有远见的人已经感觉到不安的预兆了。到洪武末年诸王数奉命出塞,强兵悍卒,尽属麾下,这时太祖衰病,皇太孙幼弱,也渐渐地感觉到强藩的迫胁了。有一次他们祖孙曾有如下的谈话:

先是太祖封诸王,辽、宁、燕、谷、代、晋、秦、庆、肃九国皆边房,岁令训将练兵,有事皆得提兵专制便防御。因语太孙曰:"朕以御虏付诸王,可令边尘不动,贻汝以安。"太孙曰:"虏不靖,诸王御之,诸王不靖,孰御之?"太祖默然良久,曰:"汝意何如?"太孙曰:"以德怀之,以礼制之,不可则削其地,又不可则废置其人,又其甚则举兵伐之。"太祖曰:"是也,无以易此矣。"(尹守衡:《明史窃·革除记》)

太孙又和黄子澄密谋定削藩之计:

惠帝为皇太孙时,尝坐东角门,谓子澄曰:"诸王尊属拥重兵,多不法,奈何?"对曰:"诸王护卫兵,才足自守,倘有变,临以六师,其谁能支?汉七国非不强,卒底亡灭。大小强弱势不同,而顺逆之理异也。"太孙是其言。(《明史》卷一四一,《黄子澄传》)

即位后高巍、韩郁先后上书请用主父偃推恩之策,在北诸王子弟分封于南;在南子弟分封于北。如此则藩王之权,不削而自弱。当局者都主削藩,不用其计而靖难师起(《明史》卷一四三,《高巍传》)。

四、靖难

明太祖在位三十一年(1368—1398),皇太子标早卒,太孙允炆继位,是为惠帝(1399—1402)。时太祖诸子第二子秦王樉、第三子晋王㭎均先卒,四子燕王棣、五子周王及齐、湘、代、岷诸王均以尊属拥重兵,多不法,朝廷孤危。诸王中燕王最雄杰,兵最强,尤为朝廷所嫉。惠帝用黄子澄、齐泰计谋削藩讨论应该先向谁动手:

泰欲先图燕,子澄曰:"不然。周、齐、湘、代、岷诸王在先帝时尚多不法,削之有名。今欲问罪,宜先周。周王,燕之母弟(懿文太子标、秦王樉、晋王㭎,李淑妃出。燕王棣、周王,妃出。参见吴晗:《明成祖生母考》,载《清华学报》,第10卷第2期),削周是削燕手足也。"(《明史》卷一四一,《黄子澄传》)

定计以后,第一步先收回王国所在地之统治权,下诏"王国吏民听朝廷节制,惟护卫官军听王"(《明史》卷一四一,《齐泰传》;谷应泰:《明史纪事本末》卷一五)。建文元年二月又"诏诸王毋得节制文武吏士"(《明史》卷四,《恭闵帝本纪》)。收回兵权及在王国之中央官吏节制权。洪武三十一年八月废周王为庶人。建文元年四月湘王柏惧罪自焚死,齐王榑、代王桂有罪,废为庶人。六月废岷王梗为庶人。

燕王棣智勇有大略,妃徐氏为开国元勋徐达女,就国后,徐达数奉命备边北平,因从学兵法。徐达死后,诸大将因胡惟庸、蓝玉两次党案诛杀殆尽,燕王遂与秦、晋二王并当北边御敌之任。洪武二十三年正月与晋王率师往讨元丞相咬住、太尉乃儿不花，征虏前将军颍国公傅友德等皆听节制。三月师次迤都，咬住等降（《明史》卷三，《太祖本纪》）。获其全部而还，太祖大喜。是后屡率诸将出征，并令王节制沿边士马，威名大震（《明史》卷四，《成祖本纪》）。二十四年四月督傅友德诸将出塞，败敌而还。二十六年三月冯胜、傅友德备边山西、北平，其属卫将校悉听晋王、燕王节制。二十八年正月率总兵官周兴出辽东塞，自开原追敌至甫答迷城，不及而还。二十九年率师巡大宁，败敌于彻彻儿山，又追败之于兀良哈秃城而还。三十一年率师备御开平（《明史》卷三，《太祖本纪》）。太祖崩后，自以为三兄都已先死，伦序当立，不肯为惠帝下。周、湘诸藩相继得罪，遂决意反，阴选将校，勾军卒，收才勇异能之士，日夜铸军器（《明史》卷一四五，《姚广孝传》）。建文元年七月杀朝廷所置地方大吏，指齐泰、黄子澄为奸臣，援引祖训，入清君侧，称其师曰"靖难"。

兵起时惠帝正在和方孝孺、陈迪一些文士讨论周官法度，更定官制，讲求礼文。当国的齐泰、黄子澄也都是书生，不知兵事，以旧将耿炳文为大将往讨。八月耿炳文兵败于滹沱河，即刻召还，代以素不知兵的勋戚李景隆。时燕王已北袭大宁，尽得朵颜三卫骑而南。景隆乘虚攻北平，不能克，燕王回兵大破之。二年四月燕王又败景隆兵于白沟河、德州。进围济南，三月不克，为守将盛庸所掩击，大败解围去。九月盛庸代李景隆为大将军。十二月大败燕兵于东昌，燕大将张玉战死，精锐丧失几尽。三年燕兵数南下，胜负相当。所攻下的城邑，兵回又为朝廷据守，所据有的地方不过北平、保定、水平三府。恰好因惠帝待宫中宦官极严厉，宦官被黜责的逃奔燕军，告以京师虚实。十二月复出师南下。朝廷遣大将徐辉祖（达子，燕王妃兄）出援山东，与都督平安大败燕兵于齐眉山。燕军谋遁还。惠帝又轻信谣言，以为燕兵已退，一面也不信任徐辉祖，召之还朝。前方势孤，相继败绩。燕兵遂渡淮趋扬州，江防都督陈瑄以舟师迎降，径渡江进围南京，谷王橞及李景隆开金川门迎降，宫中火起，惠帝不知所终。燕王入京师即帝位，是为成祖（1403—1424，《明史》卷三，《恭闵帝纪》；卷四《成祖本纪》；卷一四四，《盛庸传》；卷一二六，《李文忠传》；卷一二五，《徐达传》；《明史纪事本末》卷一六）。

成祖入南京后做的第一件事是对主削藩议者的报复，下令大索齐泰、黄子澄、方孝孺等五十余人，榜其姓名曰奸臣，大行屠杀，施族诛之法，族人无少长皆斩，妻女发教坊司，姻党悉戍边。方孝孺之死，宗族亲友前后坐诛者至八百七十三人（《明史纪事本末》卷一八）。万历十三年（1585），释坐孝孺谪戍者后裔凡千三百余人（《明史》卷一四一，《方孝孺传》）。即位后的第一件事是尽复建文中所更改的一切成法和官制，表明他起兵的目的是在拥护祖训和问惠帝擅改祖宗成法之罪（《明史》卷四，《成祖本纪》；《燕王令旨》）。由此《祖训》成为明朝一代治国的经典，太祖时所定的法令到后来虽然时移事变，也不许有所更改。太祖时所曾施行的制度，也成为有明一代的金规玉律，无论无理到什么地步，也因为是祖制而不敢轻议。内中如锦衣卫和廷杖制，最为有明一代的弊政。为成祖所创的有宦官出使专征监军分镇的制度，和皇帝的侦察机关东、西厂。

五、迁都北京

成祖以边藩篡逆得位，深恐其他藩王也学他的办法再来一次靖难，即位之后，也采用惠帝的削藩政策，依次收诸藩兵权，非惟不使干预政事，且设立种种苛禁以约束之。建文四年（1402）徙谷王于长沙，永乐元年徙宁王于南昌，以大宁地界从靖难有功之朵颜、福余、泰宁三卫，以偿前劳（《明史》卷三二八，《三卫传》）。削代王、岷王护卫。四年削齐王护卫，废为庶人。十年削辽王护卫（辽王已于建文元年徙荆州）。十五年谷王以谋反废。十八年周王献三护卫。尽削诸王之权，于护卫损之又损，必使其力不足与一镇抗（万言：《管村文抄内编》卷二，《诸王世表序》）。到宣宗时汉王高煦，武宗时安化王寘鐇、宁王宸濠果然援例造反，遂更设为厉禁，诸王行动不得自由，即出城省墓亦须奏请。二王不得相见（《明史》卷一二〇，《诸王传》；卷一一九，《襄王传》），受封后即不得入朝（《明史》卷一一九，《崇王传》）。甚至在国家危急时，出兵勤王亦所不许（《明史》卷一一八，《韩王传》；卷一一八，《唐王传》）。

只能衣租食税，凭着王的位号，在地方上作威福，肆害官民（赵翼：《廿二史劄记》卷三二，《明分封宗藩之制》）。王以下的宗人，生则请名，长则请婚于朝，禄之终身，丧葬予费（《明史》卷一一六，《诸王传序》）。仰食于官，不使之出仕，又不许其别营生计，怕亵渎了皇家的尊严，"不农不仕，吸民膏髓"（《明史》卷二一四，《靳学颜传》）。生齿日蕃，皇族的口数到了七八万，国力不给，世宗时御史林润言：

天下岁供京师粮四百万石，而诸府禄米凡八百五十三万石。以山西言，存留百五十二万石，而宗禄三百十二万。以河南言，存留八十四万三千石，而宗禄百九十二万。（《明史》卷八二，《食货志》）

不得已大加减削，宗藩日困。枣阳王祐楒"请除宗人禄，使以四民业自为生，贤者用射策应科第"，不许（《明史》卷一一九，《枣阳王传》）。万历二十二年（1594）郑靖王世子载堉请许"宗室皆得儒服就试，毋论中外职，中试者视才品器使"（《明史》卷一一九，《郑王传》），从此宗室方得出仕。国家竭天下之力来养活十几万游荡无业的贵族游民，不但国力为之疲敝不支，实际上宗室又因不能就业而陷于贫困，势不能不作奸犯法，扰害平民。这也是当时创立"祖制"的人所意想不到的。

成祖削藩的结果，宁、谷二王内徙，尽释诸王兵权，北边空虚。按照当时的情势，"四裔北边为急，倏来倏去，边备须严。若畿甸去远而委守将，则非居重取轻之道"（章潢：《图书编》卷三三，《论北龙帝都垣》）。于是有迁都北京之计，以北京为行在，屯驻重兵，抵御蒙古人的入侵：

太宗靖难之勋既集，切切焉为北顾之虑，建行都于燕，因而整戈秣马，四征弗庭，亦势所不得已也。銮舆巡幸，劳费实繁。易世而后，不复南幸，此建都所以在燕也。（顾炎武：《读史方舆纪要·北直方舆纪要序》）

合军事与政治中心为一，以国都当敌。朱健曾为成祖迁都下一历史的地理的解释。他说：

自古建立都邑，率在北土，不止我朝，而我朝近敌为甚。且如汉袭秦旧都关中，匈奴入寇，烽火辄至甘泉，唐袭隋旧都亦都关中，吐蕃入寇，辄到渭桥。宋袭周旧都汴，西无灵夏，北无燕、云，其去契丹界直浃旬耳。景德之后亦辄至澶渊。三治朝幅员善广矣，而定都若此者何？制敌便也。我朝定鼎燕京，东北去辽阳尚可数日，去渔阳百里耳。西北去云中尚可数日，去上谷亦仅倍渔阳耳。近敌便则常时封殖者尤勤，常时封殖则一日规划措置者尤亟。是故去敌之近，制敌之便，莫有如今日者也。（朱健：《古今治平略》）

建都北京的最大缺点是北边粮食不能自给，必须仰给东南。海运有风波之险，由内河漕运则或有时水涸，或被"寇盗"所阻，稍有意外，便成问题：

今国家燕都可谓百二山河，天府之国，但其间有少不便者，漕粟仰给东南耳。运河自江而淮，自淮而黄，自黄而汶，自汶而卫，盈盈衣带，不绝如线，河流一涸，则西北之腹尽枵矣。元时亦输粟以供上都，其后兼之海运。然当群雄奸命之时，烽烟四起，运道梗绝，惟有束手就困耳。此京师之第一当虑者也。（朱健：《古今治平略》）

要解决这两个困难，则第一必须大治河道，第二必须仍驻重兵于南京，镇压东南。成祖初年，转漕东南，水陆兼挽，仍元人之旧，参用海运，而海运多险，陆运亦艰。九年命宋礼开会通河，十三年陈瑄凿清江浦，通北京漕运，直达通州，而海陆运俱废（《明史》卷八五，《河渠志》）。运粮官军十二万人，有漕运总兵及总督统之（《明史》卷七九，《食货志》）。十九年（1421）迁都北京后，以南京为留都，仍设五府六部官,并设守备掌一切留守防护之事,节制南京诸卫所(《明史》卷八九,《兵志》)。

永乐元年以北平为北京。四年诏以明年五月建北京宫殿。十八年北京郊庙宫殿成,诏以北京为京师,不称行在(《明通鉴》卷一七)。在实际上,自七年以后,成祖多驻北京,以皇太子在南京监国。自邱福征本雅失里汗败死后,五入漠北亲征(《明史》卷五至卷六,《成祖本纪》)。自十五年北巡以后,即不再南返。南京在事实上,从七年北巡后即已失去政治上的地位,十九年始正式改为陪都。

迁都之举,当时有一部分人不了解成祖的用心,力持反对论调:

初以殿灾诏求直言,群臣多言都北京非便。帝怒,杀主事萧仪,曰:"方迁都时,与大臣密议,久而后定,非轻举也。"(《明史》卷一四九,《夏原吉传》)

仁宗即位(1425)后,胡濙从经济的立场"力言建都北京非便,请还南都,省南北转运供亿之烦"(《明史》卷一六九,《胡传》)。于是又定计还都南京,洪熙元年三月诏北京诸司悉称行在。五月仁宗崩,迁都之计遂又搁置不行(《明史》卷八,《仁宗本纪》)。一直到英宗正统六年(1441)北京三殿两宫都已告成,才决定定都北京,诏文武诸司不称行在,仍以南京为陪都(《明史》卷一〇,《英宗前纪》)。

成祖北迁以后,三面临敌,边防大重。东起鸭绿,西抵嘉峪,绵亘万里,分地守御。初设辽东、宣府、大同、延绥四镇,继设宁夏、甘肃、蓟州三镇,又加上太原、固原,是为九边(《明史》卷九一,《兵志》)。每边各设重兵,统以大将,副以褊裨,监以宪臣,镇以开府,联以总督,无事则画地防守,有事则掎角为援(黄道周:《博物典汇》卷一九,《九边》)。失策的是即位后即徙封宁王于江西,把大宁一带地(今辽宁省平泉[1]、内蒙古自治区赤峰等地),送给从征有功的朵颜三卫,自古北

---

[1] 今属河北省承德市。——编者注

口至山海关隶朵颜卫，自广宁前屯卫西至广宁镇白云山隶泰宁卫，自白云山以北至开原隶福余卫。而幽燕东北之险，中国与夷狄共之，胡马疾驰半日可抵关下。辽东、广宁[1]、锦[2]、义[3]等城自此与宣府、怀来[4]隔断，悬绝声不相联（严从简：《殊域周咨录》卷一六，《鞑靼》）。又以东胜（今内蒙古自治区托克托县及茂明安之地）孤远难守，调左卫于永平、右卫于遵化而墟其地（《明史》卷九一，《兵志》）。兴和［元兴和路[5]，自今张家口以北至内蒙古苏尼特旗皆其境。洪武三年（1370）为府，后废。洪武三十年（1397）置兴和守御千户所。今河北省张北县治即兴和故城］为阿鲁台所攻，促治宣府卫城而所地遂虚（《明史》卷四〇，《地理志·京师》）。开平（在今内蒙古自治区多伦县地）为元故都，地处极边，西接兴和而达东胜，东西千里，最为要塞。自大宁弃后，宣、辽隔绝，开平失援，胡虏出没，饷道艰难，宣德五年（1430）从薛禄议，弃开平，徙卫于独石（《明史》卷四〇，《地理志》；《殊域周咨录》第一七，《鞑靼》；方孔炤：《全边略记》卷三，《宣府略》）。后来"三岔河弃而辽东悚，河套弃而陕右警，西河弃而甘州危"（《博物典汇》卷一九），国防遂不可问。初期国力尚强，对付外敌的方法是以攻为守，太祖、成祖、宣宗三朝并大举北征，以兵力逼蒙古人远遁，使之不敢近塞。英宗以后国力渐衰，于是只以守险为上策，坐待敌来，诸要塞尽弃而边警由之日亟。正统十四年（1449）瓦剌也先入寇围北京。嘉靖二十九年（1550）鞑靼俺答入寇薄都城。这两次的外寇都因都城兵力厚不能得志，焚掠近畿而去。崇祯十七年（1644）李自成北上，宣府和居庸的守臣都开门迎降，遂长驱进围北京，太监曹化淳又开门迎入，明遂亡。由此看来，假如成祖当时不迁都北京，自以身当敌冲，也

---

[1] 今属辽宁省北镇市。——编者注

[2] 今为辽宁省锦州市。——编者注

[3] 今属辽宁省锦州市义县。——编者注

[4] 皆属于今河北省张家口市。——编者注

[5] 路是宋元时期的行政区域名称，元代的"路"相当于明清时期的"府"。——编者注

许在前两次蒙古人入犯时，黄河以北已不可守，宋人南渡之祸，又要重演一次了。

明代的锦衣卫和东西厂

/吴 晗/

一

在旧式的政体之下，皇帝只是代表他的家族以及外环的一特殊集团的利益，比较被统治的人民，他的地位不但孤立，而且永远是在危险的边缘，尊严的神圣的宝座之下，酝酿着待爆发的火山。为了家族的威权和利益的持续，他们不得不想尽镇压的法子，公开的律例、刑章，公开的军校和法庭不够用，也不便用，他们还需要造成恐怖空气的特种组织，特种监狱和特种侦探，来监视每一个可疑的人、可疑的官吏。他们用秘密的方法侦伺，搜查，逮捕，审讯，处刑。在军队中，在学校中，在政府机关中，在民间，在茶楼酒馆，在集会场所，甚至在交通孔道，大街小巷，处处都有这类人在活动。执行这些任务的特种组织，历代都有。在汉有"诏狱"和"大谁何"，在唐有"丽景门"和"不良人"，在宋有"诏狱"和"内军巡院"，在明有"锦衣卫"和"东西厂"，在袁世凯时代则有"侦缉队"。

锦衣卫和东西厂，明人后称为厂卫。从14世纪后期一直到17世纪中叶，这两机关始终存在（中间曾经几度短期地废止，但不久即复设）。锦衣卫是内廷的侦察机关，东厂则由宦官提督，最为皇帝所亲信，即锦衣卫也受其侦察。锦衣卫初设于明太祖时，是内廷亲军，皇帝的私人卫队，不隶都督府。其下有南北镇抚司，南镇抚司掌本卫刑名，北镇抚司专治诏狱，可以直接取诏行事，不必经过外廷法司的法律手续，甚至本卫长官亦不得干预（王世贞：《锦衣卫》）。锦衣卫的正式职务，据《明史·职官志》说是"掌侍卫缉捕刑狱之事，凡盗贼奸宄街涂沟洫，密缉而时省之"。经过嘉靖初年裁汰后，缩小职权，改为"专察不轨妖言人命强盗重事"（《明史·刑法志》）。其实最主要的还是侦察"不轨妖言"，不轨指政治上的反动者或党派，妖言指宗教的集团如弥勒教、白莲教、明教等。明太祖出身于香军，深知"弥勒降生"和"明王出世"等宗教传说，对于渴望改善生活的一般农民，所发生的政治作用是如何重大。他尤其了解聚众结社对现实政权有何等重大的意义和威胁，他从这两种活动中得到政权，也已为这政权立下基础，唯一使他焦急的问题是子子孙孙如何才能永远都不费事地继承这政权。他所感觉到的严重危机有两方面：其一是并肩起事的诸将，个个都身经百战，枭悍难制。其二是出身豪室的文臣，他们有地方的历史势力，有政治的声望，又有计谋，不容易对付。这些人在他在位的时候，固然镇压得下，但也还惴惴不安。身后的继承人呢，太子忠厚柔仁，只能守成，不能应变。到太子死后，他已是望七高龄，太孙不但幼稚，而且比他儿子更不中用，成天和一批腐儒接近，景慕三王，服膺儒术，更非制驭枭雄的角色。他为着要使自己安心，要替他儿孙斩除荆棘，便不惜用一切可能的残酷手段，大兴胡蓝党案，屠杀功臣，又用整顿吏治，治乱国用重刑的口实，把中外官吏地主豪绅也着实淘汰了一下，锦衣卫的创立和授权，便是发挥这个作用。经过几次的大屠杀以后，臣民侧足而立，觉得自己的地位已经安定了。为了缓和太过紧张的空气，洪武二十年（1389）下令焚毁锦衣卫刑具，把锦衣卫所禁闭的囚徒都送刑部。再隔六年，胡党蓝党都已杀完，不再感觉到政治上的逼胁了，于是又解除锦衣卫的典诏狱权，诏内外狱毋得上锦衣卫，大小案件都由法司治理。天下从此算太平了（《明史·刑法志》）。

不到十年，帝位发生争执，靖难兵起，以庶子出藩北平的燕王入居大位，打了几年血仗；虽然到了南京，名义上算做了皇帝，可是地位仍不稳固。因为第一，建文帝有出亡的传说，宫内自焚的遗体中不能确定是否建文帝也在内，万一建文帝未死，很有起兵复国的可能。第二，他以庶子僭位，和他地位相同的十几个亲王看着眼红，保不住也重玩一次靖难的把戏（这一点在他生前算是过虑，可是到孙子登位后，果然又闹了一次叔侄交兵）。第三，当时他的兵力所及的只是由北平到南京一条交通线，其他地方只是外表表示服从。第四，建文帝的臣下，在朝的如曹国公李景隆、驸马都尉梅殷等，在地方的如盛庸、平安、何福等都曾和他敌对作战。其他地方官吏文武臣僚也都是建文旧人，不能立刻全盘更动，更使他感觉有临深履薄的恐惧。在这样的情况之下，他用得着他父亲传下的衣钵，于是锦衣卫重复活动，一直到亡国，始终做皇帝的耳目，担任猎犬和屠夫的双重任务。

锦衣卫虽然亲近，到底是外官，也许会徇情面，仍是不能放心。明成祖初起时曾利用建文帝左右的宦官探消息，即位以后，以为这些内官忠心可靠，特设一个东厂，职务是"缉访谋逆妖言大逆等"，完全和锦衣卫相同。属官有贴刑，以锦衣卫千百户充任，所不同的是用内臣提督，通常都以司礼监秉笔太监第二人或第三人派充，关系和皇帝最密切，威权也最重（《明史》，《刑法志》和《职官志》）。后虽有时废罢，名义也有时更换为西厂或外厂，或东西厂、内外厂并设，或在东西厂之上加设内行厂，连东西厂也在伺察之下。但在实际上，厂的使命是没有什么变更的。厂与卫成为皇帝私人的特权侦探机关，其统系是锦衣卫监察侦伺一切官民，东（西）厂侦察一切官民及锦衣卫，有时或加设一最高机构，侦探一切官民和厂卫，如刘瑾的内行厂和冯保的内厂，皇帝则直接监督一切侦缉机关。如此层层缉伺，层层作恶，人人自疑，人人自危，造成了政治恐怖。

二

厂卫同时也是最高法庭，有任意逮捕官吏平民，加以刑讯判罪和行刑的最高法律以外的权力。

卫的长官是指挥使，其下有官校，专司侦察，名为缇骑。嘉靖时陆炳官缇帅，所选用卫士缇骑皆都中大豪，善把持长短，多布耳目，所睚眦无不立碎。所招募畿辅秦晋鲁卫骈胁超乘迹射之士以千计。卫之人鲜衣怒马而仰度支者凡十五六万人（王世贞：《锦衣志》）。四出迹访："凡缙绅之门，各有数人往来其间，而凡所缉访，止属风闻，多涉暧昧，虽有心口，无可辩白。各类计所获功次，以为升授。凭其可逞之势，而邀其必获之功，捕风捉影，每附会以仇其奸，非法拷讯，时威逼以强其认"（傅维麟：《明书》卷七十三）。结果，一般仕宦阶级都吓得提心吊胆，"常晏起早阖，毋敢偶语，旗校过门，如被大盗"（《明史·刑法志》）。抓到了人时先找一个空庙祠宇榜掠了一顿，名为打桩，"有真盗幸免，故令多攀平民以足数者，有括家囊为盗赃，而通棍恶以证其事者，有潜种图书陷人于妖言之律者，有怀挟伪批坐人以假印之科者，有姓名仿佛而荼毒连累以死者"。访拿所及，则"家资一空，甚至并同室之有而席卷以去，轻则匿于档头火长校尉之手，重则官与瓜分"。被访拿的一入狱门，便无生理，"五毒备尝，肢体不全。其最酷者曰琵琶，每上百骨尽脱，汗下如水，死而复生，如是者二三次，荼酷之下，何狱不成"（《明书》卷七十三）。

其提人则只凭驾帖，弘治元年（1488）刑部尚书何乔新奏："旧制提人，所在官司必验精微批文，与符号相合，然后发遣，近者中外提人，只凭驾帖，既不用符，真伪莫辨，奸人矫命，何以拒之？"当时虽然明令恢复批文提人的制度，可是锦衣旗校却依旧只凭驾帖拘捕（《明史·刑法志》）。正德初周玺所说："迩者皇亲贵幸有所奏陈，陛下据其一面之词，即行差官赍驾帖拿人于数百里之外，惊骇黎庶之心，甚非新政美事。"（《垂光集》一，《论治化疏》）便是一个例子。

东厂的体制，在内廷衙门中最为隆重。凡内官奉差关防皆曰某处内官关防，唯东厂篆文为"钦差监督东厂官校办事太监关防"(刘若愚：《酌中志》十六)。《明史》记"其隶役皆取给于卫，最轻巧儇佶者乃充之。役长曰档头，帽上锐，衣青素褶褶，系小绦，白皮靴，专主伺察。其下番子数人为干事，京师之命诬财挟仇视干事者为窟穴，得一阴事，由之以密白于档头，档头视其事大小先予之金，事曰起数，金曰买起数。既得事，帅番子至所犯家，左右坐曰打桩，番子即突入执讯之无有左证符牒，贿如数径去，稍不如意，榜治之名曰乾酢酒，亦曰搬署儿，痛楚十倍官刑，且授意使牵有力者，有力者予多金即无事，或靳不予，予不足，立闻上，下镇抚司狱，立死矣"。对于行政官吏所在，也到处派人伺察："每月旦，厂役数百人掣签庭中，分瞰官府。"有听记坐记之别，"其视中府诸处会审大狱，北镇抚司拷讯重犯者曰听记，他官府及各城门缉访曰坐记"。所得秘密名为打事件，即时由东厂转呈皇帝，甚至深更半夜也可随时呈进，"以故事无大小，天子皆得闻之，家人米盐猥事，宫中或传为笑谑，上下惴惴，无不畏打事件者"(《明史·刑法志》)。

锦衣卫到底是比不上东厂亲近，报告要用奏疏，东厂则可以直达。以此，厂权就高于卫。

东厂的淫威，试举一例。当天启时，有四个平民半夜里偷偷在密室喝酒谈心。酒酣耳热，有一人大骂魏忠贤，余三人听了不敢出声。骂犹未了，便有番子突入，把四人都捉去，在魏忠贤面前把发话这人剥了皮，余三人赏一点钱放还，这三人吓得魂不附体，差一点变成疯子。

锦衣卫狱即世所称诏狱，由北镇抚司专领。北镇抚司本来是锦衣卫指挥使的属官，品秩极低，成化十四年(1478)增铸北司印信，一切刑狱不必关白本卫，连卫所行下的公事也可直接上请皇帝裁决，卫指挥使不敢干预，因之权势日重(《明史》卷九十五)。外廷的三法司(刑部、大理寺、都察院)不敢与抗。嘉靖二年(1523)，刑科给事中刘济上言："国家置三法司以理刑狱，其后乃有锦衣卫镇抚司专理诏狱，缉访于罗织之门，锻炼于诏狱之手，裁决于内降之旨，而三法司几于虚

283

设矣"（《明世宗实录》）。其用刑之惨酷，有非人类所能想象，沈德符记："凡厂卫所廉谋反杀逆及强盗等重辟，始下锦衣之镇抚司拷问，寻常只曰打着问，重者加好生二字，其最重大者则曰好生着实打着问，必用刑一套，凡十八种，无不试之。"（《野获编》卷二十一）用刑一套为全刑，曰械，曰镣，曰棍，曰桚，曰夹棍，五毒备具，呼号声沸然，血肉溃烂，宛转求死不得（《明史·刑法志》）。诏狱"室卑入地，墙厚数仞，即隔壁号呼，悄不闻声，每市一物入内，必经数处验查，饮食之属十不能得一，又不得自举火，虽严寒不过唊冷炙披冷衲而已。家人辈不但不得随入，亦不许相面。唯于拷问之期，得遥于堂下相见"（《野获编》）。天启五年（1625）遭党祸被害的顾大章所作《狱中杂记》里说："予入诏狱百日而奉旨暂发（刑）部者十日，有此十日之生，并前之百日皆生矣。何则，与家人相见，前之遥闻者皆亲证也。"拿诏狱和刑部狱相比，竟有天堂地狱之别。瞿式耜在他的《陈时政急著疏》中也说："往者魏崔之世，凡属凶网，即烦缇骑，一属缇骑，即下镇抚，魂飞汤火，惨毒难言，苟得一送法司，便不啻天堂之乐矣。"《瞿忠宣公集》卷一）被提者一入抚狱，便无申诉余地，坐受榜掠。魏大中《自记年谱》："十三日入都羁锦衣卫东司房，二十八日许显纯崔应元奉旨严鞫，许既迎二魏（忠贤、广微）意，构汪文言招辞而急毙之以灭口。对簿时遂断断如两造之相质，一桚敲一百，穿梭一夹，敲五十板子，打四十棍，惨酷备至，而抗辩之语悉不得宣。""六君子"被坐的罪名是受熊廷弼的贿赂，有的被刑自忖无生理，不得已承认，希望能转刑部得生路，不料结果更坏，厂卫勒令退赃，"遂五日一比，惨毒更甚。比时累累跪阶前，河诟百出，裸体辱之，弛杻则受桚，弛桚则受夹，弛桚与夹则仍戴杻镣以受棍，创痛未复，不再宿复加榜掠。后讯时皆不能跪起荷桎梏，平卧堂下"（《明史纪事本末》卷七十一）。终于由狱卒之手秘密处死，死者家人不知其死法及死期，苇席裹尸出牢户，虫蛆腐体。六君子是杨涟、左光斗、顾大中、袁化中、周朝瑞、顾大章，都是当时的清流领袖，朝野表率，为魏忠贤所忌，天启五年（1625）相继死于诏狱。

除了在狱中的非刑以外，和厂卫互相表里的一件恶政是廷杖，锦衣卫始自明太祖，东厂为明成祖所创设，廷杖却是抄袭元朝的。

在元朝以前，君臣之间的距离还不十分悬绝，三公坐而论道，和皇帝是师友，宋朝虽然臣僚在殿廷无坐处，却也还礼貌大臣，绝不加以非礼的行为，"士可杀不可辱"这一传统的观念，上下都能体会。蒙古人可不同了，他们根本不了解士的地位，也不能用理论来装饰殿廷的庄严。他们起自马上，生活在马上，政府中的臣僚也就是军队中的将校，一有过错，拉下来打一顿，打完照旧办事，不论是中央官、地方官，在平时，或是在战时，臣僚挨打是家常便饭，甚至中书省的长官，也有在殿廷被杖的记载。明太祖继元而起，虽然一力"复汉官之威仪"，摒弃胡俗胡化，对于杖责大臣这一故事，却习惯地继承下来，著名的例子，被杖死的如亲侄大都督朱文正、工部尚书薛祥、永嘉侯朱亮祖父子，部曹被廷杖的如主事茹太素。从此殿陛行杖，习为祖制。正德十四年（1519）以南巡廷杖舒芬等百四十六人，死者十一人。嘉靖三年（1523）以大礼之争廷杖丰熙等百三十四人，死者十六人。循至方面大臣多毙杖下，幸而不死，犯公过的仍须到官办事，犯私仇者再下诏狱处死（《明史·刑法志》）。至于前期和后期廷杖之不同，是去衣和不去衣，沈德符说："成化以前诸臣被杖者皆带衣裹氈，不损肤膜，然犹内伤困卧，需数旬而后起，若去衣受笞，则始于逆瑾用事，名贤多死，今遂不改"（《野获编》卷十八）。廷杖的情形，据艾穆所说，行刑的是锦衣官校，监刑的是司礼监："司礼大珰数十辈捧驾帖来，首喝曰带上犯人来，每一喝则千百人一大喊以应，声震甸服，初喝跪下，宣驾帖杖吾二人，着实打八十棍，五棍一换，总之八十棍换十六人。喝着实打，喝打阁上棍，次第凡四十六声，皆大喊应如前首喝时，喝阁上棍者阁棍在股上也。杖毕喝踩下去，校尉四人以布袱曳之而行"（《熙亭先生文集》四，《恩谴记》）。天启时万璟被杖死的情形，樊良材撰《万忠贞公传》说："初璟劾魏珰疏上，珰恚甚，矫旨廷杖一百。褫斥为民。彼一时也，缇骑甫出，群聚蜂拥，绕舍骤禽，饱恣拳棒，摘发捉肘，拖沓摧残，曳至午门，已无完肤。追行杖时逆珰领小竖数十辈奋袂而前，执金吾（锦衣卫指挥使）止之曰留人受杖，逆珰瞋目监视，倒杖张威，施辣手而甘心焉。杖已，血肉淋漓，奄奄待尽。"

廷杖之外，还有立枷，创自刘瑾，锦衣卫常用之："其重枷头号者至三百斤，为期至二月，已无一全。而最毒者为立枷，不旬日必绝。偶有稍延者，命放低三数寸，则顷刻殒矣。凡枷未满期而死，则守者掊土掩之，俟期满以请，始奏闻领埋，若值炎暑，则所存仅空骸耳，故谈者谓重于大辟云。"（《野获编》卷十八）

诏狱、廷杖、立枷之下，士大夫不但可杀，而且可辱，君臣间的距离愈来愈远，"天皇圣明，臣罪当诛"，打得快死而犹美名之曰恩谴，曰赐杖，礼貌固然谈不到，连主奴间的恩意也因之而荡然无存了。

三

厂卫之弊，是当时人抗议最集中的一个问题，但是毫无效果，并且愈演愈烈。著例如商辂《请革西厂疏》说："近日伺察太繁，法令太急，刑网太密，官校提拿职官，事皆出于风闻，暮夜搜检家财，初不见有驾帖，人心汹汹各怀疑畏，内外文武重臣，托之为股肱心膂者也，亦皆不安于位，有司庶府之官，资之以建立政事者也，举皆不安于职。商贾不安于市，行旅不安于途，士卒不安于伍，黎民不安于业。"（《商文毅公集》卷一）在这情形下，任何人都有时时被捕的危险。反之，真是作恶多端的臣奸大憝，只要能得到宫廷的谅解，更可置身法外。《明史·刑法志》说："英宪以后，钦恤之意微，侦伺之风炽，巨恶大憝，案如山积，而旨从中下，纵不之问。或本无死理，而片纸付诏狱，为祸尤烈。"明代二祖设立厂卫之本意，原在侦察不轨，尤其是注意官吏的行动。隆庆中刑科给事中舒化上疏只凭表面事理立论，恰中君主所忌，他说："朝廷设立厂卫，所以捕盗防奸细，非以察百官也。驾驭百官乃天子之权，而奏劾诸司责在台谏，朝廷自有公论。今以暗访之权归诸厂卫，万一人非正直，事出冤诬，是非颠倒，殃及善良，陛下何由知之。且朝廷既凭厂卫，厂卫必委之番役，此辈贪残，何所不至！人心忧危，众目睢眦，非盛世所宜有也。"（《春明梦余录》卷六十三）至于苛扰平民，则更非宫廷所计及，杨涟劾魏忠贤二十四大罪疏中曾特别指出："东厂原以察奸细，备非常，非扰平民也。自忠贤受事，鸡犬不宁，而且直以快恩怨，行倾陷，片语违，则驾帖立下，造谋告密，日夜未已。"（《杨忠烈公文集》二）甚至在魏忠贤失败以后，厂卫的权力仍不因之动摇，刘宗周上疏论其侵法司权限，讥为人主私刑，他说："我国家设立三法司以治庶狱，视前代为独详，盖曰刑部所不能决者，都察院得而决之，部院所不能平者，大理寺得而平之，其寓意至深远。开国之初，高皇帝不废重典以惩巨恶，于是有锦衣之狱。至东厂缉事，亦国初定都时偶一行之于大逆大奸，事出一时权宜，后日遂相沿而不复改，得与锦衣卫比周用事，致人主有私刑。自皇上御极以后，此曹犹肆罗织之威，日以风闻事件上尘睿览，辇毂之下，人人重足"，结果是："自厂卫司讥访而告奸之风炽，自诏狱及士绅而堂廉之等夷，自人人救过不给而欺罔之习转盛，自事事仰承独断而谄谀之风日长，自三尺法不伸于司寇而犯者日众。"（《刘子全书》十六《痛陈时艰疏》，十七《敬循职掌疏》）

厂卫威权日盛，使厂卫二字成为凶险恐怖的象征，破胆的霹雳，游民奸棍遂假为恐诈之工具，京师外郡并受荼毒，其祸较真厂卫更甚。崇祯四年（1631）给事中许国荣《论厂卫疏》历举例证说："如绸商刘文斗行货到京，奸棍赵瞎子等口称厂卫，捏指漏税，密擒于崇文门东小桥庙门，诈银二千余两。长子县教官推升县令，忽有数棍拥入其寓内，口称厂卫，指为营干得来，诈银五百两。山西解官买办黑铅照数交足，众棍窥有余剩在潞绸铺内，口称厂卫，指克官物，捉拿玉铺等四家，各诈银千余两……蓟门孔道，假侦边庭，往来如织……至于散在各衙门者借口密探，故露踪迹，纪言纪事，笔底可操祸福，书吏畏其播弄风波，不得不酿金阴饵之，遂相沿为例而莫可问。"（《春明梦余录》卷六十三）崇祯十五年（1642）御史杨仁愿疏《论假番及东厂之害》说："臣待罪南城，所阅词讼多以假番故称冤，夫假称东厂，害犹如此，况其真乎？此由积重之势然也。所谓积重之势者，功令比较事件，番役每悬价以买事件，受买者至诱人当奸盗而卖之，番役不问其从来，诱者分利去矣。挟愤首告，诬以重法，挟者志无不逞矣。伏愿宽东厂事件而后东厂之比较可缓，东厂之比较缓而番役之买事件与卖事件者俱可息，积重之势庶可稍轻。"（《明史》，《刑法志》三）抗议者的理由纵然充分到极点，也不能消除统治者孤立自危的心理。《明史》说："然帝（思宗）倚厂卫益甚，至国亡乃已。"

晚明仕宦阶级的生活

/ 吴 晗 /

一

晚明仕宦阶级的生活,除了少数的例外(如刘宗周之清修刻苦,黄道周之笃学正身),可以用"骄奢淫佚"四字尽之。田艺衡《留青日札》记:"严嵩孙严绍庚、严鹄等尝对人言,一年尽费二万金,尚苦多藏无可用处。于是竞相穷奢极欲。"《明史·严嵩传》记鄢懋卿之豪奢说:"鄢懋卿持严嵩之势,总理两浙两淮长芦河东盐政,其按部尝与妻偕行,制五彩舆,令十二女子舁之。"万历初名相张居正奉旨归葬时:"真定守钱普创为坐舆,前舆后室,旁有两庑,各立一童子供使令,凡用舁夫三十二人。所过牙盘上食味逾百品,犹以为无下箸处。"(《明史》卷二一三,《张居正传》)这种闹阔的风气,愈来愈厉害,直到李自成、张献忠等起来,这风气和它的提倡者同归于尽。

其实,说晚明才有这样的放纵生活,也不尽然,周玺《垂光集·论治化疏》说:"中外臣僚士庶之家,靡丽奢华,彼此相尚,而借贷费用,习以为常。居室则一概雕画,首饰则滥用金宝,倡优下贱以绫缎为袴,市井光棍以锦绣缘袜,工匠役之人任意制造,殊不畏惮。虽朝廷禁止之诏屡下,而奢靡僭用之习自如。"(《垂光集》卷一。)周玺是弘正时人(？—1508),可见在 16 世纪初期的仕宦生活已经到这地步。风俗之侈靡,自上而下,风行草偃,渐渐地浸透了整个社会。堵允锡曾畅论其弊,他说:"冠裳之辈,怡堂成习,厝火忘危,膏粱文绣厌于口体,宫室妻妾昏于志虑,一簋之费数金,一日之供中产,声伎优乐,日缘而盛。夫缙绅者士民之表,表之不戒,尤以成风。于是有纨绔子弟,益侈豪华之志以先其父兄,温饱少年亦竞习裘马之容以破其家业,挟弹垆头,呼庐伎室,意气已骄,心神俱溃,贤者丧志,不肖倾家,此士人之蠹也。于是又有游手之辈,习谐媚以蛊良家子弟,市井之徒,咨凶谲以行无赖之事,白日思群,昏夜伏莽,不耕不织,生涯问诸傥来,非士非商,自业寄于亡命,狐面狼心,冶服盗质,此庶人之蠹也。如是而风俗不致颓坏,士民不致饥寒,盗贼不致风起者未之有也。"

(《堵文忠公集·救时十二议疏》)

二

大人先生有了身份、有了钱以后,饱食终日,无所用心,自然而然会刻意去谋生活的舒适,于是营居室,乐园亭,侈饮食,备仆从,再进而养优伶,召伎女,事博弈,蓄姬妾,雅致一点的更提倡玩古董,讲版刻,组文会,究音律,这一集团人的兴趣,使文学、美术、工艺、金石学、戏曲、版本学等部门有了飞跃的进展。

八股家幸而碰上了机会,得了科第时,第一步是先娶一个姨太太(以今较昔,他们的黄脸婆还有不致被休的运气),王崇简《冬夜笔记》:"明末习尚,士人登第后,多易号娶妾。故京师谚曰:改个号,娶个小。"第二步是广营居室,做大官的邸舍之多,往往骇人听闻,田艺蘅记严嵩籍没时之家产,光是第宅房屋一项,在江西原籍共有六千七百零四间,在北京共一千七百余间(《留青日札》)。陆炳当事时，营别宅至十余所，庄园遍四方（《明史》卷三〇七，《陆炳传》）。郑芝龙田园遍闽粤，在唐王偏安一隅的小朝廷下，秉政数月，增置仓庄至五百余所（林时对：《荷牐丛谈》卷四）。

士大夫园亭之盛，大概是嘉靖以后的事。陶奭龄说："少时越中绝无园亭，近亦多有。"（《小柴桑喃喃录》下）奭龄是万历时代人，可见在嘉隆前，即素称繁庶的越中，士大夫尚未有经营园亭的风气。园亭的布置，除自己出资建置外，大抵多出于门生故吏的报效。顾公燮《消夏闲记》卷上说："前明缙绅虽素负清名者，其华屋园亭佳城南亩，无不揽名胜，连阡陌。推原其故，皆系门生故吏代为经营，非尽出己资也。"王世贞《游金陵诸园记》记南京名园除王公贵戚所有者外，有王贡士杞园、吴孝廉园、何参知露园、卜太学味斋园、许典客长卿园、李象先茂才园、汤太守熙召园、陆文学园、张保御园等。《娄东园亭志》仅太仓一邑有田氏园、安氏园、王锡爵园、杨氏日涉园、吴氏园、季氏园、曹氏杜家桥园、王世贞弇州园、王士骐约园、琅玡离园、王敬美澹园等数十园。园亭既盛，张南垣至以叠石成名："三吴大家名园，皆出其手。其后东至于越，北至于燕，召之者无虚日。"（黄宗羲：《撰杖集·张南垣传》。）

对于饮食衣服尤刻意求精，互相侈尚。《小柴桑喃喃录》卷上记："近来人家酒席，专事华侈，非数日治具，水陆毕集，不敢轻易速客。汤饵肴，源源而来，非惟口不给尝，兼亦目不周视，一筵之费，少亦数金。"平居则"耽耽逐逐，日为口腹谋"。张岱《陶庵梦忆》自述："越中清馋无过余者，喜啖方物。北京则苹婆果、黄鼠、马牙松；山东则羊肚菜、秋白梨、文官果、甜子；福建则福橘、福橘饼、牛皮糖、红腐乳；江西则青根、丰城脯；山西则天花菜；苏州则带骨鲍螺、山楂丁、山楂糕、松子糖、白圆、橄榄脯；嘉兴则马交鱼脯、陶庄黄雀；南京则套樱桃、桃门枣、地栗团、窝笋团、山楂糖；杭州则西瓜、鸡豆子、花下藕、韭芽、元笋、塘栖蜜橘；萧山则杨梅、莼菜、鸠鸟、青鲫、方柿；诸暨则香狸、樱桃、虎栗；嵊则蕨粉、细榧、龙游糖；临海则枕头瓜；

291

台州则瓦楞蚶、江瑶柱；浦江则火肉；东阳财南枣；山阴则破塘笋、谢橘、独山菱、河蟹、三江屯蛏、白蛤、江鱼、鲥鱼、里河蟢。远则岁致之，近则月致之，日致之。"（张岱：《陶庵梦忆》卷四，《方物》）衣服则由布袍而为绢，由浅色而改淡红。范濂《云间据目钞》记云间风俗，虽然只是指一个地方而言，也足以代表这种由俭朴而趋奢华的时代趋势。他说："布袍乃儒家常服，周年鄙为寒酸，贫者必用绸绢色衣，谓之薄华丽。而恶少且从典肆中觅旧段旧服翻改新起，与豪华公子列坐，亦一奇也。春元必用大红履，儒童年少者必穿浅红道袍，上海生员冬必穿绒道袍，暑必用绉巾绿伞，虽贫如思丹，亦不能免。稍富则绒衣巾，盖益加盛矣。余最贫，尚俭朴，年来亦强服色衣，乃知习俗移人，贤者不免。"明代制定士庶服饰，不许混淆，嘉靖以后，这种规定亦复不能维持，上下群趋时髦，巾履无别。范濂又记："余始为诸生时，见朋辈戴桥梁绒线巾，春元戴金线巾，缙绅戴忠靖巾。自后以为烦俗，易高士巾素方巾，复变为唐巾晋巾汉巾褊巾。丙午（1606）以来皆用不唐不晋之巾，两边玉屏花一双，而年少貌美者加犀玉奇簪贯发。"他又很愤慨地说："所可恨者，大家奴皆用三镶宦履，与士官漫无分别，而士官亦喜奴辈穿着，此俗之最恶者也。"

三

士大夫居官则狎优纵博，退休则广蓄声伎，宣德间都御史刘观每赴人邀请，辄以妓自随。户部郎中肖翔等不理职务，日唯挟妓酣饮恣乐（《明宣宗实录》卷五六）。曾下饬禁止："宣德四年八月丙申，上谕行在礼部尚书胡濙曰：祖宗时文武官之家不得挟妓饮宴。近闻大小官私家饮酒，辄命妓歌唱，沉酣终日，怠废政事。甚者留宿，败礼坏俗。尔礼部揭榜禁约，再犯者必罪之。"（《明宣宗实录》卷五七）妓女被禁后，一变而为小唱，沈德符说："京师自宣德顾佐疏后，严禁官妓，缙绅无以为娱，于是小唱盛行，至今日几如西晋太康矣。"（《野获编》卷二四）实际上这项禁令也只及于京师居官者，易代之后，勾栏盛况依然。《冰华梅史》

有《燕都妓品序》："燕赵佳人，颜美如玉，盖自古艳之。矧帝都建鼎，于今为盛，而南人风致，又复袭染熏陶，其色艳宜惊天下无疑。万历丁酉庚子（1597—1600）其妖冶已极。"所定花榜借用科名条例有状元、榜眼、探花之目。称妓则曰老几，茅元仪《暇老齐杂记》卷四："近来士人称妓每曰老，如老一老二之类。"同时曹大章有《秦淮士女表》，《萍乡花史》有《广陵士女殿最序》。余怀《板桥杂记》记南京教坊之盛："南曲衣裳妆束，四方取以为式。"崇祯中四方兵起，南京不受丝毫影响，依然征歌召妓："宗室王孙，翩翩裘马，以及乌衣子弟湖海宾游，靡不挟弹吹箫，经过赵李，每开筵宴，则传呼乐籍，罗绮芬芳，行酒纠觞，留髡送客，酒阑棋罢，堕珥遗簪，真欲界之仙都，升平之乐国也！"（余怀：《板桥杂记》）私家则多蓄声伎，穷极奢侈。万历时理学名臣张元忭后人的家伎在当时最负盛名。《陶庵梦忆》卷四《张氏声伎》条记："我家声伎，前世无之。自大父于万历年间与范长白邹愚公黄贞父包涵所诸先生讲究此道，遂破天荒为之。有可餐班，次则武陵班……再次则梯仙班……再次则吴郡班……再次则苏小小班……再次则平子茂苑班……主人解事日精一日，而傒僮伎艺则愈出奇愈。"阮大铖是当时最负盛名的戏曲作家，他的家伎的表演最为张宗子所称道。同书卷八记："阮元海家优讲关目，讲情理，讲筋节，与他班孟浪不同。然其所打院本又皆主人自制，笔笔勾勒，苦心尽出，与他班鲁莽者又不同。故所搬演本本出色，脚脚出色，出出出色，句句出色，字字出色。"士大夫不但蓄优自娱，谱制剧曲，并能自己度曲，压倒伶工。沈德符记："近年士大夫享太平之乐，以其聪明寄之剩技。吴中缙绅留意音律，如太仓张工部新、吴江沈吏部璟、无锡吴进士澄时俱工度曲，每广座命伎，即老优名倡俱皇遽失措，真不减江东公瑾。"（《野获编》卷二四）风气所趋，使梨园大盛，所演若《红梅》《桃花》《玉簪》《绿袍》等记不啻百种："括共大意，则皆一女游园，一生窥见而悦之，遂约为夫妇。其后及第而归，即成好合。皆徒撰诡名，毫无古事可考，且意俱相同，毫无足喜。"乡村每演剧以祷神："谓不以戏为祷，则居民难免疾病，商贾必值风涛。"（汤来贺：《梨园说》）豪家则延致名优，陈懋仁《泉南杂志》："优伶媚趣者不吝高价，豪奢家攘而有之，婵鬓傅粉，日以为常。"使一向被贱视的伶工，一旦气焰千丈。徐树丕《识小录》记吴中在崇祯十四年(1641)奇荒后的情形："辛巳奇荒之后……优人鲜衣美食，横行里中。人家做戏一台，一本费至十余金，而诸优犹恨恨嫌少。甚至有乘马者、乘舆者、在戏房索人参汤者，种种恶状。然必有乡绅主之，人家惴惴奉之，得一日无事便为厚矣。"优人服节有至千金以上者（黄宗羲：《南雷集子·刘子行状》）。男优之外，又有女戏："十余年来苏城女戏盛行，必有乡绅主之。盖以倡兼优而缙绅为之主。"（《识小录》卷二）亦有缙绅自教家姬演戏者，张岱记朱云崃女戏，"西施歌舞，对舞者五人，长袖缓带，绕身若环，曾挠摩地，扶旋猗那，弱如秋乐；女官内侍，执扇葆璇盖、金莲宝炬、纨扇宫灯二十余人，光焰荧煌，锦绣纷叠，见者错愕"（《陶庵梦忆》卷二）。刘晖吉女戏则以布景著："刘晖吉奇情幻想，欲补从来梨园之缺陷；如唐明皇游月宫，叶法善作，场上一时黑魆地暗，手起剑落，霹雳一声，黑幔忽收，露出一月，其圆如规，四下以羊角染五色云气，中坐常仪，桂树吴刚，白兔捣药。轻纱幔之内，燃赛月明数株，光焰青黎，色如初曙，撤布成梁，遂蹑月窟，境界神奇，忘其为戏也。"（《陶庵梦忆》卷五）

四

士大夫的另一种娱乐是赌博。顾炎武《日知录》记："万历之末太平无事，士大夫无所用心，间有相从赌博者。至天启中始行马吊之戏，而今之朝士若江南、山东几于无人不为此。有如韦昭论所云穷日尽明，继以脂烛，人事旷而不修，宾旅阙而不接。"甚至有"进士有以不工赌博为耻"的情形。吴伟业又记当时有叶子戏："万历末年，民间好叶子戏，图赵宋时山东群盗姓名于牌而斗之，至崇祯时大盛。有曰闯，有曰献，有曰大顺，初不知所自起，后皆验。"（《绥寇纪略》卷一二）缙绅士大夫以纵博为风流，《列朝诗集小传》记："福清何士壁跅弛放迹,使酒纵博。""皇甫冲博综群籍,通挟凡击毯音乐博弈之戏,吴中轻侠少年咸推服之。""万历间韩上桂为诗多倚待急就,方与人纵谈大噱,呼号饮博,探题立就,斐然可观。"此风渐及民间,结果是如沈德符所说:"今天下赌博盛行,其始失货财,甚则鬻田宅,又甚则为穿窬,浸成大伙劫贼,盖因本朝法轻,愚民易犯。"(《野获编补遗》卷三)

自命清雅一点的则专务搜古董,巧取豪夺:"嘉靖末年海内宴安,士大夫富厚者以治园亭教歌舞之际,间及古玩。如吴中吴文恪之孙,溧阳史尚宝之子,皆世藏珍秘,不假外索。延陵则稽太史应科,云间则朱太史大韶,携李项太学,锡山安太学华户部辈不吝重资收购,名播江南。南部则姚太史汝循、胡太史汝嘉亦称好事。若辈下则此风稍逊,惟分宜严相国父子、朱成公兄弟并以将相当途,富贵盈溢,旁及雅道,于是严以势劫,朱以货贿,所蓄几及天府。张江陵当国亦有此嗜。董其昌最后起,名亦最重,人以法眼归之。"(《野获编》卷二六)年轻气盛少肯读书的则组织文社,自相标榜,以为名高。《消夏闲记》下:"文社始于天启甲子张天如等之应社……推大讫于四海。于是有广应社、复社、云间有几社,浙江有闻社,江北有南社,江西有则社,又有历亭席社,昆阳云簪社,而吴门别有羽朋社,武林有读书社,山左有大社,金会于吴,统于复社。"以讥弹骂詈为事,黄宗羲讥为学骂,他说:"昔之学者学道者也,今之学者学骂者也。矜气节者则骂为标榜,志经世者则骂为功利,读书作文者则骂为玩物丧志,留心政事者则骂为俗吏,接庸僧数辈则骂考亭为不足学矣,读艾千子定待之尾,则骂象山阳明为禅学矣。濂溪之主静则盘桓于腔子中者也,洛下之持敬则曰是有方所之学也。逊志骂其学误主,东林骂其党亡国,相讼不决,以后息者为胜。"(《南雷文案》卷一七)老成人物则伪标讲学,内行不修。艾南英《天傭子集》曾提及江右士夫情形:"敝乡理学之盛,无过吉安,嘉隆以前,大概质行质言,以身践之。近岁自爱者多而亦不无仰愧前哲者。田土之讼,子女之争,告讦把持之风日有见闻,不肖视其人皆正襟危坐以持论相高者也。"(艾南英:《天傭子集》卷

六，《复陈怡云公祖书》）

仕宦阶级有特殊地位，也自有他们的特殊风气。《小柴桑喃喃录》卷下说："士大夫膏肓之病，只是一俗，世有稍自脱者即共命为迂为疏为腐，于是一入仕途，则相师相仿，以求入乎俗而后已。如相率而饮狂泉，亦可悲矣。"在这情形的社会，谢肇淛说得最妙："燕云只有四种人多，奄竖多于缙绅，妇女多于男子，倡伎多于良家，乞丐多于商贾。"（《五杂俎》卷三）

新势力之兴起与明之乱亡

（1528—1644）

/ 雷海宗 /

一、蒙古

明朝晚期有四种新的势力兴起。若无意外的阻力，四者都有吞并中国的可能。第一种新兴的势力就是重新强盛起来的蒙古。明穆宗隆庆初年，蒙古土默特部俺答汗率军寇大同，陷石州（今山西离石），掠文水、文城，直捣山西中部。与此同时，土蛮（东蒙古左翼的图门台吉）亦犯蓟州，掠昌黎、卢龙，直逼滦河，京师再次告急。明朝对这个威胁实际无法应付，恰在此时蒙古内部发生问题。

隆庆四年（1570），俺答汗之孙把汉那吉与俺答汗闹翻，归附明朝。宣大总督王崇古建议采取安抚政策，优待把汉那吉，以此为契机改善明朝与蒙古各部的关系，内阁大学士张居正和高拱表示支持。俺答汗也有和明朝改善关系的愿望，于是双方议和，恢复贡市，边境的紧张情势才渐渐地缓和下来。

二、日本

第二种威胁中国的势力来自日本。嘉靖年间,倭寇大盛,他们组织武装集团,在中国沿海大抢大掠。倭寇所以能猖獗横行,有多方面的原因。一是日本经过了战国时代,商业有了很大发展,各诸侯都要求来中国通商,而官方贸易不能满足其要求,于是就组织武装进行抢掠。二是中国沿海地区也由于工商业发达,许多豪族大姓及海商巨贾都私自出海贸易,并且与日本倭寇相勾结,著名的头子有许栋、李光头、汪直、徐海等,这些海盗集团对明末倭乱要负一部分的责任。这可说是国家不知扶助方兴的闽粤人向海外正常发展所收获的结果。

同时,人才的缺乏与政治的腐败又使这种海寇难以平定。例如,嘉靖二十六年(1547),浙江巡抚朱纨擒杀了海盗首领李光头及奸商等九十六人,但以通倭谋利的闽浙官僚豪绅群起攻讦,指使在朝官员诬陷朱纨擅杀良民,朱纨被迫服毒自杀。朱纨死后,海防更加废弛。嘉靖三十四年(1555),有一股倭寇不过七十二人,竟然深入内地,直达南京,南京明军与之接战,死者八九百人,此七十二人不折一人而去。明朝官吏和官军的腐败无能,于此可见一斑。

但倭寇终是小问题,日本内部平定后倭寇自息。对明真正有危险的是方才安定强盛的日本国。日本关白(宰相)丰臣秀吉统一日本后,矛头直指朝鲜和中国。若非朝鲜的缓冲与丰臣秀吉的早死,后果难测。

三、西洋

第三种要闯进中国门户的势力就是西洋。明初中国对西洋的知识仍极模糊。明朝末叶最早由海路到中国的西洋人是葡萄牙人。正德年间,葡萄牙人占据广东屯门岛,旋被明军收复;又占浙江宁波的双屿、福建漳州的月港等地,又被逐;但葡萄牙殖民者总是不肯从中国离去,最终占据了澳门,这是西洋人在中国站稳的第一块地盘。

西班牙未得与中国直接交通,只在南洋与闽粤人发生正面的冲突。西班牙人在菲律宾屠杀华侨,华侨纷纷驾舟回国。明政府一向视华侨为奸民无赖之徒,不予保护,这使海外移民这支朝气正旺的汉族遭遇极大的挫折。

天启四年(1624),中国早就知道而始终未十分注意的台湾岛被荷兰占据,成为其向大陆发展的根据地。

除了国家的政治经济的活动外,西洋各国人在天主教的支配之下都到中国来传教。为避免士大夫的反对起见,教士多假借中国所缺乏的科学为传教的秘诀,因此也很受一部分人的欢迎。如利玛窦介绍了天体知识,解释日食、月食的原理,著有《乾坤体义》一书,又与徐光启合作翻译了《几何原本》六卷。但同时也有人直觉地感到西洋文化对中国是一种潜在的威胁,非极力排斥不可。明末清初天主教的地位,在中国士人这两种相反的意见之下,时起时伏,升沉无定。

西洋人此时一方面忙于新大陆、印度、南洋诸地的争夺与开发,一方面对于中国的实情尚未看透,所以在中国的行动还不能毫无顾忌,不敢抱过大的野心。因此这个在可能性上最大的威胁,暂时在外表上反倒不成为一个严重的问题。

四、满洲

最后征服中国的是一个意想不到的新兴势力。以上三种势力已经兴盛之后,满洲仍是东北外边的一个无足轻重的半开化民族。满洲是女真族后裔,一直居住在中国东北。明朝永乐时,欲压制北元残余势力,在中国东北一带设立远东指挥使司,开始着手控制女真各部。建州女真族猛哥帖木儿(努尔哈赤六世祖)时为明朝建州卫左都督,后带领部族定居于赫图阿拉(今辽宁新宾)[1]。

南迁后,建州部与中原地区来往密切,社会生产力显著提高,经济繁荣,

---

[1] 今属辽宁省抚顺市。——编者注

八旗制度随即建立，而此时努尔哈赤正担任明朝建州部首领。明万历十一年（1583），努尔哈赤袭封为指挥使，以祖、父遗甲十三副，相继兼并海西四部，征服东海女真，统一了分散在满洲地区的女真各部。万历四十四年（1616），努尔哈赤在赫图阿拉称汗，建立大金（史称后金）。

1618年，努尔哈赤公布名为"七大恨"的讨明檄文，开始公开起兵反明，并屡次到关内扰乱，甚至侵到燕京的四郊。1619年萨尔浒之战，努尔哈赤以少胜多，致明军惨败，由此成为明清战争史上一个重要的转折点。此后明朝在关外就转为守势。

满洲朝气正盛，对新战术能迅速地学习，所以暮气沉沉的明朝也没有以武器优良制胜的机会。满洲当初只知焚杀劫掠，后来也渐感到抚育政策的必要。定国号为大清之后，与明争天下的野心日趋明显。最后明完全失去抵抗力，虽仍不肯承认事实而以上国共主自居，但最少中国北部的陷于清不过是时间的问题。

五、明之乱亡

原来就不很强的兵，到末季更不能用，筹饷反成了一种扰民的借口。战争时期军饷是极其严重的问题。神宗天性贪财，熹宗宠用的魏忠贤贪财，军官也大肆贪污，虚报兵数，于是军费开销越来越大，户部越来越没钱，只有加重老百姓的赋税。这样矛盾越来越激烈，军事问题却没有解决。

开矿的时代狂又加重人民的苦痛。按道理说，矿产可增加财富，但因开矿激发社会矛盾的比比皆是。浙江的温州、处州，福建的浦城等地，明代都有银矿，每年朝廷在此征税。税额逐渐增多，到明代中期福建银矿增加到三万两，浙江增加到八万两。地方财政为此枯竭，百姓苦不堪言。朝廷一度下诏令封闭矿山，但是政府不开，一些所谓的"奸民"私下里偷开矿山，利益驱使之下，因盗矿相互斗殴，死伤不断。朝廷又派遣宦官充当矿监，没想到这又成为百姓的一大灾难。矿监税使横行各地，中饱私囊，百姓怨声载道，国家也没得到多少收益。

明万历时起，朝政日趋腐败，党派林立，党争迭起。万历三十三年（1605），被革职的官员顾宪成与好友高攀龙等，在无锡东林书院讲学，讽议朝政，品评人物，抨击当权派，一部分在职官吏如赵南星等也遥相应和。东林党以此得名。与东林党同时，另一批官吏士绅又组成浙、齐、楚、宣、昆各党派。这些党派相互之间也有矛盾，同时又有一部分人勾结魏忠贤的"阉党"，满朝汹汹，相互倾轧。东林党人激烈反对"阉党"掌权。杨涟上疏劾魏忠贤二十四大奸恶，被锦衣缇骑逮捕。左光斗、魏大中、周顺昌、黄尊素等人也被捕处死。政局大坏，严重损弱了明朝的力量。

至于仕宦阶级，品格日下，最后几乎不知人间有羞耻事。万历年间，首辅张居正卧病，朝中官员为他祈天祷告，蔚然成风，士大夫趋炎附势，相习成风，以至于此！天启年间，各地官员争相谄事宦官魏忠贤，为他建生祠。"每一祠之费，多者数十万，少者数万，剥民财，侵府库，伐树木无算。"（《明史·阎鸣泰传》）

少数比较有廉耻的人愚昧可怜，对天下大势全不了解。古代士大夫的知识，只不过是些道德哲学，社会的知识极其贫乏，更不懂军事。国难当头，只会互相攻击，以道德标榜自己，或是争论迁都、议和，缺乏实实在在的办法。总之，君子与小人同样地努力断送国命。

历代乱时必有的起义军此时当然遍地皆是，张献忠、李自成率众在全国流窜，沿途烧杀掠夺，明军追随进剿，劳民伤财，耗尽了大明的气力，直接地结束了大明的天下。

明代湮没人才摧残臣民的政策可说完全成功，明亡时一般王公大臣文武百官的无能与无耻上演了历史上一幕幕少见的丑剧。李自成进北京后，"成国公朱纯臣、大学士魏藻德率文武百官入贺，皆素服坐殿前。自成不出，群贼争戏侮，为椎背、脱帽，或举足加颈，相笑乐，百官慑伏不敢动"（《明史·李自成传》）。但起义军不过是为久窥中国的满洲制造机会，江南虽仍可守，但因天下无人，连东晋、南宋的局面也不能维持，整个的中国第二次又陷于外族。

清朝盛世
（1644—1839）

/ 雷海宗 /

一、疆土

大清帝国的疆土可与汉唐盛时相比拟。关外各地先后统一，入主中国后又向西北发展，乾隆时清朝的领土达到最广的限度。清朝全盛时疆域十分辽阔，北起漠北和外兴安岭，南至南海、东沙、中沙、南沙、西沙诸群岛，西起巴尔喀什湖和葱岭，东至库页岛和台湾。清廷所绘制的地图明确地记载了当时中国疆域的四至。

二、对汉族之压迫——剃发

满人虽在关外时就受了中国文化很深的影响，但初入关后对汉族极力压迫，勉强汉人剃发改装，表示他们被征服的地位。清军初进北京，摄政王多尔衮即下令："凡投诚官吏军民，一律剃发，圣人之后也不能例外。"剃发易服严重伤害了汉人的民族感情，直隶三河县首先发难，起而反抗，各州县随即响应。多尔衮迫于形势，只得取消剃发令。第二年，南明福王被俘，李自成也已败亡，多尔衮以为大局已定，再次降旨剃发。江南士民大愤，苏州、嘉兴、松江等已降州县纷纷击杀清朝官吏，起兵抗清。著名的江阴抗战亦起于剃发令的颁布。清军围攻江阴，遭到顽强抵抗，历时三月。城破后，清军屠城三日，"满城杀尽，然后封刀"。

同时当然也有人特别殷勤地赶先改从满俗。弘文院大学士冯铨、礼部侍郎李若琳等剃发令下，就抢先剃发，以示效忠。有同僚攻击冯铨曾是阉宦魏忠贤党羽，冯铨便攻击对方曾归顺"反贼"李自成，一时丑态百出。

三、对汉族之压迫——旗地

随着八旗军民进入北京，清朝下达了圈地令。圈占的土地统称为"旗地"。旗地在理论上是明朝的官田与无主的田地，但实际上民房以及茔地也往往被圈。民田被占的也不少，并且圈占的目的不见得都为耕种。很多人失去土地，流离失所，处境困苦不堪。历代被外族征服时所必有的汉奸又助桀为虐，有主的民田被占的因而更多。

满族王公贵族及八旗官兵在旗地上建立起各种屯庄，为了保证屯庄上有足够的奴仆为其耕作，在顺治初年清朝统治者还实行了逼民"投充"的政策。即允许各旗招收"贫民"以为"役使之用"，后来竟发展到"不论贫富，相率投充"的地步。而富者或害怕土地被圈，或为逃避赋役，或为寻求庇护，则携带房屋、土地投充。而汉人一旦投充，在身份上便降为奴仆，失去了人身自由。

四、对汉族之压迫——降臣

清朝虽在关内关外都曾得明朝降臣的助力不少，但降臣有罪必受重刑。陈名夏降清后，任吏部侍郎。顺治八年（1651），张煊弹劾他"结党营私"，陈之遴奏劾他"谄事睿亲王（多尔衮）"。顺治十一年（1654）因倡言"留发复衣冠，天下即太平"又被宁完我弹劾。第二天，顺治帝亲自讯问，侍臣当众宣读宁完我的劾奏，不等侍臣读毕，名夏极力辩白。帝大怒："即使要辩解，为何不等宣读完毕？"命陈名夏跪着与宁完我对质。刑科右给事中刘余谟、御史陈秉彝替陈名夏缓颊，双方争执不下。刘余谟喋喋不休，帝为之大怒，下令将其革职，审讯继续进行。陈名夏被转押吏部，吏部主张论斩。后又改绞死。陈名夏之子陈掖臣被押到北京，杖四十，流放东北。

后来乾隆皇帝又在国史中特立《贰臣传》一项，专门去侮辱已死的降臣与降臣的子孙。《贰臣传》分甲乙两编，共收入明末清初在明清两朝为官的人物一百二十余人。如祖大寿等人，是当时清政权下了很大功夫争取过来的。他们怎么也没有想到，百年之后，会被列入《贰臣传》中。

五、对汉族之压迫——文人

因文人对先朝不能完全忘情，所以清初也对他们压迫得最烈。一切结社都被禁止，科场中也屡次借题威吓。顺治九年（1652）三月，大学士范文程等言："会试中式第一名举人程可则，文理荒谬，首篇尤悖戾经注。"命革中式，并治考官罪（蒋良骐《东华录》）。

世宗时，猜忌更深，文字狱愈烈。雍正六年（1728）的曾静、吕留良之狱，致使早已作古的吕留良、吕葆中父子被开棺戮尸，枭首示众；吕毅中斩立决；吕留良诸孙发遣宁古塔给披甲人为奴；家产悉数没收。吕留良的学生也受到株连，或斩或流放。而曾静供词及忏悔录，集成《大义觉迷录》一书，刊后颁发全国所有学校，命教官督促士子认真观览晓悉，玩忽者治罪。又命人带领曾静、张熙到各地宣讲。乾隆帝继位后，将曾静、张熙解到京师，凌迟处死，并列《大义觉迷录》为禁书。

雍正年间，翰林院庶吉士徐骏在奏章里，把"陛下"的"陛"字错写成"狴"，雍正见了，马上把徐骏革职。后来又在徐骏的诗集里找出"清风不识字，何事乱翻书""明月有情还顾我，清风无意不留人"，于是雍正认为这是存心诽谤，照大不敬律斩立决。

后来高宗编纂《四库全书》，在消极方面可说是一个彻底澄清的大文字狱。乾隆借纂修《四库全书》之机向全国征集图书，贯彻"寓禁于征"的政策，对不利于清朝统治的书籍，分别采取全毁、抽毁和删改的办法，销毁和篡改了大批文献。

六、刚柔并施

专事高压，不是聪明的政策，所以清朝也用柔和的手段去牢笼汉人。文人不忘故国，圣祖康熙于是请他们修《明史》。文人好古，圣祖就大规模地搜求遗书，并使他们从事各种编辑的工作。一般人不能忘记他们是被外族统治，清室于是向明陵表示敬意，并请明室的后嗣入旗，世袭侯爵。为了收买民心，康熙、雍正年间又屡次设法减轻赋税。

明末的情形虽是一团糟乱，但张居正推行一条鞭法，至少在理论上曾把田赋丁粮简单化。清代继续推行这种政策，最后将丁粮完全取消，"圣祖特颁恩诏，自康熙五十年以后滋生人丁永不加赋"（《清朝文献通考·户口考一》）。后来又逐渐将丁银摊入田赋征收，废除了以前的"人头税"，所以无地的农民和其他劳动者摆脱了千百年来的丁役负担；地主的赋税负担加重，也在一定程度上限制或缓和了土地兼并；而少地农民的负担则相对减轻。

同时，政府也放松了对户籍的控制，农民和手工业者从而可以自由迁徙，出卖劳动力，有利于调动广大农民和其他劳动者的生产积极性，促进社会生产的进步。这在多一事必多一弊的传统中国的确是一件德政。明代野蛮政治下所强迫下贱化的臣民，以及来历不明的各种贱民，也都被正式解放。

以上种种，虽可说都是开明君主在任何情形下所当有的设施，但最少一部分的作用是在收买被征服民族的人心。

七、改土归流与西南夷之汉化

西南夷虽在战国时代就受了中国文化的影响，秦汉以下在政治上也大致属于中国，但直到明朝始终没有完全汉化。

为了解决土司割据的积弊，雍正四年（1726），云贵总督鄂尔泰建议取消土司世袭制度，设立府、厅、州、县，派遣有一定任期的流官进行管理。雍正帝对此甚为赞赏，令其悉心办理。六年，又命贵州按察使张广泗在黔东南推行改土归流政策。在废除土司世袭制度时，对土司本人，根据他们的态度给予不同的处理。对自动交印者，酌加赏赐，或予世职，或给现任武职。对抗拒者加以惩处，没收财产，并将其迁徙到内地省份，另给田房安排生活。在设立府县的同时，添设军事机构。清政府在改土归流地区清查户口，丈量土地，征收赋税，建城池，设学校；同时废除原来土司的赋役制度，与内地一样，按地亩征税，数额一般少于内地，土民所受的剥削稍有减轻。改土归流的地区，包括滇、黔、桂、川、湘、鄂六省。改土归流废除了土司制度，减少了叛乱因素，加强了政府对边疆的统治，有利于少数民族地区社会经济的发展。

改土归流的政策推行成功，是外族的清朝对中国的一个大贡献。这与明代闽粤人发展成熟，是民族史上同样的大事。

八、衰征与内乱

历史上没有一个能维持永久的朝代，清朝在入主中国的外族朝代中是寿命最长的，在中国历史上所有的一统朝代中也是能维持盛世最久的。但到乾隆、嘉庆之际，衰落的征兆渐渐明显。当初的兵制十分健全，分为八旗兵和绿营兵。八旗兵以镶黄、正黄、正白、正红、镶白、镶红、正蓝、镶蓝八种旗帜为标志。"旗"本为满族"兵民合一"的社会组织，兼有掌管军事、政治、生产三个方面的职能。

凡旗人男丁皆可为兵，平时生产，战时打仗。绿营兵是参照明朝军卫制度改编和新招的汉兵。以绿旗为标志，以营为建制单位，因而得名。绿营仅有极少数驻京师，称巡捕营，隶属八旗步军营统领。其余分屯各省，依所辖地域之大小、远近、险要和人口的多少确定兵额，列汛分营，"以慎巡守，备征调"。

但随着满人入关日久，兵制基础的旗人渐趋堕落，圈占的旗地多被变卖。同时，长期的治平之下人口大增，生活困难，各地都有邪教的宣传或暴动，连皇城也被教匪攻入。原有的旗兵绿营虽尚未到全不可用的地步，但平定内乱已需要新募乡勇的助力，曾国藩的湘军就是这种形式。

传统政治文化之总崩溃
/雷海宗/

一、背景

中国虽自宋以下日趋没落,但汉武帝征服四夷后所建起的天朝观念仍然未变。

乾隆五十八年(1793),英国为打开同中国的贸易,派特使马戛尔尼,以补祝乾隆帝八十寿辰为名,率七百余人的庞大使团访华。清廷仍以天朝大国接见四夷贡使的习惯思维待之。觐见乾隆前,清朝的接待官员发现英国人不肯向皇帝下跪叩头,这让他们非常头疼。要知道,其他国家的贡使和传教士以前都是下跪的。但马戛尔尼坚决不肯,他说即使在英国国王面前,他也只是行单膝下跪礼,他声称绝不对别国君主施高过自己国君的礼节。只有在上帝的面前,他才会双膝下跪。一番争执之后,乾隆帝恩准马戛尔尼只单膝下跪的要求。

接见完毕,乾隆赐英吉利王一道敕书,大意是:"回去告诉你们的国王!鉴于你们倾心于中华文化,不远万里地派遣使节前来叩祝我的万寿,我见你词意恳切恭顺，深为嘉许。但你们表奏上说要派你国人长驻天朝，照管你国买卖，这和天朝的体制不相符合，万万不行。西洋国家很多，又不是只你一国，如果大家都请求派人留居北京，如何是好？所以不能因你一国的请求，破坏天朝的制度。天朝富有四海，奇珍异宝早已司空见惯，看在你们诚心诚意、远道而来的分儿上，我已下令让有关部门收纳你们的贡品。天朝的恩德和武威，普及天下，任何贵重的物品，应有尽有，所以不需要你国货物，特此告知。"（刘锦藻《清朝续文献通考·四夷考·英吉利》）

清廷自恃"天朝物产丰盈，无所不有"，因循保守，闭关锁国，禁锢了中国人的思想，扼杀了中国人的进取精神，使中国贻误了走向世界的机遇，拉大了同西方的差距。

晚清时，自秦汉以下所建起的中国文化独尊观念仍为士大夫阶级所深信，同时一般国人甚至多数的士大夫实际却非常幼稚，对外人不能了解，专会捏造轻信种种的妖语浮言。例如，当时的民众将西方传教士妖魔化，认为教堂是一个吃人的地方，传教士挖人眼睛，用来做炼银的原料；又说教堂里男女共宿一室，行淫乱之事；洋人懂巫术，以物制裸体妇人，吹气得活，柔软温暖如美人（夏燮《中西纪事》）。

这样一个既傲慢又幼稚的民族绝不能对付一个政治与文化都正旺盛的西洋，各种既滑稽又悲惨的冲突很自然地继续发生。当时经常发生教案，传教士被不明真相的民众杀死。

中国政治上的无作为由宋以下的屡次失败与亡国早可看出，文化上的弱点从此也日益明显。明末清初的葡萄牙人、荷兰人与传教士不过是西洋势力的前哨，到清末西洋各国大规模向中国冲入的时候，中国无论朝廷，或士大夫，或一般人民都忙得手足无措，两千年来所种下的业缘至此要收获必然的苦果。

二、鸦片战争前后

清代承袭明代旧制，乾隆以下将一切通商事宜都归并于广东一地，对外人通商又有种种合乎情理与不合情理的限制，官僚的贪污与地方人民的欺诈更加重这些规例的苦痛。西洋各国在英国率领之下屡与中国交涉，要求废除苛例，并准许使臣与领事常驻中国。西洋最后的目的是要将广大的中国市场全部开放。中国方面却大半采用虚张声势与苟且拖延的政策，最后引起严重的冲突是很自然的。

在西洋人或认通商为主要的问题，但中国方面自道光初年以下感到最成问题的是鸦片毒药的大批输入与白银宝货的大量输出。所以中国与英国第一次的兵戎相见，无论西洋人或后代的历史家如何看法，在当时中国人的心目中确是一个鸦片战争。战争的结果是中国大败，所以在和约中中国所认为重要的鸦片问题并未解决，只解决了西洋人所注意的通商问题。

但和约签字后，中国仍想以不了了之的方法去拖延条约的施行，因而引起第二次中西的大冲突，一直等外兵攻到京师，中国才知道这件事不是拖延政策所能解决的，只得加设政治机关，专门应付外交通商事务。这可说是天朝观念开始动摇的征象。

三、传教问题与太平天国

在中西的冲突中，除通商问题外，还有基督教的传教问题。晚明、盛清的传教士大半都以输入西洋科学与在天朝当差为传教的工具，这当然是不得已的办法。鸦片战争之后，西洋在天主教的法国的策动之下，强迫中国承认传教与信教的完全自由。1844年冬，法国强迫清政府签订了不平等的《黄埔条约》。这个条约规定，允许法国天主教在通商口岸自由传教，清朝地方政府负责保护教堂的安全。从此为基督教大开方便之门。

基督教一时很惹人注意，甚至有人利用它的名义倡导内乱，图谋推翻外交失败的清朝政权。1843年，洪秀全与表亲冯云山、族弟洪仁玕从基督教小册子《劝世良言》中吸取某些基督教义，后来自行洗礼，并在广东花县首创"拜上帝教"，经过两年多的发展，信众达两千多人。1851年，洪秀全在广西桂平金田村誓师，宣布起义，正号"太平天国元年"。经过两年余奋战，自广西入湖南、进湖北，顺长江而下，经江西、安徽、江苏，于咸丰三年二月（1853年3月）攻下江宁府城，随即将它定为国都，改名天京。太平天国声势浩大，致使大清半壁的天下临时丧失，最后还靠汉族中出来几个人把太平天国打倒。

这时清皇朝的八旗兵、绿营兵也日趋衰败。清廷先后调集大批军队前往广西、湖南镇压，结果纷纷败溃，只好寻求地方武装力量进行阻挡。当咸丰二年（1852）太平军进入湖南后，清廷便命令两湖督抚等地方官员劝谕士绅，举办团练。此时，曾国藩正因母丧在原籍守制。这年十二月十三日（1853年1月21日），他接到湖南巡抚张亮基转来军机大臣传达咸丰帝十一月二十九日上谕，要他以在籍侍郎的身份协助张亮基"办理本省团练乡民"。曾国藩接旨后四天即前往长沙，着手筹办团练武装。

鉴于清朝原有军队已不足以维护帝国统治秩序的实际状况，曾国藩认为必须从根本上着手，建立与培训起一支有严密组织并有顽强战斗意识和实战能力的新军。为此，他拟定了他的建军原则，竭尽全力组织起一支新的地主阶级武装湘军。

曾国藩利用宗法关系作为维系湘军的纽带，使全军上下归他一人调度指挥，湘军成为以曾国藩为首领的私人武装。这是中国近代最早出现的军阀集团。湘军的骨干多是以各种宗法关系纠集在一起的中下层知识分子。他们出身于一般中小地主家庭，功名不高，或是诸生、文童，也没有显赫的政治地位。但这些人都浸透了帝制正统思想，都以坚决维护名教纲常和统治秩序为己任。这些人比腐朽的帝国官僚有才干，他们兢兢业业，有一股拼命向上爬以取得功名利禄的顽强精神和野心。曾国藩正是带领这样一批儒生，结成"誓不相弃之死党"，而成为太平军的死敌。

四、甲午戊戌与庚子辛丑

英法联军以后，中国对外没有再受严重的挫折，以为大势已无问题。一直到甲午战争中，被素来所轻视的日本打败，在羞愤之下才知道自己实在衰弱不堪，非设法振作不可。

1895年4月，日本逼迫中国签订《马关条约》的消息传到北京，康有为发动在北京应试的一千三百多名举人联名上书光绪皇帝，痛陈民族危亡的严峻形势，提出拒和、迁都、练兵、变法的主张，史称"公车上书"。这次上书对清政府触动不大，却轰动了全国。"公车上书"揭开了维新变法的序幕。

在维新人士和帝党官员的积极推动下，1898年6月11日，光绪皇帝颁布《明定国是诏》，宣布变法。新政从此日开始，到9月21日慈禧太后发动政变为止，历时一百零三天，史称"百日维新"。

在此期间，光绪皇帝根据康有为等人的建议，颁布了一系列变法诏书和谕令。主要内容有：经济上，设立农工商局、路矿总局，提倡开办实业，修筑铁路，开采矿藏，组织商会，改革财政；政治上，广开言路，允许士民上书言事；军事上，裁汰绿营，编练新军；文化上，废八股，兴西学，创办京师大学堂，设译书局，派留学生，奖励科学著作和发明。这些革新政令，目的在于学习西方文化、科学技术和经营管理制度，发展资本主义，建立君主立宪政体，使国家富强。

新政措施虽未触及帝制统治的基础，但是，这些措施代表了新兴资产阶级的利益，为顽固势力所不容。清政府中的一些权贵显宦、守旧官僚对新政措施阳奉阴违，托词抗命。1898年9月21日凌晨，慈禧太后突然从颐和园赶回紫禁城，直入光绪皇帝寝宫，将光绪皇帝囚禁于中南海瀛台；然后发布训政诏书，再次临朝"训政"。9月28日，在北京菜市口将谭嗣同、杨锐、刘光第、林旭、杨深秀、康广仁六人杀害；徐致靖被处以永远监禁；张荫桓被遣戍新疆。所有新政措施，除七月开办的京师大学堂（今北京大学）外，全部都被废止。

变法失败后，一切旧制随之复辟。反动政府，不只废除新政，并且想借义和团的神力歼灭洋人，以为将中国的洋人全部杀掉，天下就可太平无事！

当初，义和团在直隶、京津地区的迅速发展，引起清廷的不安。在如何对待义和团的问题上，清廷内部多次发生激烈的争吵，有人主"剿"，有人主"抚"。最终，慈禧太后"决计不将义和团剿除"，认为"以之抵御洋人，颇为有用"。主抚派占了上风。从此，义和团在清廷的默许下大批进入北京和天津。同时适逢八国联军攻破大沽炮台，中国于是揭开假面具，正式向全世界宣战。这是历来既傲慢又幼稚的民族特征所演出的滑稽惨剧，最后为自己制造了政治上与经济上无穷的负担，清朝的命运也随着到了末路。

五、科举废除与帝制推翻

传统的中国，在制度方面可以帝制为象征，在文化方面可以科举为象征。经过西洋七十年的打击之后，自宋以下勉强支持的中国不能再继续挣扎，传统中国的两个古老象征也就随着清朝一并消灭。

义和团之乱平定以后，清廷就明令废除八股文。1901年后，随着清廷"新政"的推行，政治、军事、工商、法律、教育、文化等方面发生一系列变革，对新式人才的需求与日俱增，废科举几乎成了全国上下的一致呼声。1902年，清廷颁布《钦定高等学校章程》，鼓励高等学堂开设算学、物理、化学、历史、地理、动植物和外文。终于，1905年9月2日，袁世凯、张之洞等一批实权大臣联合上奏，要求废除科举制，大力兴办学堂，得到了慈禧太后和光绪皇帝的批准，下诏从1906年停止所有科举考试，科举制遂寿终正寝。

科举既被废除，从此专靠新式学校培养人才。国内遍立学校之外，又派学生往东西各国留学。

早在19世纪70年代，清廷重臣曾国藩、李鸿章、左宗棠等倡导发起了"师夷长技以制夷"的洋务运动，希望利用西方的科学文化知识挽救垂死的清王朝。

从1872年到1875年，清政府先后选派了一百二十名十岁至十六岁的幼童赴美留学。这是近代中国历史上的第一批官派留学生。

第一批留学生虽然派出得很早，但最大规模的官费留学还是美国退还庚子赔款以后的事。

义和团乱后，清廷在政治上仍不肯真正改革，直到日俄战争后，俄国的失败触动了他们，当时舆论大都认为这与俄国未行宪政而日本实行了宪政有着密切关系。迫于形势和舆论的压力，1905年10月，清廷派载泽、端方、戴鸿慈、李盛铎、尚其亨等五大臣分赴日本及欧美各国"考察政治"。次年，出洋考察的大臣们陆续回国，建议朝廷诏定国是，仿行宪政，以便安抚人心，稳定大局。慈禧太后经过反复考虑，采纳了他们的意见。1906年9月1日，清廷正式宣布"预备仿行宪政"。但是，清廷并无立宪的诚意，而是企图借立宪之名，实行中央集权、满族贵族集权。1908年8月27日，颁布《钦定宪法大纲》，规定大清皇帝的统治"万世一系"，是至高无上、神圣不可侵犯的，一切颁行法律、召集开闭解散议院、设官制禄、统率海陆军、宣战媾和、订立条约、宣布戒严、司法等大权，全在君主一人手中。特别是用人、军事、外交等大权，议院根本不得干预。清廷此举进一步暴露了它根本没有立宪的诚意。

1911年5月，清廷宣布成立第一届责任内阁，在内阁大臣十三人中，满族贵族占了九人，而其中皇族又占五人，被称为"皇族内阁"，军政大权进一步集中到皇族亲贵手中。这就暴露了"预备立宪"的骗局，引起了地方军阀、官员和立宪派的普遍不满，清廷变得更为孤立。立宪派认为清廷此举"不合君主立宪国公例"，要求另外组阁。清廷断然拒绝了他们的要求。各省咨议局联合会发表《宣告全国书》，痛苦地承认"希望绝矣"。立宪运动彻底破产。

庚子以后不能说清廷一事未做。但所做的事都嫌太晚，并且缺乏诚意，终致大清的政权被推翻；战国诸子所预想、秦始皇所创立、西汉所完成、曾支持中国两千年的皇帝制度，以及三千五百年来曾笼罩中国的天子理想，也都由清帝退位时轻描淡写的一纸公文宣告结束。

帝制先取消了科举，象征传统文化大崩溃的开始；然后帝制自己也被取消，象征传统政治制度大崩溃的开始。所余的是一个在政治文化各方面都失去重心的中国，只有一个外表上全新的面孔聊以自慰自娱。积弱不堪的民族文化从此要在新旧的指针一并缺乏之下盲目地改换方向，乱寻方向；前途茫茫，一切都在不可知的定数中。

图书在版编目（CIP）数据

新青年的觉醒时刻. 先生们的历史课 / 雷海宗等著.
沈阳：辽宁人民出版社，2025. 1. -- ISBN 978-7-205
-11256-1

Ⅰ. I206.2-53；K207-53

中国国家版本馆 CIP 数据核字第 202431G054 号

出版发行：辽宁人民出版社
　　　　　　地址：沈阳市和平区十一纬路25号　邮编：110003
　　　　　　电话：024-23284191（发行部）　024-23284304（办公室）
　　　　　　http://www.lnpph.com.cn
印　　　刷：三河市九洲财鑫印刷有限公司
幅面尺寸：165mm×235mm
印　　张：20.25
字　　数：284千字
出版时间：2025年1月第1版
印刷时间：2025年1月第1次印刷
责任编辑：孙妙娇
封面设计：主语设计
版式设计：李梓祎
责任校对：吴艳杰
书　　号：ISBN 978-7-205-11256-1
定　　价：78.00元